大日本武德會會長陸軍大將　本鄉房太郎閣下題詩
大日本武德會副會長東京市長　西久保弘道閣下題字

劍道指南

大日本武德會劍道範士
小澤愛次郎著

東京
文武書院

◇大日本武德會長本郷大將閣下は常に將來國と國との戰爭は避く得べからざるものなるが故に國家總動員の準備を要し、總動員には第一國民の精神力を涵養すること、第二召集力を多くすること、第三富力を增すこと、第四工業力を備ふることであるが、一人一個の準備としては其の精神と身體とを健全にすることであらねばならぬ事を恒に主張されてゐる。

精神の修養、身體の鍛錬は何に依て之を求むべきか、他なし我か國三千年來傳說の武道に若くものはない、武道とは何であるか、精神的に我が國民道德の德目を實行する事で、身體を鍛錬する武術も亦研磨の結果自然に道に入り德に達するのである、武器は科學の進步に伴ひ精巧になるが、所詮死物たるに止まり、之を活用するは、一々其の使ふ人の精神に存するのである、其の根本精神は古今を通し終始一貫し、研磨砥礪せられて益々光輝を發揚すべきで、之れが武士道と云ふのである。

この精神が堅固で體力が强健で武道に達したる國民が全國に充滿す

れば、國家總動員の準備に缺くる所之なきのみならず、日常百般の事、産業の發達でも、工業の進歩でも將た政治の改良でも出來ざるものはないのである、本鄕閣下は、精神立國の我國に急務なるを叫んで、全國民を皆武德會員となし、武道を鍛錬して武德を涵養し國民精神を作興することに努力せられつゝあるのである、右の詩三首は頃者武德會青年に示されたるものであるが、尤も吾人が適切と感ずるものなるが故に特に請ひ得て題字に代へたのである。

◇大日本武德會副會長西久保弘道閣下は前に警視總監として令名あり、現に東京市長の榮職に就かるゝ氏は武道に極めて御熱誠にして恒に早朝自邸の道場に於て、附近の青年を指南し、劍道奬勵の模範を示されつゝあり。繁激の公務中にも係らず本書編纂に關しては深甚の指導を垂れ、特に題字を賜りたるは深く感謝する所でありまする。

著者近影

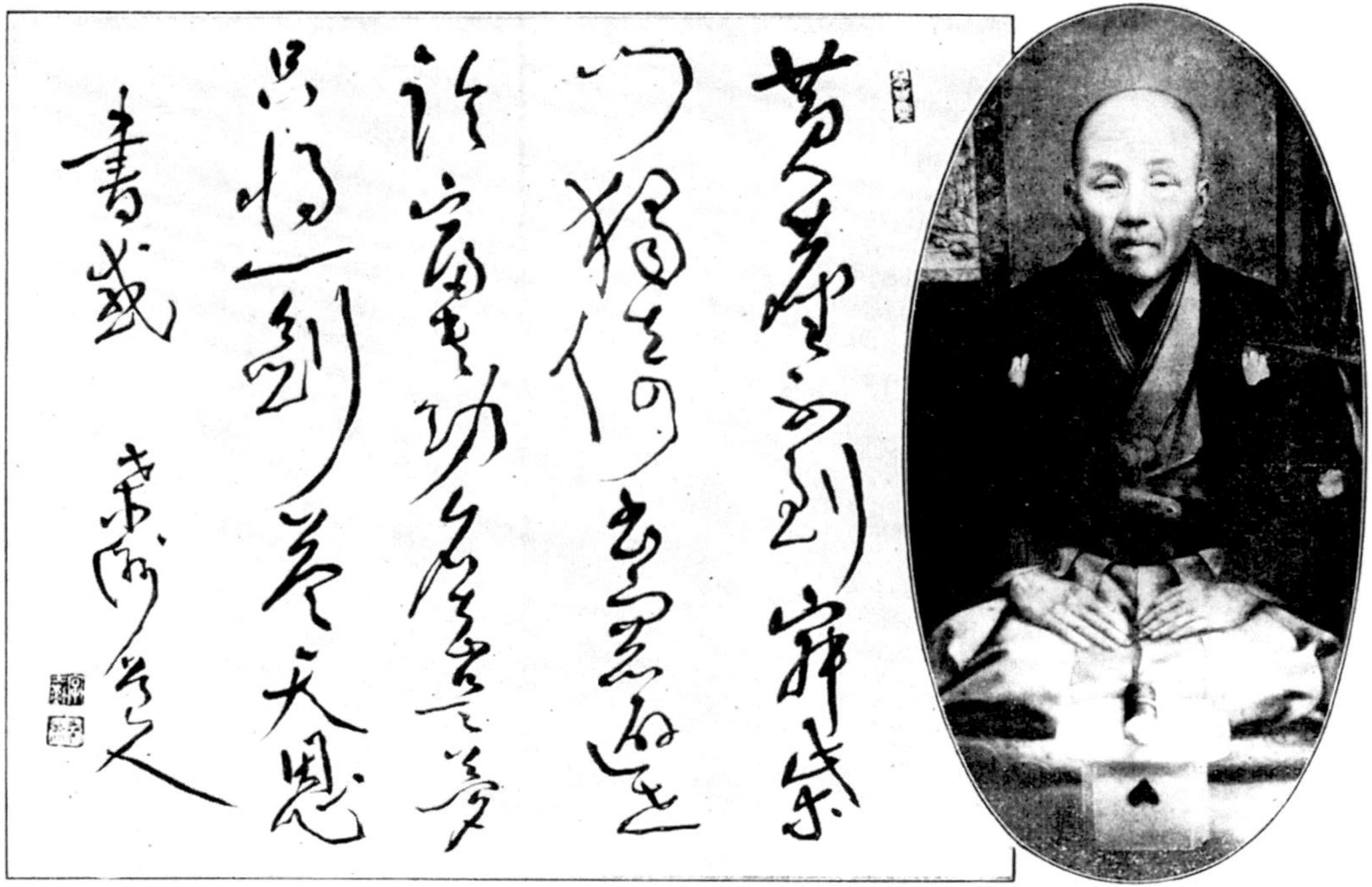

著者の恩師松平下總守家臣劍道指南故松田重五郎翁と著者の筆蹟

陸軍戸山學校に於ける基本練習（青眼の構）

陸軍戸山學校に於ける基本練習（上段の構）

陸軍戸山學校に於ける基本練習（下段の構）

陸軍戸山學校に於ける劍道の猛練習振り

上段に對する小刀の構へ方・中央に審判せるは著者

銃劍に對す小刀の構へ方・中央に審判せるは著者

陸軍戸山學校に於ける銃劍術仕合・中央に審判せるは教官伊藤中佐

陸軍戸山學校に於ける槍に對する銃劍仕合・中央に審判せるは著者

中等學校に於ける劍道練習振り・監督指導しつゝある著者

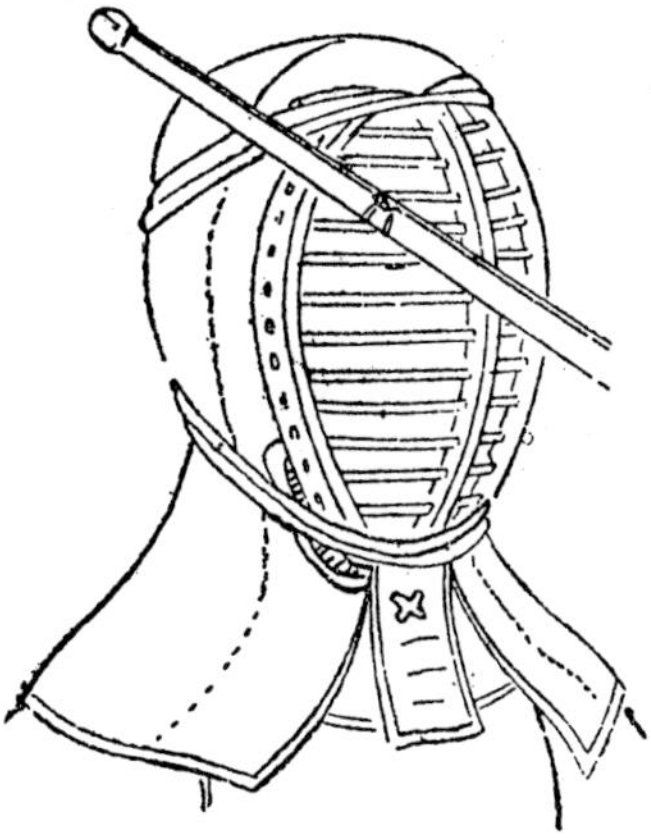

（右面）

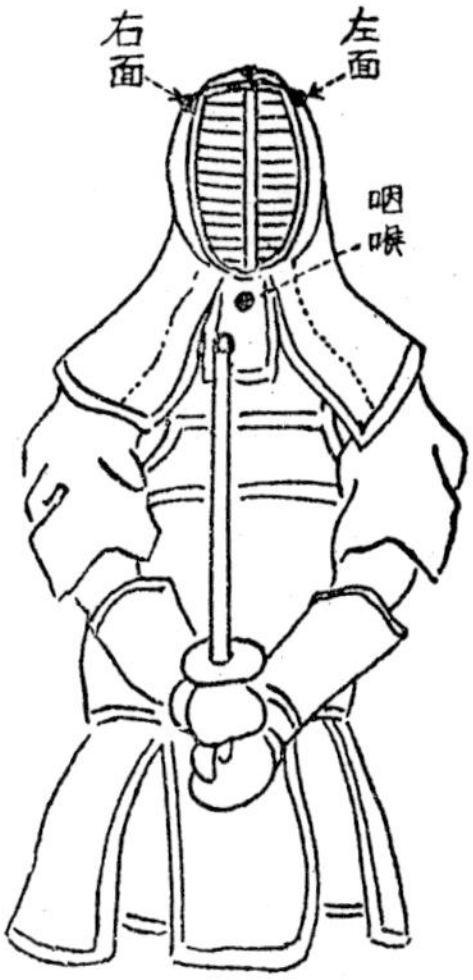

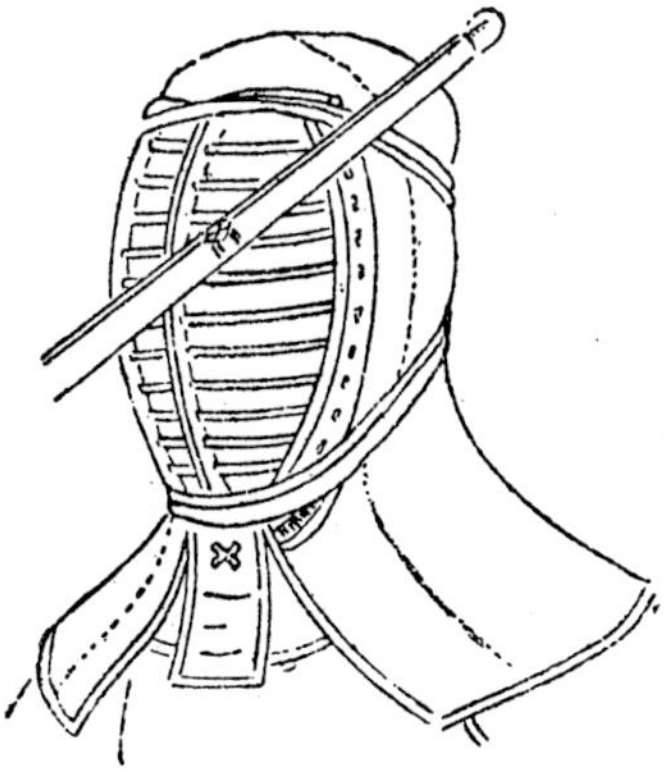

（左面）

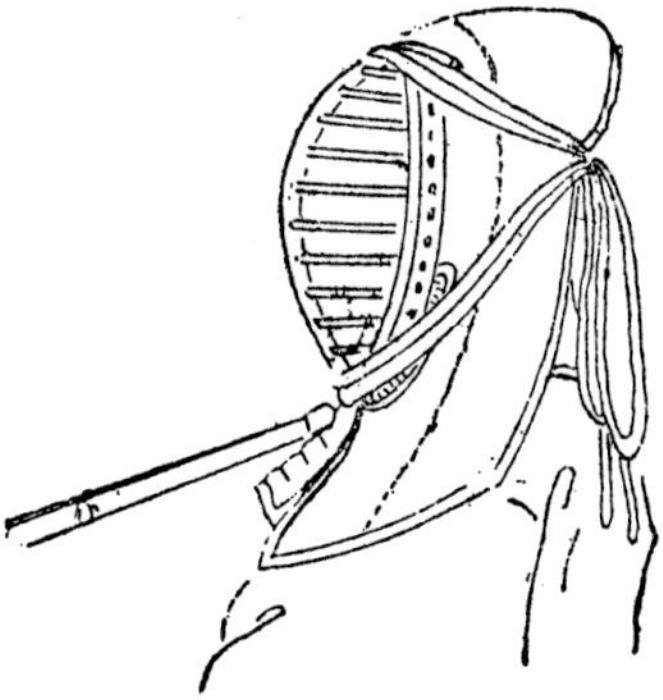

（咽喉）

撃突の部位　其一

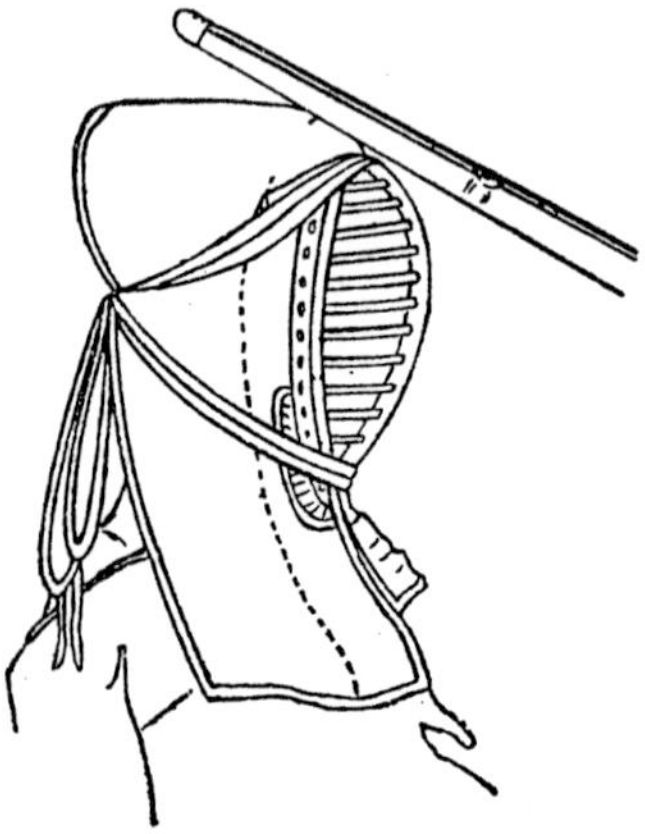

（正　面）

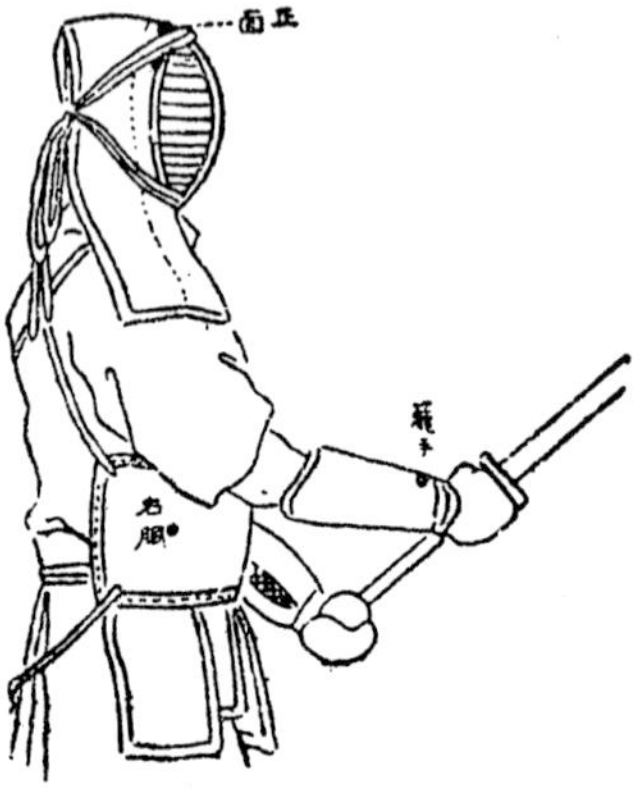

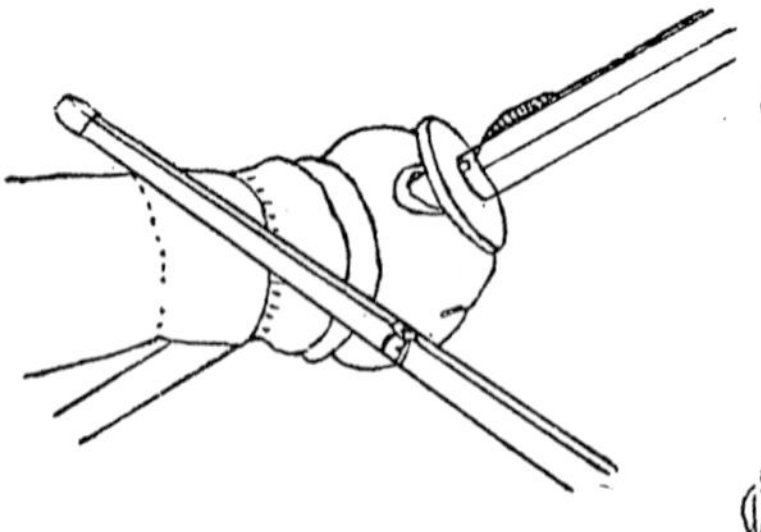

（籠　手）

（右　胴）

撃突の部位其二

自序

個人の政治的團體之れを國家と謂ふ。國家は卽ち個人の集合體にして、個人は國家の分子たり。故を以つて一人剛强なれば一國卽ち剛强に、一人幼弱なれば一國亦幼弱に陷る、其の影響や大なり、今日個人の精神訓陶並に之れが體育を計る、豈一大急務ならずや。顧ふに、精神訓陶、體育の法たる、固より二三にして足らず。然りと雖之れを我が國固有の風氣士道に照し、各人通有の生理に質し、合當至適なるものはそれ唯、我神州の精華たる劍道なりとす。

劒道の法たるや、至大至高、獨り筋骨を鍛へ金石の肉體を育くむのみならず、又以つて精神士氣の鼓舞薰陶に任じ、愛國思想の根本を爲す。

時や將に遊蕩惰氣滿々、神州の前途を憂へしむ。拙輩聊か感ずる所あり、一書を物して劍道指南の資料となし以つて、國民の士氣を鼓舞し、國家の精華を發揚せんことを希ふ。意や滿つれども筆及ばざるうらみあり、幸ひに、推讀して微意を酌まれん事を望む。

昭和丁卯の師走

著者しるす

劍道指南目次

第九章　突　業……一二八

第十章　基本動作と特別注意……一四二

附録

近世劍士小傳及逸話

了

劍道指南

大日本武德會劍道範士

小澤愛次郎著

著者書感

黄塵不到寂柴門　獨倚書窓避世論
富貴功名知是夢　只將一劍答天恩

――桑洲道人――

第一章　劍道の意義

（一）道と術

劍道《けんだう》は撃劍《げつけん》又《また》は劍術《けんじゆつ》なぞと稱《しよう》して、我《わ》が國《くに》古來《こらい》から行《おこな》はれた主要《しゆえう》なる武道《ぶだう》の一《ひと》つであつた。

其《そ》の歴史《れきし》は極《きは》めて古《ふる》く、時《とき》に盛衰《せいすゐ》があつたが、我《わ》が國民《こくみん》の武士《ぶし》道的《だうてき》精神《せいしん》、大和魂《やまとだましひ》は此《こ》の劍道《けんだう》に密接《みつせつ》なる關係《くわんけい》があつたのである。

劍道《けんだう》は由來《ゆらい》戰鬪《せんとう》をする際《さい》刀劍《たうけん》を以《も》つて、敵《てき》を制《せい》し自己《じこ》を守《まも》る技術《ぎじゆつ》を練《ね》る爲《ため》に起《おこ》つたものであるが、其《そ》れと同時《どうじ》に心身《しんしん》を鍛練《たんれん》し、精神《せいしん》を修養《しうやう》し、併《あは》せて忠君愛國《ちうくんあいこく》の思想《しさう》及《およ》び信義《しんぎ》、禮節《れいせつ》、勇氣《ゆうき》、沈着《ちんちやく》、忍耐《にんたい》、進取《しんしゆ》等《とう》の諸徳《しよとく》を涵養《かんやう》するものである。

故《ゆゑ》に技術《ぎじゆつ》のみから言《い》へば畢竟《ひつきやう》手《て》の術《じゆつ》、體《たい》の技《わざ》といふに過《す》ぎないけれども、此《こ》の技術《ぎじゆつ》は根深《ねぶか》き道義《だうぎ》を根底《こんてい》としたもので、此《こ》の道《みち》なくして術《じゆつ》は生《うま》れないのである。

總《す》べて如何《いか》なる技術《ぎじゆつ》でも、精神《せいしん》の籠《こも》らざる技術《ぎじゆつ》には生命《せいめい》がないのであるが、劍道《けんだう》は單《たん》に生命《せいめい》許《ばか》りでなく、武士道的人格《ぶしだうてきじんかく》、大和魂的精神《やまとだましひてきせいしん》を基礎《きそ》とする大國家的《だいこくかてき》血脈《けつみやく》が含《ふく》まれてゐる事《こか》を忘《わす》れてはならない。

此《こ》の大切《たいせつ》なる意義《いぎ》を會得《えとく》せずして、輕々《けい〱》に劍道《けんだう》を學《まな》ばんか、却《かへ》つて害多《がいおほ》く益《えき》なきものとなるのである。

（二）　時代の趨勢と武士道

往昔戰亂《わうせきせんらん》のあつた時世《じせい》は、劍道《けんだう》を以《も》つて戰鬪《せんとう》の技術《ぎじゆつ》を練《ね》り、武士《ぶし》は之《こ》れを以《も》つて直接《ちよくせつ》の戰鬪武器《せんとうぶき》としたのであつたが、時代《じだい》が推移《すゐい》して文化《ぶんくわ》の時代《じだい》となつて今日《こんにち》に於《おい》ては、劍道《けんだう》は最早《もはや》戰鬪《せんとう》の技術《ぎじゆつ》として見《み》るのは第《だい》二の問題《もんだい》で、其《そ》の主要《しゆえう》なる目的《もくてき》は心身《しん〱》鍛練《たんれん》、武士道的《ぶしだうてき》士氣《しき》の鼓舞《こぶ》に資《し》するものである。

然《しか》るに今日青少年《こんにちせいせうねん》の間《あひだ》に行《おこな》はるゝ劍道《けんだう》は、武士道的精神《ぶしだうてきせいしん》の鼓舞《こぶ》、精神鍛練《せいしんたんれん》、人格陶冶《じんかくたうや》に重《おも》きをなさず、單《たん》に體育《たいいく》といふ意味《いみ》に解《かい》し其《そ》の奥義《おうぎ》を究《きは》めないものが多《おほ》きをなしてゐる傾向《けいかう》にあるのは、浮薄《ふはく》なる時代思想《じだいしさう》の然《しか》らしむる所《ところ》とは言《い》へ寔《まこと》に擯斥《ひんせき》すべき趨勢《すうせい》である。

今《いま》や上下《じやうげ》を通《つう》じて國民《こくみん》は日《ひ》一日《いちにち》と浮華輕佻《ふくわけいてふ》に流《なが》れつゝある。此《こ》れを救《すく》ひ人心《じんしん》を一轉《てん》矯正《きやうせい》せしめて、他國《たこく》に類《るゐ》なき武士道的精神《ぶしだうてきせいしん》を發揚《はつやう》し、我《わ》が國光《こくくわう》を四海《かい》に輝《かゞや》かすには、此《こ》の劍道《けんだう》をおいて他《た》に適當《てきたう》なるものは尠《すくな》いのである。

劍道《けんだう》を敎《おし》ふるものも、此《こ》れを修得《しうとく》せんとするものも此《こ》の點《てん》に深《ふか》く留意《りうい》し、眞劍《しんけん》なる劍道《けんだう》の意《い》を體《たい》して、他《た》の諸運動技《しようんどうぎ》と異《こと》なる奥義《おうぎ》を充分了得《じうぶんれうとく》するやう心掛《こゝろが》けねばならぬ。

而《しか》して滔々《とう〳〵》と流《なが》るゝ浮華輕佻《ふくわけいてふ》の惡風《あくふう》に浸染《しんせん》し、女々《めゝ》しき行動《かうどう》を取《と》るを以《も》つて文化人《ぶんくわじん》の如《ごと》く心得《こゝろえ》、得々《とく〳〵》たる弱輩《じやくはい》に對《たい》し、堂々《だう〳〵》たる大和民族《やまとみんぞく》の精華《せいくわ》とも云《い》ふべき武士道的《ぶしだうてき》意氣《き》を示《しめ》し、彼等《かれら》の面上《めんじやう》にお面《めん》一本《ぽん》まゐらす心掛《こゝろが》けがなくてはならないのである。

第二章　劍道の修行

(一)　修行の目的

劍道修行《けんだうしゆぎやう》の目的《もくてき》は前章《ぜんしやう》に述《の》べたる劍道《けんだう》の意義《いぎ》を體得《たいとく》するのにあるが、之《こ》れを平《ひら》たく說明《せつめい》する爲《ため》に左の三つに分《わか》ちて精述《せいじゆつ》ずることゝする。

第《だい》一　身體《しんたい》の鍛練《たんれん》

第《だい》二　精神《せいしん》の訓練《くんれん》

第《だい》三　技術《ぎじゆつ》の熟達《じゆくたつ》

此《こ》の三項《かう》は區分《くぶん》したものゝ共《とも》に相關連《あひくわんれん》し、一を離《はな》して二を取《と》る能《あた》はず、二を離《はな》して一を取《と》る事《こと》は出來《でき》ない、其《そ》の輕重《けいちよう》においても時代《じだい》に依《よ》り變遷《へんせん》を免《まぬが》れない。

譬《たと》へば往昔刀劍《わうせきたうけん》を以《も》つて最上《さいじやう》の武器《ぶき》とした時代《じだい》は、第《だい》三に揭《かゝ》げた技術《ぎじゆつ》の熟達《じゆくたつ》を以《もつ》つて最上《さいじやう》の修行目的《しうぎやうもくてき》としたかも知《し》れない、それは劍術《けんじゆつ》の巧拙《こうせつ》が直《たゞ》ちに自己《じこ》の生命《せいめい》に關《くわん》し、直《たゞ》ちに戰鬪《せんとう》の勝負《しようぶ》を決《けつ》したからであつたが、文化《ぶんくわ》の今日《こんにち》に於《おい》ては技術《ぎじゆつ》の熟達《じゆくたつ》は餘《あま》りに必要《ひつえう》でないように思《おも》はれ劍術《けんじゆつ》を修行《しゆぎやう》して、之《こ》れが技術《ぎじゆつ》を直《たゞ》ちに實地《じつち》に應用《おうよう》することは軍人《ぐんじん》に於《おい》ても尠《すくな》いのである。けれども身體《しんたい》の鍛練《たんれん》、精神《せいしん》の訓練《くんれん》は往昔《わうせき》とは反對《はんたい》に一層《そう》必要《ひつえう》なるものとなつた。

如何《いか》に必要《ひつえう》であるとは言《い》へ技術《ぎじゆつ》の熟達《じゆくたつ》なくして、身體《しんたい》の鍛練《たんれん》、精神《せいしん》の訓練《くんれん》は出來《でき》ない。又身體《またしんたい》の鍛練《たんれん》なくして精神訓練《せいしんくんれん》、技術《ぎじゆつ》の熟達《じゆくたつ》は出來《でき》ない。精神訓練《せいしんくんれん》なくして、技術《ぎじゆつ》の熟達身體《じゆくたつしんたい》の鍛練《たんれん》は出來《でき》ないのである。

此《こ》の三つのものは相寄《あひよ》り相扶《あひたす》けて修行《しうぎやう》の目的《もくてき》を達《たつ》するものである。

(二) 身體の鍛練

劍道《けんだう》は身體《しんたい》の鍛練《たんれん》には必要缺《ひつえうか》くべからざる運動《うんどう》である。全精力《ぜんせいりよく》を籠《こ》めて身體《しんたい》を敏捷《びんせう》に活躍《くわつやく》さすから流汗淋漓《りうかんりんり》として全身《ぜんしん》に溢《あふ》れ他《た》の諸運動《しよううんどう》に比《ひ》し心身《しん〳〵》の緊張《きんちやう》を來《きた》し而《し》かも敵《てき》の變化《へんくわ》に對《たい》し寸刻《すんこく》の間《かん》なく策動《さくどう》せねばならないから、機敏《きびん》なる動作《どうさ》と緊密《きんみつ》なる神經《しんけい》系統《とうけい》の働《はたら》きを要《えう》することゝなる。

故《ゆゑ》に身體《しんたい》の鍛練《たんれん》を爲《な》しつゝ、神經系統《しんけいけいとう》の鍛練《たんれん》を爲《な》し、日常《にちじやう》の動作《どうさ》の上《うへ》に於《おい》ても敏捷《びんせう》となり、沈着《ちんちやく》となり折《を》り目《め》正《たゞ》しく抜《ぬ》け目《め》が無《な》くなるのである。

且内臓《かつないぞう》の諸機關《しよきくわん》を平均《へいきん》に運動《うんどう》せしむることは言《い》ふまでもなく、殊《こと》に膂力《りよりよく》を強《つよ》くし持《ち》久力《きうりよく》を養《やしな》ひ强健《きやうけん》なる體力《たいりよく》を作《つく》るに最《もつと》も有效《いうかう》である。けれども心臓病《しんぞうびやう》など激動《げきどう》に差閊《さしつかへ》ある病氣《びやうき》を有《いう》するものは一應醫士《おういし》の診斷《しんだん》を受《う》け、然《しか》る後剣道《のちけんだう》を學《まな》ぶべきであるが、肺臓等《はいぞうとう》の病氣《びやうき》は却《かへ》つて治癒《ちゆ》に有效《いうかう》とされてゐる。

次《つぎ》に背柱《せきちう》を眞直《まつすぐ》にし姿勢《しせい》を正《たゞ》しく態度《たいど》を端正《たんせい》にし悠揚迫《ゆうやうせま》らざるは剣道《けんだう》の最《もつと》も重《おも》んずる所《ところ》であるから、姿勢《しせい》の惡《あ》しきものは自《おのづか》ら矯正《きやうせい》され態度《たいど》を正《たゞ》し従《したが》つて身體《しんたい》の壯健《さうけん》の上《うへ》に好影響《かうえいきやう》を及《およ》ぼすものである。

劍道《けんだう》は精神訓練《せいしんくんれん》と相俟《あひま》つものであるから、酷暑《こくしよ》の候《かう》と雖《いへども》又嚴寒《またげんかん》の候《かう》と雖《いへども》更《さら》に厭《いと》ふ所《ところ》なきのみか、却《かへ》つて然《さ》うした時期《じき》に殊更《ことさら》、强行練習《きやうかうれんしふ》をなすのであるから、身體《しんたい》の鍛練《たんれん》には極《きは》めて有效《いうかう》である。

（三）精神の訓練

劍道《けんだう》が精神訓練《せいしんくんれん》に最《もつと》も重《おも》きを爲《な》すは、蓋《けだ》し劍道《けんだう》は武士道的精神《ぶしだうてきせいしん》が根本《こんぽん》となつてゐるからである。

劍道《けんだう》に依《よ》つて涵養《かんやう》さるべき德育《とくいく》は殆《ほと》んど總《す》べての道德《だうとく》が含《ふく》まれてゐるといふても過言《くわごん》ではあるまい。尙武《せうぶ》、廉恥《れんち》、禮節《れいせつ》は勿論意志《もちろんいし》の鍛練《たんれん》、忍耐《にんたい》、沈着《ちんちやく》、果斷《くわだん》の氣風《きふう》を養《やしな》ひ、忠君愛國《ちうくんあいこく》、義俠《ぎきやう》、大勇等《だいゆうとう》の精神《せいしん》を啓發《けいはつ》するものである。

現代人《げんだいじん》は其《そ》の大半神經衰弱《たいはんしんけいすゐじやく》に罹《か》つてゐるといふが、神經衰弱《しんけいすゐじやく》は肉體上《にくたいじやう》に於《お》ける神經《しんけい》衰弱《すゐじやく》でなくして、精神上《せいしんじやう》の大缺陷《だいけつくわん》から來《く》るもので之《こ》れを匡正《きやうせい》する道《みち》は劍道《けんだう》の如《ごと》き靈藥《れいやく》に依《よ》つて治癒《ちゆ》するのが第《だい》一の良法《りやうはふ》である。

精神《せいしん》に緩《ゆる》みがあり缺陥《けつくわん》が生《しやう》ずるから、神經衰弱《しんけいすゐじやく》となり文明病《ぶんめいびやう》に侵《おか》される事《こと》となるが、常《つね》に武道《ぶだう》を勵《はげ》んで精神《せいしん》の訓練《くんれん》を怠《おこた》らなかつたならば、斯《か》る輕薄《けいはく》なる病氣《びやうき》に見舞《みま》はるゝ心配《しんぱい》はないのである。

故《ゆゑ》に劍道《けんだう》を學《まな》ぶものは術《じゆつ》の上達《じやうたつ》のみに汲々《きふ〳〵》としたり、體育《たいいく》のみに重《おも》きを爲《な》し、肝要《かんじん》なる精神訓練《せいしんくんれん》を忘《わす》れ勝《が》ちになつてはならぬ。

修行者《しうぎやうしや》自《みづか》ら劍道《けんだう》の意義《いぎ》を悟得《ごとく》し、此《こ》の靈藥《れいやく》に依《よ》つて現代的《げんだいてき》の諸病弊《しよびやうへい》たる、神經衰弱的《しんけいすゐじやくてき》の惡風《あくふう》を矯正《きやうせい》し、武士道的精神《ぶしだうてきせいしん》を鍛練《たんれん》するやうに心掛《こゝろが》けねばならぬ。

（四）術の練達

劍道《けんだう》を修行《しうぎやう》するに當《あた》つて術《じゆつ》の上達《じやうたつ》することは極《きは》めて必要《ひつえう》な事《こと》である。けれども往昔《わうせき》のやうに直接戰鬪《ちよくせつせんとう》の役《やく》にも立《た》たないし、役《やく》に立《た》つても極《きは》めて微溫的《びおんてき》なものであるから、實用上《じつようじやう》から言《い》へば直接必要《ちよくせつひつえう》はないのである。

けれども術《じゆつ》が上達《じやうたつ》してこそ興味《きようみ》が添《そ》はり、武道《ぶだう》の眞髓《しんずゐ》を自得《じとく》し、身體《しんたい》の鍛練《たんれん》、精神《せいしん》訓練《くんれん》の效果《かうくわ》をより多《おほ》く見《み》ることが出來《でき》るのである。

身體《しんたい》の鍛練《たんれん》、精神訓練《せいしんくんれん》は餘《あま》り目《め》に見《み》えて、其《そ》の效果《かうくわ》が現《あらは》れないが、術《じゆつ》は一日《にち》一日《にち》に上達《じやうたつ》して現《あらは》れ此《こ》の上《うへ》もなく樂《たの》しいものである。

技術《ぎじゆつ》が長《ちやう》ずれば長《ちやう》ずるに從《したが》つて之《こ》れと比例《ひれい》して、身體《しんたい》の鍛練《たんれん》となり、精神《せいしん》の訓練《くんれん》も出來《でき》るわけである。然《しか》るに修行者《しうぎやうしや》にして往々《わう〳〵》、技術《ぎじゆつ》の上達《じやうたつ》のみに重《おも》きをおき、精神訓《せいしんくん》練《れん》、身體《しんたい》の鍛練《たんれん》を忘《わす》るゝものがあるが、之《こ》れは大《だい》なる誤《あやま》りである。

又劍道《またけんだう》に依《よ》つて其《そ》の技術《ぎじゆつ》の上達《じやうたつ》を計《はか》るは護身《ごしん》の用《よう》となり、事變《じへん》に際《さい》して動《どう》ぜざる强《つよ》みを作《つく》る爲《ため》であるが、之《こ》れを反對《はんたい》に解釋《かいしやく》して、其《そ》の技術《ぎじゆつ》を惡用《あくよう》したり、慢心《まんしん》して鼻《はな》にかけたりする輩《やから》のあるのは、最《もつと》も戒《いま》しむべき事《こと》である。

方今種々《はうこんしゆ〴〵》なる劍道大會《けんだうたいくわい》があつて、技術《ぎじゆつ》の奬勵《しやうれい》をなしつゝある事《こと》は、斯界《しかい》の爲寔《ためまこと》に慶《けい》賀《が》すべき事《こと》で、斯《か》る大會等《たいくわいとう》には努《つと》めて出席《しゆつせき》し優勝《ゆうしよう》を占《し》めるやうに奮闘《ふんとう》することは、劍《けん》道上達《だうじやうたつ》の上《うへ》に於《おい》て最《もつと》も力《ちから》あるものである。

第三章　劍道の起源と將來

劍道《けんだう》の起源《きげん》は有史以來《いうしいらい》其《そ》の創始的《さうしてき》とも見《み》るべきものがあつた、卽《すなは》ち神代《かみよ》より矛《ほこ》といふがあり劍《つるぎ》といふものがあつた、矛《ほこ》や劍《つるぎ》は裝飾《さうしよく》には用《もち》ひず必《かなら》ず、相對物《さうたいぶつ》を制《せい》し自己《じこ》を護《まも》る爲《ため》に用《もち》ひたものである。

故《ゆゑ》に劍術《けんじゆつ》といふ確《かく》たる技術《ぎじゆつ》はなかつたかも知《し》れないが、矛《ほこ》を用《もち》ひ劍《つるぎ》を用《もち》ひて、之《こ》れを有效《いうかう》に使用《しよう》する爲《ため》に工夫《くふう》を凝《こら》した事《こと》は相違《さうゐ》ない事實《じじつ》である。

神代《かみよ》から人皇時代《じんくわうじだい》になつて追《お》ひ／＼劍術《けんじゆつ》と見《み》るべき型《かた》が出來《でき》、武家《ぶけ》と名《な》づくるものが生《しやう》じたのは、結局劍《けつきよくけん》といふ武器《ぶき》を以《も》つて、武《ぶ》に依《よ》つて身《み》を持《ぢ》し家《いへ》を成《な》したからである。

文化《ぶんくわ》の進《すゝ》んだ今日《こんにち》に於《おい》ては、往昔《わうせき》とは異《こと》なり剣術《けんじゆつ》が直接處世《ちよくせつしよせい》の必要《ひつえう》にはならなくなつたが、其《そ》の精神訓練《せいしんくんれん》と、身體鍛錬《しんたいたんれん》とは他《た》の諸技《しよぎ》に比《ひ》して遙《はる》かに有効《いうかう》なるものとして尊重《そんちよう》さるゝに至《いた》つた。

而《し》かも文化《ぶんくわ》が進《すゝ》むに従《したが》ひ人心《じんしん》は益々《ますく》浮華《ふくわ》に流《なが》れ、諸種《しよしゆ》の新《あたら》しい遊戯《ゆうぎ》が次《つぎ》から次《つぎ》へと案出《あんしゆつ》されるけれども何《いづ》れも運動技《うんどうぎ》を主《しゆ》としたる浮薄《せんはく》なるものゝみで、我《わ》が國民性特有《こくみんせいとくいう》の武士道《ぶしだう》に根底《こんてい》をおき、大和魂《やまとだましひ》の發揚《はつやう》に資《し》するものは一つもないのである。此《こ》の弛緩《ちくわん》したる人心《じんしん》を引《ひ》き緊《し》め力《ちから》ある日本民族《にほんみんぞく》を全世界《ぜんせかい》に認《みと》めしむるには、剣道《けんだう》は此上《このうへ》なき助《たす》けとなるので方今武道奨勵《はうこんぶだうしやうれい》の聲《こゑ》が追《お》ひ〱高《たか》まりつゝあるのは寔《まこと》に喜《よろこ》ぶべき現象《げんしやう》である。

第四章　修行と心得

(一)　眞面目

總《す》べて何事《なにごと》に依《よ》らず一事《じ》を修行《しゆぎやう》せんとするには、よく其《そ》の修行《しゆぎやう》の目的《もくてき》を會得《ゑとく》し、目《もく》的遂行《てきすゐかう》の爲《ため》に眞面目《まじめ》なる努力《どりよく》をなすべき覺悟《かくご》を定《さだ》めなければならぬ。

修行《しゆぎやう》の初《はじ》めは辛《つら》い事《こと》もあり、厭氣《いやき》のさす事《こと》もあるが、一旦《たん》修行《しゆぎやう》せんと思《おも》ひ立《た》つた以《い》上《じやう》は飽《あ》くまでも忍耐《にんたい》し努力《どりよく》すれば、軈《やが》て興味津々《きようみしん〱》と湧《ゆ》き、止《や》めんとしても止《や》める事《こと》が出來《でき》ないやうになるものである。

劍道《けんだう》を修行《しゆぎやう》せんとするには、先《ま》づ劍道《けんだう》の根本目的《こんぽんもくてき》を會得《ゑとく》し、技術《ぎじゆつ》のみに走《はし》るが如《ごと》き事《こと》なく、精神訓練《せいしんくんれん》、身體鍛練《しんたいたんれん》に充分《じうぶん》打《う》ち克《か》つ覺悟《かくご》を定《さだ》むべきである。

然《しか》るに世間《せけん》には往々《わう〱》劍道《けんだう》は單《たん》に、木刀《ぼくたう》、竹刀《しなひ》で擊《う》ちあひをして遊《あそ》ぶ、遊戲《ゆうぎ》の如《ごと》く心《こゝろ》得《え》て面白半分《おもしろはんぶん》に修行《しうぎやう》してみたり、生意氣《なまいき》な振舞《ふるまひ》がしたい爲《ため》に稽古《けいこ》してみたりする輩《やから》があるが、之《こ》れは劍道《けんだう》を解《かい》せざるのみならず大《おほひ》に劍道《けんだう》を侮辱《ぶぢよく》したるものである。即《すなは》ち要《えう》は劍道《けんだう》の目的《もくてき》を充分《じうぶんの》呑み込《こ》み、眞面目《まじめ》に修行《しうぎやう》する心得《こゝろえ》が大切《たいせつ》である。眞面目《まじめ》は一切《いつさい》の行爲《かうゐ》の根本條件《こんほんでうけん》である事《こと》を忘《わす》れてはならない。

（二）意氣

意氣《いき》は如何《いか》なる場合《はあひ》に於《お》いても必要《ひつえう》であるが殊《こと》に劍道《けんだう》の立合《たちあひ》に於《おい》て、意氣《いき》は最《もつと》も必要《ひつえう》なものである。互角《ごかく》の技倆《ぎりやう》の者《もの》が立合《たちあひ》をなす場合《はあひ》に意氣《いき》の盛《さかん》なる方《はう》が必《かなら》ず勝利《しようり》を占《し》め多少《たせう》技倆《ぎりやう》が劣《おと》つてゐても、意氣《いき》當《あた》るべからざる勢《いきほひ》を以《もつ》て打《う》ち込《こ》めば敵《てき》を制《せい》する事《こと》意外《いぐわい》に容易《やうい》なるものである。

戰爭《せんさう》の場合《はあひ》は眞劍《しんけん》である。即《すなは》ち捨《す》て身《み》でかゝらねばならぬ。之《これ》は眞《しん》の意氣《いき》の迸《ほとばし》りである。命《いのち》が惜《お》しかつたり、初《はじ》めから逃《に》げる覺悟《かくご》をしてゐては戰《たゝか》ひには勝《か》てない。

劍道《けんだう》を修行《しうぎやう》する時《とき》は、眞劍勝負《しんけんしようぶ》と同《おな》じ覺悟《かくご》で、立合《たちあ》はねばならぬ。大敵《たいてき》であるからといふて恐《おそ》れてはならない、斬《き》られるか斬《き》るかである。意氣《いき》で刄向《はむか》はねばならぬ。一本打《ぽんう》たれたから直《たゞ》ちに意氣《いき》を銷沈《せうちん》させるやうでは上達《じやうたつ》は出來《でき》ない。又小敵《またせうてき》だからと云《い》ふて侮《あなど》つてはならない。意氣《いき》が直《たゞ》ちに消散《せうさん》するからである。意氣《いき》は劍道《けんだう》を修行《しゆぎやう》する上《うへ》に於《おい》て須臾《すこし》も忽《ゆるが》せにすることの出來《でき》ない大切《たいせつ》なるものである。

前項《ぜんこう》にも述《の》べた通《とほ》り、修行上《しうぎやうじやう》に於《おい》ても此《こ》の意氣《いき》、卽《すなは》ち立合《たちあひ》を爲《な》す時《とき》と同《おな》じ意氣《いき》を以《も》つて、奮進《ふんしん》せねばならないのである。

意氣《いき》は卽《すなは》ちあらゆる生命《せいめい》の根源《こんげん》であるからである。

（三）努力

修行《しうぎやう》には努力《どりよく》が必要《ひつえう》であるは言《げん》を俟《ま》たない、殊《こと》に劍道《けんだう》の如《ごと》きは理論《りろん》を知《し》り、方法《はうはふ》を會《ゑ》得《とく》してゐても、實地《じつち》に修練《しうれん》を積《つ》まなければ何《なん》の效果《かうくわ》もないのである。

努力《どりよく》は卽《すなは》ち熱心《ねつしん》である、熱心《ねつしん》に修行《しうぎやう》すれば必《かなら》ず上達《じやうたつ》すべきである、けれども劍道《けんだう》には劍道特有《けんだうとくいう》の特徴《とくちよう》がある、それに注意《ちうい》と觀察《くわんさつ》とを怠《おこた》つてはならない。同《おな》じ努力《どりよく》をしても其《そ》の方法《はうはふ》を誤《あやま》れば折角《せつかく》の努力《どりよく》も效果薄《かうくわうす》く、得《う》る所《ところ》が尠《すく》ない。劍道《けんだう》の精神《せいしん》、技術《ぎじゆつ》の性《せい》質《しつ》をよく注意《ちうい》し、觀察《くわんさつ》して有效《いうかう》なる努力《どりよく》をなすべきである。

世人《せじん》の中《なか》には天才《てんさい》を恃《たの》んで、努力《どりよく》を惜《お》しみ鼻高々《はなたかだか》と威張《ゐば》つてゐる者《もの》があるが、之《こ》れは大《だい》なる誤《あやま》りで、昔《むかし》から達人《たつじん》と云《い》はれ名人《めいじん》と稱《よ》ばれた人々《ひとびと》は、皆多年苦辛慘憺努力《みなたねんくしんさんたんどりよく》を積《つ》んだ結果名《けつくわな》を成《な》したに外《ほか》ならぬのである。

（四）禮儀作法

武士道《ぶしだう》の麗《うるは》しさは、一つは禮儀作法《れいぎさはふ》が正《たゞ》しい爲《ため》であると云《い》つてもよい。劍道《けんだう》の修行《しうぎやう》者《しや》は必《かなら》ず此《こ》の美點《びてん》を傷《きづつ》けてはならない。

然《しか》し禮儀《れいぎ》にも虛禮《きよれい》がある、唯表面《たゞへうめん》だけの禮儀《れいぎ》や作法《さはふ》が正《たゞ》しくてもそれは何《な》んにもならない、劍道《けんだう》は武士道的精神《ぶしだうてきせいしん》の鍛練《たんれん》をなすのが、主要目的《しゆえうもくてき》であるから、心底《しんそこ》より師《し》を敬《うやま》ひ、長者《ちやうしや》を尊《たつと》び同輩《どうはい》相親《あひした》しみ、後輩《こうはい》を指導《しだう》する心掛《こゝろが》けがなくてはならない。

道場《だうぢやう》に於《おい》ては勿論《もちろん》、一般《はん》の場合《はあひ》と雖《いへども》常《つね》に其《そ》の心掛《こゝろが》けを以《も》つて起居動作《ききよどうさ》し、劍道《けんだう》を修行《しうぎやう》せざる輩《やから》と一見等差《けんとうさ》を識認《しきにん》せらるゝようありたきものである。

劍道《けんだう》に於《お》ける禮儀作法《れいぎさはふ》は獨《ひと》り形《かたち》に現《あらは》れたるものばかりでなく、正々堂々《せいせいだうだう》たる態度《たいど》が禮儀《れいぎ》ともなり作法《さほふ》ともなるのである、即《すなは》ち嚴正《げんせい》なる態度《たいど》が必要《ひつえう》である。

故《ゆゑ》に卑怯《ひきよう》なる振舞《ふるま》ひは最《もつと》も嚴禁《げんきん》すべき事《こと》で、昔武士《むかしぶし》は勝負《しようぶ》を爲《な》す場合必《はあひかなら》ず、正々堂《せいせいだう》々《〱》名乘《なの》りを上《あ》げ然《し》かる後勝負《のちしようぶ》に打《う》ちかゝつた事《こと》は萬人《ばんじん》の知《し》る所《ところ》である。暗《や》み打《う》ちは最《もつと》も卑怯《ひきよう》とされてゐた如《ごと》く今日《こんにち》と雖《いへども》之《こ》れと同《おな》じく卑怯《ひきよう》なる行動《かうどう》は如何《いか》なる場合《はあひ》と雖《いへども》愼《つゝ》しむべきである。

尚劍道《なほけんだう》を學《まな》んだ爲《ため》に粗暴《そばう》になつたり、卑劣野卑《ひれつやひ》の輕卒《けいそつ》なる態度《たいど》をとるものは、修行《しうぎやう》の目的《もくてき》を履《は》き違《ちが》へた輩《やから》で彼我《ひが》共《とも》に排斥《はいせき》すべきである。

この點《てん》は今日《こんにち》劍道《けんだう》を學《まな》ぶ青少年《せいせうねん》に特《とく》に注意《ちうい》しておきたいと思《おも》ふ。

（五） 工夫研究

修行《しうぎやう》をなす上《うへ》に於《おい》て、努力《どりよく》と相俟《あひま》つて必要《ひつえう》なるは工夫《くふう》と研究《けんきう》である。凡《およ》そ技術《ぎじゆつ》は能《よ》く敎《おし》へに從《したが》ひ、道理《だうり》をわきまへ、方法《はうはふ》を會得《ゑとく》して練習《れんしふ》を積《つ》まねばならぬが其《そ》の間《かん》自身《じしん》の工夫研究《くふうけんきう》といふ事《こと》が技術上達《ぎじゆつじやうだつ》の上《うへ》に非常《ひじやう》なる影響《えいきやう》をなすものである。

卽《すなは》ち一つの業《わざ》を學《まな》んだならば、其《そ》の敎《おし》へを受《う》けた業《わざ》を如何《いか》に有效《いうかう》に用《もち》ふるか、其《そ》の工夫研究《くふうけんきう》をすれば、同《おな》じ一つの業《わざ》も早《はや》く上達《じやうだつ》する事《こと》となるが、敎《おし》へを受《う》けた其《そ》の儘《まゝ》を無意味《むいみ》に練習《れんしふ》してゐては、千變萬化《べんはんくわ》の劍技《けんぎ》に於《おい》ては殊更效果《ことさらかうくわ》も薄《うす》く上達《じやうだつ》も遲《おそ》いのである。

凡《およ》そ技術《ぎじゆつ》は何事《なにごと》に依《よ》らず敎《おし》へて敎《おし》へられない場合《ばあひ》が多《おほ》い。且《かつ》其《そ》の人々《ひとびと》に依《よ》りて長所《ちやうしよ》もあり短所《たんしよ》もあるから、其《そ》の技術《ぎじゆつ》のかくれたる生命《せいめい》とも云《い》ふべき點《てん》は、學《まな》ぶものが自《みづか》ら研究《けんきう》し工夫《くふう》する事《こと》が最《もつと》も肝要《かんえう》であるのである。

故《ゆゑ》に師《し》を初《はじ》め先輩《せんぱい》の立會《たちあひ》をよく觀察《くわんさつ》して、常《つね》に研究《けんきう》と工夫《くふう》を怠《おこた》らず、之《こ》れを實地《じつち》に施《ほどこ》して更《さら》に工夫研究《くふうけんきう》を重《かさ》ねたならば、其《そ》の上達《じやうたつ》は著《いち》じるしきものである。

おか目八目と云《い》ふて第《だい》三者《しや》の位置《ゐち》に立《た》つて觀察研究《くわんさつけんきう》することは非常《ひじやう》な效果《かうくわ》のあるもので更《さら》に之《こ》れを實地《じつち》に施《ほどこ》して工夫研究《くふうけんきう》することは恰《あだか》も車《くるま》の兩輪《りやうりん》の如《ごと》くである事《こと》を忘《わす》れてはならない。

（六）衞生

運動《うんどう》をなすものは殊《こと》に衞生《ゑいせい》に注意《ちうい》しなければならぬ。運動《うんどう》をなす時《とき》は體内《たいない》の新陳代謝《しんちんたいしや》が盛《さか》んになる爲《ため》に、新《あたら》しいものを急激《きうげき》に要求《えうきう》し、不用物《ふようぶつ》を多量《たりやう》に排出《はいしゆつ》するから、つい暴飲暴食《ほういんほうしよく》に陷《おちゐ》つたり、不潔《ふけつ》に流《なが》れたりすることゝなるのである。

暴飲暴食《ほういんほうしよく》の不衞生《ふゑいせい》なるは茲《こゝ》に述《の》ぶるまでもなき事《こと》であるが、殊《こと》に修行者《しゆぎやうしや》は運動中《うんどうちう》の空腹《くうふく》を忍《しの》ぶ事《こと》などがあつて、其《そ》の反動的《はんどうてき》に大食《たいしよく》することがあるが、之《こ》れは大《おほい》に注意《ちうい》しなければならない。然《さ》うした不衞生《ふゑいせい》が軈《やが》て習慣《しふくわん》ともならば、一生醫《しやうい》すべからざる疾患《しつくわん》の源《みなもと》となる例《れい》は幾《いく》らも耳《みゝ》にする所《ところ》である。

不潔《ふけつ》は衞生《ゑいせい》上《じやう》最《もつと》も注意《ちうい》すべき事《こと》で、道場《だうぢやう》は勿論《もちろん》、稽古着《けいこぎ》、防具《ばうぐ》の類《るゐ》は常《つね》に注意《ちうい》して清潔《せいけつ》を保《たも》たねばならぬ。

道場《だうぢやう》は運動激《うんどうはげ》しきため、塵《ちり》の立《た》つ事《こと》も多《おほ》いから常《つね》に窓《まど》を開《あ》けて新鮮《しんせん》なる空氣《くうき》を入《い》れ日光《につくわう》を受《う》けるやうに注意《ちうい》し、稽古着《けいこぎ》、袴《はかま》、防具《ばうぐ》の類《るゐ》は時々《とき〳〵》洗濯《せんたく》したり日光消毒《につくわうせうどく》したりして、惡臭《あくしう》を放《はな》たないやう氣《き》をつけねばならぬ。稽古着《けいこぎ》が惡臭《あくしう》を放《はな》つことは不衞生《ふゑいせい》なるのみならず對手《あひて》に對《たい》し禮《れい》を失《しつ》することゝなるのである。

劍道《けんだう》を學《まな》ぶものは兎角氣宇《とかくきう》が大《おほ》きくなり微《わづ》かなる衞生事《ゑいせいごと》に注意《ちうい》を拂《はら》はないやうになるものであるが、之《こ》れは大《だい》なる誤《あやま》りで、身體《しんたい》が壯健《さうけん》になればなる程《ほど》一層衞生《そうゑいせい》に注意《ちうい》しなければならぬ。

かの軍隊《ぐんたい》に時々《とき〲》恐《おそ》るべき病魔《びやうま》が襲《おそ》ふ事《こと》を見《み》ても三省《せう》すべきである。

第五章　業の基礎

（一）出場

出場《しゆつぢやう》は卽《すなは》ち戰場《せんぢやう》に臨《のぞ》むと同《おな》じ意味《いみ》である。出場前《しゆつぢやうぜん》に於《おい》て服裝防具《ふくそうはうぐ》竹刀《しなひ》等《とう》充分注意《じうぶんちうい》して、場《ぢやう》に臨《のぞ》んでから服裝《ふくそう》を顧《かへり》みたり、面《めん》を撫《な》でたり、竹刀《しなひ》を改《あらた》めたりするのは、極《きは》めて見苦《みぐる》しく實戰《じつせん》に於《おい》ては斯樣《かやう》な事《こと》は出來得《できえ》ないのである。

出場《しゆつぢやう》の姿勢《しせい》は所謂《いはゆる》、威風堂々《ゐふうだう〲》たるべく、首《くび》を正《たゞ》しく保《たも》ち下腹部《かふくぶ》に力《ちから》を入《い》れ、相手《あひて》の面《めん》を正視《せいし》して、靜《しづ》かに自然《しぜん》の歩《あゆ》み方《かた》にて乘《の》り出《だ》すのである。

最初《さいしよ》の中《うち》は臆《おく》したり、慌《あは》てたりし易《やす》いものであるが、馴《な》れゝば平靜《へいせい》な態度《たいど》を取《と》る事《こと》が出來《でき》るやうになるもので之《これ》と反對《はんたい》に肩《かた》を怒《い》からしたり殊更威張《ことさらゐは》つた容姿《ようし》をなすは見《み》苦《ぐる》しいものである。

（二）刀の提げ方

第一圖　刀の提げ方

刀《かたな》の提《さ》げ方《かた》は左《さ》手《しゅ》で、刀《かたな》の鍔元《つばもと》を握《にぎ》り――刃《は》の方《はう》が上《うへ》になり、弦《つる》が下《した》になるやう――臂《ひぢ》を輕《かる》く曲《ま》げて、握《にぎ》りの所《ところ》を腰《こし》に當《あ》て、切先《きつさき》を斜《なゝめ》後《うしろ》下《した》に下《さ》げるのである。

右手《みぎて》は自然《しぜん》に垂下《すゐか》し、姿勢《しせい》を正《たゞ》しく保《たも》ち、愼重《しんちよう》に威儀《ゐぎ》を正《たゞ》しくする事《こと》を忘《わす》れてはならない。

(三) 始めの禮

稽古《けいこ》又《また》は試合《しあひ》を爲《な》す場《は》合《あひ》は、必《かなら》ず始《はじ》めの禮《れい》をなすものである。之《こ》れは禮《れい》節《せつ》を尊《たつと》ぶ現《あらは》れで互《たがひ》に敬意《けいい》を表《ひやう》するものである。

禮《れい》の仕方《しかた》は刀《かたな》を提《さ》げたる儘《まゝ》、所定《しよてい》の場所《ばしよ》に至《いた》り、對者《あひて》を正視《せいし》し、姿勢《しせい》正《たゞ》しく態度《たいど》を整《とゝの》へ能《よ》く落《おち》つい

第二圖　禮の仕方

て、上體《じやうたい》を僅《わづ》かに前《まへ》に傾《かたむ》けて禮《れい》をなすのである。
此《こ》の禮《れい》をなす時《とき》、首《くび》を前《まへ》に落《おと》したり、腰《こし》から上《うへ》を折《を》り曲《ま》げたりしてはならない。

第三圖　刀の抜き方
試合始めの態度

（四）刀の抜き方

刀《かたな》を抜《ぬ》くには、眼《め》を對《あひ》者《て》に注《そゝ》ぎながら、右足《みぎあし》を半歩《はんほ》前《まへ》に出《だ》し、左手《ひだりし》を少《すこ》し持《も》ち上《あ》げ、右手《みぎて》の手首《てくび》を折《を》り、拇指《をやゆび》が上《うへ》を向《む》くやうにして刀《かたな》の鍔元《つばもと》を握《にぎ》る。そして鞘《さや》に納《をさ》まつてゐる刀《かたな》を抜《ぬ》く心持《こゝろもち》で、斜上《なゝめうへ》に抜《ぬ》き放《はな》ち乍《なが》ら腰《こし》を屈《くつ》して蹲踞《そんきよ》する其《そ》の場合《はあひ》相手《あひて》を切下《きりおろ》す心持《こゝろもち》で體前《たいまへ》にとるのである。

此《こ》の時《とき》踵《かゝと》と踵《かゝと》とを合《あは》せ、其《そ》の上《うへ》に尻《しり》を乘《の》せ膝《ひざ》を強《ひろ》く開《ひら》いて上體《じやうたい》を眞直《まつすぐ》に保《たも》つ。この時《とき》柄頭《つかがしら》を握《にぎ》つた左手《ひだりて》は拳《こぶし》を臍《へそ》より少《すこ》し下《した》に保《たも》ち、胴《どう》より少《すこ》し離《はな》した位置《ゐち》に取《と》る、刃《かたな》の切先《きつさき》は相手《あひて》の兩眼《りやうがん》の中心《ちうしん》に着《つ》けるのである。

刀《かたな》を斜上《なゝめうへ》に拔《ぬ》き放《はな》ちて蹲踞《そんきよ》する時《とき》は上體《じやうたい》か前《まへ》に傾《かたむ》いたり、よろめいたりして安定《あんてい》を缺《か》き易《やす》いものであるが、兩膝《りやうひざ》を下《した》に下《さ》げ開《ひら》きを強《ひろ》くし、臀部《でんぶ》を兩踵《りやうかゝと》に乘《の》せて安定《あんてい》を計《はか》れば易々《やす〳〵》と出來《でき》るやうになるものである。此《こ》の際注意《さいちうい》すべきは如何《いか》に安定《あんてい》を缺《か》いても上體《じやうたい》を前《まへ》に屈《かゞ》めてはならない、稍《やゝ》反《そ》り氣持《ぎみ》に保《たも》つのである。

そして呼吸《こきふ》をはかつて對者《あひて》と共《とも》に立《た》ち上《あが》るのである。

（五）刀の握り方

刀《かたな》の握《にぎ》り方《かた》は勝負《しようぶ》に大層影響《たいそうえいきやう》するものであるから餘程注意《よほどちうい》しなければならぬ。

右手《みぎて》は鍔元《つばもと》、左手《ひだりて》は柄頭《つかがしら》、共《とも》に手首《てくび》を輕《かる》く折《を》り、拇指《をやゆび》と、他《た》の指《ゆび》との合《あ》ふ所《ところ》が、柄《つか》の下側《したがは》になるやうに握《にぎ》るのである。

左手《ひだりて》は柄頭《つかがしら》が半小指《なかはこゆび》にかゝるやうにする。兩手《りやうて》とも殊更腕《ことさらうで》に力《ちから》を入《い》れないで、輕《かる》く柔《やは》らかく握《にぎ》り、恰度手拭《てうどてぬぐひ》を絞《しぼ》るやうに兩握《りやうにぎり》にて柄《つか》を中《なか》へ絞《しぼ》るやうな心持《こゝろもち》にするのである。

初進者《しよしんしや》は、唯《たゞ》、右手《みぎて》を右側面《うそくめん》から握《にぎ》り、左手《ひだりて》を左側面《さそくめん》から握《にぎ》るものであるが、之《こ》れはよくない握《にぎ》り方《かた》であるから、注意《ちうい》し

第四圖　刀の握り方

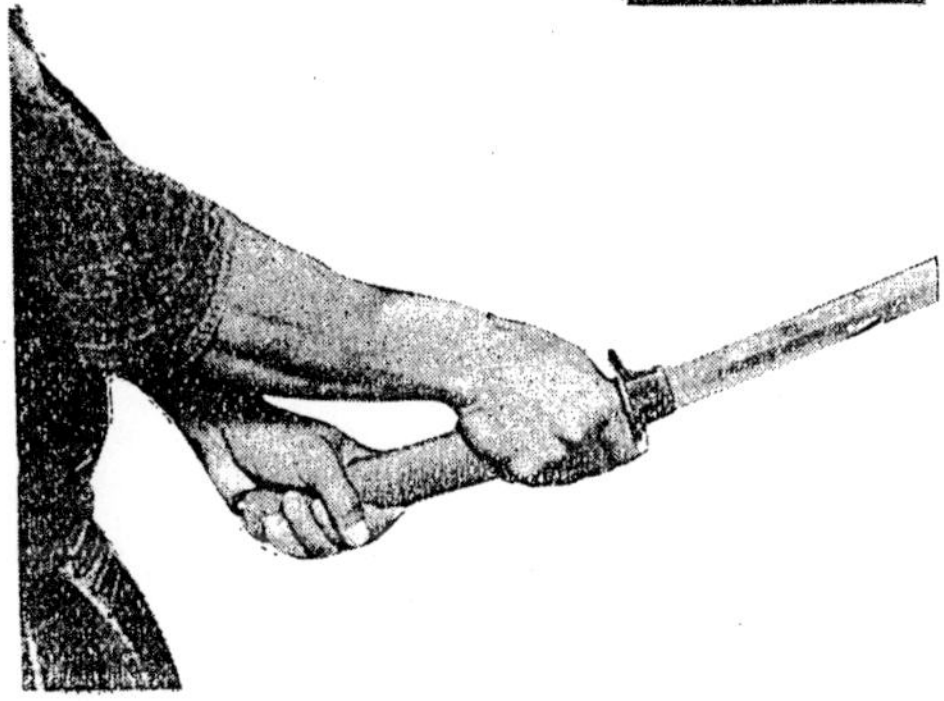

なければならぬ。太刀《たち》の棟《むね》を上《うへ》にして上《うへ》から握《にぎ》ると思《おも》へば相違《さうゐ》はないのである。

そして鷄卵《けいらん》を握《にぎ》つたやうな心持《こゝろもち》になつて握《にぎ》り、堅《かた》く凝《こ》り固《かたま》つた握《にぎ》り方《かた》をしてはならない、恰度《てうど》自轉車《じてんしや》に乘《の》り初《はじ》めたものは、ハンドルを餘《あま》りに固《かた》く握《にぎ》り占《し》めてゐるから却《かへ》つて巧《たく》みに操縱《そうじう》が出來《でき》ないと同《おな》じ事《こと》である。

指《ゆび》は小指《こゆび》と無名指《くすりゆび》とに少《すこ》し力《ちから》を入《い》れ、中指《なかゆび》は輕《かる》く當《あ》て、人指指《ひとさしゆび》は唯添《たゞそ》へるだけにし、拇指《をやゆび》に力《ちから》を少《すこ》し入《い》れる。そして愈々《いよ〳〵》擊《う》ち突《つ》く時《とき》になれば手元《てもと》を締《し》めるのである。双手《さうしゆ》は平均《へいきん》に力《ちから》を入《い》れるやうに心掛《こゝろが》けねばならぬ。

又肱《またひぢ》は硬直《かうちよく》に伸《の》すのではなくて、肱《ひぢ》を少《すこ》し張《は》り氣持《きもち》にし力《ちから》を入《い》れないやうにする。肱《ひぢ》に力《ちから》を入《い》れすぎると思《おも》ふやうに腕《うで》を働《はたら》かすことが出來《でき》なくなる。

かうして持《も》つた太刀《たち》で、擊《う》ちかゝらうとする時《とき》、又《また》は突《つ》かうとする時《とき》、其《そ》の刹那《せつな》に全力《ぜんりよく》を籠《こ》め、其《そ》の後《あと》では直《たゞ》ちに力《ちから》を緩《ゆる》めて再《ふたゝ》び輕《かる》く持《も》つものである。

瞬間《しゆんかん》に籠《こ》めた力《ちから》は怖《おそ》るべきものである。常《つね》に力《ちから》を籠《こ》めてゐては憊《つか》れていざと云《い》ふ場《ば》合《あひ》に力《ちから》が出《で》ないものであるから注意《ちうい》しなければならぬ。

（六）腕と手首

手首《てくび》は固《かた》く凝《こ》らないやうに保《たも》ち、柔《やは》らかく筋骨《きんこつ》の自然《しぜん》の儘《まゝ》にするやう心掛《こゝろが》けねばならぬ。これを切手と云《い》ふて伸《の》びんとする手首《てくび》の狀態《じやうたい》を云《い》ふ。構《かま》へた時《とき》、撃突《げきとつ》の時《とき》はこの切手《きりて》でなければならぬ。

敵《てき》の太刀《たち》を我《わ》が太刀《たち》で受《う》け留《と》める時《とき》は、必《かなら》ず手首《てくび》を縮《ちゞ》めて受《う》けねば大變弱《たいへんよわ》いものである。この縮《ちゞ》めた手首《てくび》の態《さま》を留手といふのである。

正《たゞ》しき腕《うで》は正《たゞ》しき姿勢《しせい》から生《うま》れる。體《たい》に殊更《ことさら》の力《ちから》を籠《こ》めると力《ちから》の不平均《ふへいきん》が出來《でき》、姿《し》態《たい》が崩《くづ》れ、折角撃《せつかくう》ち込《こ》んだ太刀《たち》も片殺《かたそ》ぎ又平撃《またひらう》ちになるものであるから注意《ちうい》しなければならぬ。

又肩《またかた》が左右《さいう》に揚《あが》つたり斜《なゝめ》になつたり、腕《うで》が左右高低《さいうかうてい》があつたりする事《こと》は習慣《しふくわん》になるものであるから最初《さいしよ》のうち特《とく》に注意《ちうい》しなければならぬ。

（七）構へ方

構《かま》へ方《かた》は、業《わざ》の基本《きほん》を爲《な》すもので、構《かま》へ方《かた》を見《み》て其《そ》の人《ひと》の腕前《うでまへ》が略知《ほゞし》れるものである。往昔武士《わうせきぶし》が勝負《しようぶ》を爲《な》さんと双方相對《さうはうあひたい》した時《とき》、對手《あひて》の構《かま》へ方《かた》を見《み》て、平伏《へいふく》する事《こと》がよくある、之《こ》れは太刀打《たちうち》をしなくとも勝負《しようぶ》が見《み》えるからである。

構《かま》へ方《かた》は流派《りうは》に依《よ》つて相違《さうゐ》があり、名稱《めいしよう》も異《ことな》るのであるが、玆《こゝ》では普通《ふつう》一般《はん》に行《おこな》はるゝものを擧《あ》げる事《こと》とした。

（八）上段の構

上段《じやうだん》の構《かまへ》には種々《しゆ〳〵》あるが主《おも》なるものは

（イ）　左諸手上段《ひだりもろてじやうだん》

第五圖　左諸手上段

（ロ）右諸手上段《みぎもろてじやうだん》
（ハ）左片手上段《ひだりかたてじやうだん》
（ニ）右片手上段《みぎかたてじやうだん》
等《とう》あつて、柄頭《つかがしら》の拳《こぶし》の下《した》から、對手《あひて》を見ー《みおろ》し得《う》るやうに高《たか》く刀《かたな》を頭上《づじやう》に取《と》る構《かま》へである

（イ）左諸手上段《ひだりもろてじやうだん》の構《かま》へ方《かた》

兩手《りやうて》にて太刀《たち》を握《にぎ》り左足《さそく》を出《だ》し體《たい》を斜右《なゝめみぎ》に開《ひら》いて、頭上《づじやう》に高《たか》く太刀《たち》を振《ふ》りかぶつた構《かま》へである。此《こ》の型《かた》に二様《やう》あつて、右手《みぎて》を鍔元《つばもと》に、左手《ひだりて》を柄頭《つかがしら》にしたものと、右手《みぎて》を柄頭《つかがしら》に左手《ひだりて》を鍔元《つばもと》に執《と》つたものとある。

打《う》ち下《おろ》す時《とき》は、鍔元《つばもと》を握《にぎ》つた手《て》を離《はな》すか、たとへ離《はな》さないまでも添《そ》へる程度《ていど》にして――撃《う》ち下《おろ》すのは柄頭《つかがしら》を握《にぎ》つた手《て》である。

(ロ) 右諸手上段《みぎもろてじやうだん》の構《かま》へ方《かた》

兩手《りやうて》にて太刀《たち》を取《と》り右足《うそく》を前《まへ》に出《だ》し、體《たい》を斜《なゝめ》左《ひだり》に開《ひら》いて、前《まへ》の場合《ばあひ》と同《おな》じく上段《じやうだん》に構《かま》へたものである。

この構《かた》へ方《まへ》にも前《かま》の構《かま》へと同様《どうやう》右手《みぎて》を鍔元《つばもと》に左手《ひだりて》を柄頭《つかがしら》にとつたものと、又其《またそ》の反對《はんたい》の

第六圖　右諸手上段

握《にぎ》り方《かた》と二様《やつ》あるのである。

第七圖 左片手上段の構

（八） 左片手上段《ひだりかたてじやうだん》の構《かま》へ方《かた》

鍔《つは》を軽《かる》く頭上《づじやう》に乗《の》せて、片手《かたて》のみで構《かま》へたものを片手上段《かたてじやうだん》といひ左足《さそく》を踏《ふ》み出《だ》し、左手《ひだりて》で柄頭《つかがしら》を取《と》つたものを左片手上段《ひだりかたてじやうだん》の構《かま》へといふのである。

（二）　右片手上段《みぎかたてじやうだん》の構《かま》へ方《かた》

前項《ぜんこう》の場合《はあひ》と反對《はんたい》に右《う》足《そく》を出《だ》し、右手《みぎて》で太《た》刀《ち》を取《と》つたものを右片《みぎかた》手上段《てじやうだん》の構《かま》へといふ。

凡《およ》そ上段《じやうだん》の構《かま》へ方《かた》は技術《ぎじゆつ》が相當《さうたう》進《す》んでから取《と》るべき構《かま》へ方《かた》で、體《たい》勢《せい》を堂々《だう〳〵》と構《かま》へ對手《あひて》を見下《みおろ》し呑《の》み下《くだ》し威《ゐ》壓《あつ》するる氣分《きぶん》でかゝらねばならぬ。

第八圖　右片手上段の構

（九）下段の構

第九圖下段の構へ

下段《げだん》の構《かま》へは、太刀《たち》先《さき》を下《さ》げる構《かま》へで守《まも》る態《たい》である。

圖《ず》の如《ごと》く右足《うそく》を前《まへ》に出《だ》し、體《たい》を眞直《まつす》ぐに保《たも》ち、眼《め》は相手《あひて》の面又《めんまた》は手元《てもと》に注《そゝ》いで切先《きつさき》を膝《ひざ》の邊《あた》りより稍《やゝ》下《した》に差《さ》して構《かま》へる。守勢《しゆせい》を取《と》りつゝ敵《てき》の擧動《きよどう》に應《おう》じて自由《じゆう》に變化接觸《へんくわせつしよく》する構《かま》へである。

（一〇）中段の構（又青眼星眼とも言ふ）

中段《ちうだん》又《また》は青眼《せいがん》とも言《い》ふて守勢攻撃共《しゆせいこうげきとも》に便利《こんり》で初進者《しよしんしや》に最《もつと》も都合《つがふ》よき構《かま》へ方《かた》である。

右足《うそく》を少《すこ》し前《まへ》に出《だ》し體《たい》を稍《やゝ》斜《なゝめ》に左《ひだり》へ開《ひら》く、そして太刀《たち》先《さき》を對手《あひて》の兩眼《りやうがん》の中央《ちうわう》又《また》左眼《がん》につける、（左眼につけるを柳生流の片目はづしと云ふ）

體《たい》を自由《じゆう》に輕捷《けいせう》にする爲《ため》、踵《かゝと》を少《すこ》し擧《あ》げ氣《ぎ》味《み》にし下腹部《かふくぶ》に力《ちから》を入《い》

第十圖　中段（青眼）の構へ側面の圖

れる。

兩臂《りやうひぢ》は自然《しぜん》に輕《かる》く曲《ま》げ伸縮《しんしゆく》を自在《じざい》にする、そして左手《さしゆ》の拳《こぶし》を臍《へそ》から約一握《やくひとにぎ》りを離《はな》す位《ぐらゐ》に保《たも》ち、眼《め》は常《つね》に對手《あひて》の顏《かほ》に注《そゝ》ぐのである。上《じやう》達《たつ》に隨《したが》つて敵《てき》の全體《ぜんたい》を注視《ちうし》する之《これ》を心眼《しんがん》と言《い》ふ。

第十一圖　中段(青眼)の構へ正面の圖

太刀《たち》先《さき》を對手《あひて》の左眼《さがん》につけるは自然《しぜん》自己《じに》の籠手《こて》を防《ふせ》ぐの便《べん》がある。

（一一）其他の構へ方

上段《じやうだん》、下段《げだん》、中段《ちうだん》の他《ほか》、構《かま》へ方《かた》は種類《しゆるゐ》極《きは》めて多《おほ》く茲《こゝ》に一々《いち〳〵》述《の》べる事《こと》は紙數《しすう》に限《かぎ》りがあつて困難《こんなん》であるから其《そ》の一二を參考《さんかう》に揚《かゝ》げる事《こち》とした。

（八相《はつさう》の構《かまへ》）

八相《はつさう》の構《かまへ》は相手《あひて》の擧《きよ》動《どう》に應《おう》じ、如何《いか》やうにも變化《へんくわ》して之《こ》れに應《おう》ずる構《かま》へ方《かた》である。

左足《さそく》を前《まへ》にし、體《たい》を

第十二圖　八相の構

右斜《みぎなゝめ》にして眞直《まつすぐ》に保《たも》ち右拳《みぎこぶし》を右肩前《うけんまへ》に肩《かた》の高《たか》さ位《ぐらゐ》にして、柄《つか》を右胸《みぎむね》の前《まへ》に取《と》り、刀《かたな》を立《た》てゝ眼《め》を相手《あひて》に注《そゝ》ぐのである。左手《さしゅ》は柄頭《つかがしら》の所《ところ》に自然《しぜん》のまゝ添《そ》はしておき殊更力《ことさらちから》を入《い》れなくともよい。

第十三圖　脇　構

尚右八相左八相《なほみぎはつさうひだりはつさう》の區別《くべつ》がある。

（脇構《わきかまへ》）又隱劍《またおんけん》とも言《い》ふ。

脇構《わきかまへ》は八相《さう》の構《かま》と同《おな》じく敵《てき》の擧動《きよどう》を監視《かんし》しつゝ對手《あひて》の戰法《せんはふ》に應《おう》ずる構《かまへ》である。

左足《さそく》を前《まへ》に出《だ》し、體《たい》

を右斜《みぎなゝめ》にし、體勢《たいせい》を正《たゞ》しく保《たも》ち眼《め》を對手《あひて》に注《そゝ》いで、刀《かたな》を右腰眼《みぎこしわき》に取《と》り、切先《きつさき》を後方斜《こうはうなゝめ》下《した》に下《さ》げるのである。

八相《さう》の構《かまへ》、脇構《わきかまへ》等《とう》は初進者《しよしんしや》の取《と》るべき構《がまへ》ではなく相當上達《さうたうじやうたつ》してから試《こゝろ》むべきものである。

第十四圖　足の踏み方

（二）足の働き

立合《たちあひ》をなす時《とき》、足《あし》の運《はこ》び方《かた》は常《つね》に右足《うそく》を前《まへ》にし、體重《たいぢう》は足《あし》の前足《まへあし》に持《も》たせ、踵《かゝと》の方《はう》は床《ゆか》から離《はな》れ心地《こゝち》にする。兩足共《りやうあしとも》紙《かみ》一枚下《まいした》に敷《し》ける位《くらゐ》に輕々《かろ〲》と運《はこ》ぶやうにする事《こと》が肝要《かんえう》である股《また》の開《ひら》きは體《たい》の大小《だいせう》に依《よ》つて異《ことな》るが、凡《およ》そ其《そ》の人《ひと》の半歩位《はんほぐらゐ》の間隔《かんかく》を度《ど》とする。兩足《りやうあし》が餘《あま》り開《ひら》き過《す》ぎると却《かへ》つて進退《しんたい》が思《おも》ふやうにならないし、背《せ》も低《ひく》く見《み》える、のみならず撃込《うちこ》む場合《ばあひ》業《わざ》が伸《の》びないのである。

又餘《またあま》りに狹《せま》く開《ひら》くと抵抗力《ていかうりよく》を弱《よは》め動作《どうさ》を不充分《ふじうぶん》にするものであるから注意《ちうい》しなければならぬ。

第十五圖　足の運び方

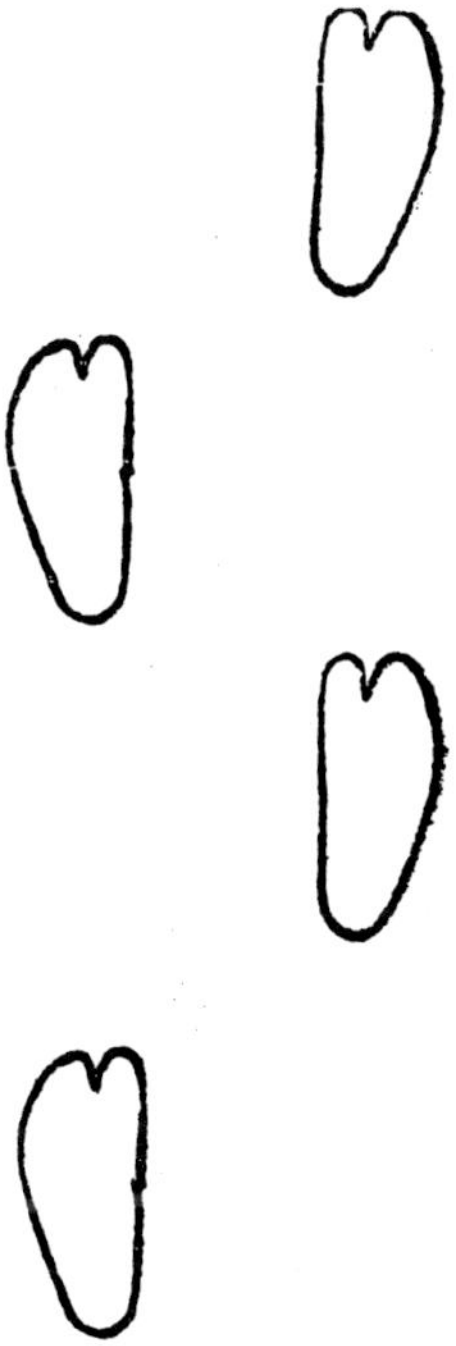

次《つぎ》に外足《そとあし》内足《うちあし》は共《とも》によろしくない。眞直《まつすぐ》に踏《ふ》み出《だ》すやう注意《ちうい》しなければならぬ。然《しか》じ剣道《けんだう》の自然體《しぜんたい》として身體《しんたい》は稍《やゝ》左斜《ひだりなゝめ》になるものであるから、自然《しぜん》右足《うそく》は正《たゞ》しく前《まへ》に出《だ》しても左足《さそく》は外開《そとびら》きになるものであるから務《つと》めて注意《ちうい》しなければならぬ。

特《とく》に留意《りうい》すべきは、構《かまへ》をなしたる儘《まゝ》、歩《あゆ》まんとすれば姿態《したい》が崩《くづ》れ易《やす》いものであるから、常《つね》に右足《みぎあし》を前《まへ》にして構《かま》へたるまゝ進《すゝ》み或《あるひ》は退《しりぞ》くやう練習《れんしふ》することが肝要《かんえう》である。

（一三）眼の働き

眼《め》は常《つね》に對手《あひて》の顔《かほ》につけてゐるものであるが、對手《あひて》の全身《ぜんしん》に眼光《がんくわう》を輝《かゞや》かし、一擧《きよ》一動《どう》が直《たゞち》に頭《あたま》に映《うつ》るやうにしなければならぬ。

必要《ひつえう》に應《おう》じて一局部《きよくぶ》に視力《しりよく》の中心《ちうしん》を注《そゝ》ぐのであるが、一局部《きよくぶ》を見《み》る爲《ため》に全身《ぜんしん》が見《み》えないやうでは、遲《おく》れを取《と》るもとである。

全體《ぜんたい》を見離《みはな》さないやうに必要《ひつえう》な一局部《きよくぶ》を見《み》、必要《ひつえう》な局部《きよくぶ》を見極《みきは》めつゝ、全體《ぜんたい》を見《み》

第十六圖　間合の取り方

逃《のが》さないやうにする事《こと》が肝要《かんえう》である。

眼力《がんりよく》に依《よ》つて敵《てき》の意志《いし》を先覺《せんかく》し、寸隙《すんげき》を發見《はつけん》するが眼《め》の任務《にんむ》である。

（一四）距離の取り方

敵《てき》と相對峙《あひたいじ》する時《とき》の相互《さうご》の距離《きより》を間合《まあひ》と云《い》ひ、場合《はあひ》とも云《い》つて、適當《てきたう》なる距離《きより》を保《たも》ち、機《き》に臨《のぞ》み變《へん》に應《おう》じて、間合懸引《まあひかけひき》を巧《たく》みになす事《こと》は勝負《しようぶ》の上《うへ》に最《もつと》も大切《たいせつ》なる事《こと》である。

間合《まあひ》は太刀《たち》を交叉《かうさ》した時《とき》、切先《きつさき》が二三寸交叉《すんかうさ》する程度《ていど》が通例《つうれい》である。即《すなは》ち敵《てき》を撃刺《げきし》するに一歩《ほ》踏《ふ》み込《こ》めばよく其《そ》の目的《もくてき》を達《たつ》し一歩《ほ》退《しりぞ》けば敵《てき》の撃突《げきとつ》を外《はづ》すことが出來《でき》る位置《ゐち》にあるのである。

大體《だいたい》に於《お》て間合《まあひ》が近《ちか》ければ撃突《げきとつ》するには都合《つがふ》がよいが、敵《てき》から撃突《げきとつ》を受《う》け易《やす》く之《こ》れと反對《はんたい》に間合《まあひ》が遠《とほ》ければ敵《てき》の撃突《げきとつ》を避《さ》けるには都合《つがふ》がよいが、撃突《げきとつ》するには困難《こんなん》である。故《ゆゑ》に初進者《しよしんしや》を對手《あひて》にする時《とき》は間合《まあひ》を近《ちか》くし、同輩《どうはい》の者《もの》を對手《あひて》にする時《とき》は普通《ふつう》の間合《まあひ》を取《と》り、先輩《せんぱい》を對手《あひて》にする時《とき》とか、大事《だいじ》を取《と》る試合《しあひ》などは間合《まあひ》を遠《とほ》く取《と》るべきである。

以上《いじやう》は普通《ふつう》の心得《こゝろえ》を述《の》べたに過《す》ぎないが此《こ》の間合《まあひ》は、時《とき》と場合《はあひ》に應《おう》じて千變萬化《べんはんくわ》するものである事《こと》を心掛《こゝろが》けてゐなければならぬ。

參考《さんかう》

遠距離《ゑんきより》の構《かまへ》の時《とき》を意進《ゐしん》と言《い》ひ太刀《たち》先《さき》二三寸《ずん》の所《ところ》を術進《じゆつしん》と言《い》ひ打込《うちこ》んで相接近《あひせつきん》したる時《とき》を全進《ぜんしん》と言《い》ふ（一刀流《たうりう》傳書《でんしよ》の一）

（一五）切先

切先《きつさき》三寸《ずん》に活殺自在《くわつさつじざい》の權《けん》があると云《い》はれてゐるが、眞《しん》に其《そ》の通《とほ》りで相手《あひて》に對《たい》した際《さい》、切先《きつさき》には最《もつと》も威力《ゐりよく》を示《しめ》し、全精神《ぜんせいしん》を籠《こ》めなければならぬ。

構《かま》へた場合《はあひ》、切先《きつさき》は相手《あひて》の兩眼《りやうがん》の中心《ちうしん》又《また》は左眼《さがん》につけて、常《つね》に之《こ》れを離《はな》さないやうにするのであるが、攻《せ》めた時《とき》、退《しりぞ》いた時《とき》、或《あるひ》は相手《あひて》の刀《かたな》を押《おさ》へたり拂《はら》つたり、種々《しゆ〴〵》に動《うご》かした場合《はあひ》の後《のち》は、直《たゞ》ちに之《こ》れを元《もと》に復《ふく》して、必《かなら》ず敵《てき》の兩眼《りやうがん》の中心《ちうしん》又《また》は左眼《さがん》において敵《てき》に隙《すき》を與《あた》へないやうに取直《とりなほ》す事《こと》が肝要《かんえう》である。

切先《きつさき》は靜《しづ》かに敵《てき》の兩眼《りやうがん》の中央《ちうわう》又《また》は左眼《さがん》につけるのであるが、之《こ》れに全精力《ぜんせいりよく》が集中《しふちう》してゐる事《こと》を示《しめ》す爲《ため》に、切先《きつさき》を適當《てきたう》に動《うご》かす場合《はあひ》がある。

切先《きつさき》を適當《てきたう》に動《うご》かす時《とき》は、機敏《きびん》に撃出《うちだ》すのに調子《てうし》がつき、相手《あひて》の氣勢《きせい》を制《せい》する事《こと》が出來《でき》るのみならず、業《わざ》を起《おこ》す策略《さくりやく》を相手《あひて》に感《かん》づかれないなど種々《しゆ〴〵》なる有利《いうり》な點《てん》がある。

けれども元來此《ぐわんらいこ》の切先《きつさき》を浮動《ふどう》さすのは、故意《こい》でなくして、精根《せいこん》が太刀先《たちさき》三寸《すん》に籠《こも》つた時《とき》、氣脈《きみやく》が之《こ》れに移《うつ》つて自《おのづか》ら脈動《みやくどう》するものであらねば眞實《しんじつ》の威力《ゐりよく》はないのである。

殊《こと》に注意《ちうい》すべきは態々《わざ〳〵》大袈裟《おほげさ》に見《み》ゆる程《ほど》動《うご》かすは見苦《みぐる》しくもあり、却《かへ》つて敵《てき》に隙《すき》を與《あた》へたり機敏《きびん》な動作《どうさ》を妨《さまた》げるものであるから、其《そ》の手加減《てかげん》によく〳〵注意《ちうい》すべきである。

（一六）姿勢と運用

姿勢《しせい》と體《たい》の運用《うんよう》は、業《わざ》をなす上《うへ》に最《もつと》も重大《ぢうだい》なる關係《くわんけい》を有《いう》するものである。且體育上《かつたいいくじやう》に於《お》ける效果《かうくわ》にも關《くわん》するものであるから大《おほひ》に注意《ちうい》しなければならぬ。

姿勢《しせい》は常《つね》に伸々《のび〳〵》と眞直《まつすぐ》に保《たも》ち、頭《あたま》を正《たゞ》しく下腹部《かふくぶ》に力《ちから》を入《い》れ、膝《ひざ》は殊更力《ことさらちから》を入《い》れず體重《たいぢう》を兩足《りやうあし》に同《おな》じやうに托《たく》し、體全體《からだぜんたい》を堅《かた》く凝《こ》らしめず輕《かる》く進退《しんたい》が出來《でき》、自由自在《じゆうじざい》に業《わざ》が運《はこ》べるやうにしなければならぬ。

前《まへ》に進《すゝ》む時《とき》は必《かなら》ず右足《うそく》より踏《ふ》み出《だ》し、退《しりぞ》く場合《はあひ》は左足《さそく》より退《しりぞ》く、右《みぎ》に進《すゝ》む時《とき》は右足《うそく》より左《ひだり》に進《すゝ》む時《とき》は左足《さそく》よりするが本體《ほんたい》で、特別《とくべつ》の場合《はあひ》の外《ほか》は此《こ》の法則《はふそく》に從《したが》はねばならぬ。

體勢《たいせい》の平均《へいきん》に注意《ちうい》し、體勢《たいせい》が前《まへ》に傾《かたむ》く時《とき》は體當りなぞの時《とき》には抵抗上有利《ていかうじやういうり》であるが、相手《あひて》から撃突《げきとつ》され易《やす》く、攻撃《こうげき》するのに伸《の》びが足《た》らない。又體勢《またたいせい》が後方《こうはう》に傾《かたむ》く時《とき》は防禦《ばうぎよ》上有利《じやういうり》であるが、體當りなぞの時《とき》に抵抗力《ていかうりよく》を減《げん》じ、攻撃《こうげき》に不利《ふり》である。故《ゆゑ》に全體《ぜんたい》を眞直《まつすぐ》に伸々《のび〳〵》と輕妙《けいめう》に保《たも》ち、姿勢《しせい》を崩《くづ》さないやう、四方《はう》八方《はう》に轉々《てん〳〵》颯々《さつ〳〵》として活動《くわつどう》するやう心掛《こゝろが》けねばならぬ。

(一七) 氣合

氣合《きあひ》は、立合《たちあ》ふべき精根《せいこん》が充實《じうじつ》し、滿身氣力《まんしんきりよく》に滿《み》ち、體内《たいない》に火花《ひはな》となつた瞬間《しゆんかん》を云《い》ふので相手《あひて》と取《と》りあふべき機會《きくわい》をつかまんとすると同時《どうじ》に、人《ひと》を制《せい》し又《また》他《た》から犯《おか》されさる一種《しゆ》微妙《びめう》なる心的作用《しんてきさよう》を云《い》ふのである。

氣合《きあひ》は、神妙不可思議《しんめうふかしぎ》なる、偉大《ゐだい》なる力《ちから》を出《いだ》し、巧妙《こうめう》なる業《わざ》が得《え》らるゝもので、氣《き》合《あひ》が充實《じうじつ》すれば双方緊張《さうはうきんちやう》したる勝負《しようぶ》が出來《でき》、氣合《きあひ》が充實《じうじつ》しなければ、活氣《くわつき》あり微妙《びめう》なる活動《くわつどう》は出來《でき》ず、弛緩《ちくわん》し不確實《ふくわくじつ》なる動作《どうさ》をなすものである。

氣合《きあひ》はどうして會得《ゑとく》するかと云《い》ふに、筆舌《ひつぜつ》にてよく敎《おし》ふる事《こと》は不可能《ふかのう》で、熱心《ねつしん》に眞《ま》面目《じめ》に、精神《せいしん》を籠《こ》め下腹部《かふくぶ》に力《ちから》を入《い》れ、全精力《ぜんせいりよく》を注《そゝ》いで練習《れんしふ》するうち、自《おのづか》ら修練工夫《しうれんくふう》し會得《ゑとく》さるべきものである。

（一八）掛け聲

氣合《きあひ》の迸《ほとばし》りが聲《こゑ》となつて現《あらは》れたものが即《すなは》ち掛《か》け聲《こゑ》である。掛《か》け聲《こゑ》は叫《さけ》ばんとして叫《さけ》ぶものでなく、氣合《きあひ》が充實《じうじつ》すれば自《おのづか》ら掛《か》け聲《こゑ》となつて迸《ほとばし》るのである。

けれども初進者《しよしんしや》はよく氣合《きあひ》が會得出來《ゑとくでき》ないもので、まづ掛《か》け聲《こゑ》を出《だ》して稽古《けいこ》してゐるうち自《おのづか》ら氣合《きあひ》を會得《ゑとく》するものである。
掛《か》け聲《ごゑ》を發《はつ》しやうとするには、全身《ぜんしん》の活力《くわつりよく》を凝《こ》め、高《たか》く鋭《するど》く敵《てき》を壓倒《あつとう》するやうに叫《さけ》ぶのである。

見合中《みあひちう》に於《お》ける掛《か》け聲《ごゑ》は、己《おのれ》が意氣《いき》を勵《はげ》まし併《あは》せて敵《てき》の氣《き》をくぢくに有效《いうかう》である、業《わざ》を仕掛《しか》ける時《とき》の掛《か》け聲《ごゑ》は、己《おの》れの業《わざ》に氣勢《きせい》を添《そ》へ、業《わざ》の手段《しゆだん》を敵《てき》に見拔《みぬ》かれない一方法《はうはふ》ともなり、且《かつ》敵《てき》の氣《き》を奪《うば》ふ事《こと》が出來《でき》るものである。

けれども掛《か》け聲《ごゑ》を無暗《むやみ》に連發《れんぱつ》する時《とき》は、自《おのづか》ら、自分《じぶん》の氣息《きそく》を迫《せま》らし息苦《いきぐる》しくするものであり、掛《か》け聲《ごゑ》に威力《ゐりよく》がなくなり敵《てき》が侮《あなど》りを持《も》ち、却《かへ》つて敵《てき》に乘《じよう》ぜらるゝ事《こと》となるから、愼重《しんちよう》なる態度《たいど》を持《も》つて急所《きうしよ》々々《〳〵》に發《はつ》することが肝要《かんえう》である。

又相手《またあひて》を侮蔑《ぶべつ》したり不遜《ふそん》の意味《いみ》を含《ふく》むが如《ごと》き掛《か》け聲《ごゑ》は最《もつと》も卑《いや》しむべき事《こと》であるから大《おほひ》に戒《いま》しめなければならぬ。

（一九）撃刺の部位

撃《う》つべき場所《ばしよ》及《およ》び突《つ》くべき場所《ばしよ》は、從來流派《じうらいりうは》に依《よ》つて多少《たせう》の差異《さゐ》があつたが、近年大《きんらいだい》日本武徳會《にほんぶとくくわい》に依《よ》つて定《さだ》められたものに依《よ》るのが普通《ふつう》である。それに依《よ》ると

撃《う》つ箇所《かしよ》

面《めん》――正面《しやうめん》、左面《さめん》
右面《うめん》

胴《どう》――左胴《さどう》、右胴《うどう》

籠手《こて》――右籠手《みぎこて》

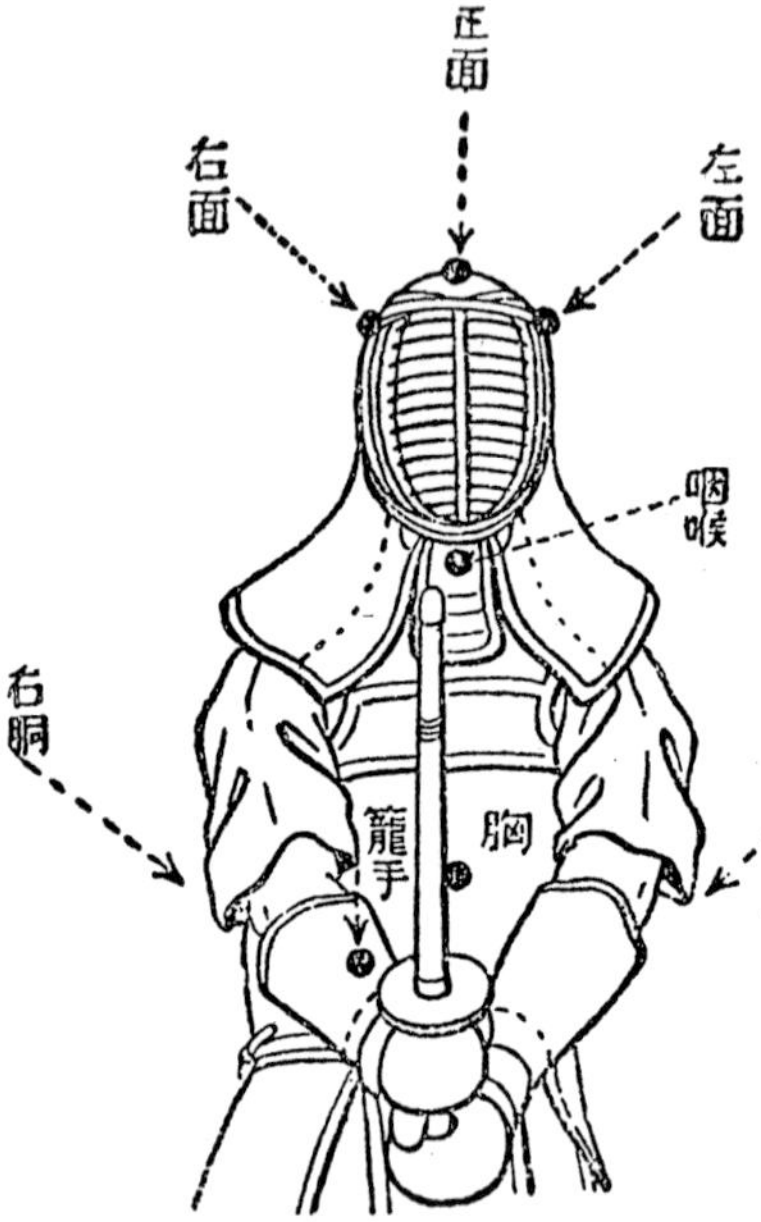

第十七圖　撃突すべき部位正面の圖

（場所《ばあひ》に依《よ》つて左《ひだり》
籠手《こて》）
突《つ》く箇所《かしよ》
咽喉《いんかう》――中心《ちうしん》
胴《どう》――胴《どう》を掩護《えんご》する區劃内《くくわくない》
とされてある。

正面《しやうめん》は前頭部《ぜんとうぶ》の中央《ちうわう》で、籠手《こて》は手首《てくび》の上《うへ》一寸程《すんほど》の間《あひだ》である。突《つ》き業《わざ》に於《お》ける胴《どう》は一定《てい》の箇所《かしよ》を定《さだ》めず、胴《どう》を掩護《えんご》する防具《ばうぐ》の區劃《くゝわく》内全體《ないぜんたい》である。

其《そ》の撃突《げきとつ》すべき主點《しゆてん》は右《みぎ》の圖《づ》に依《よ》つて知《し》るべきである。

第十八圖　撃突すべき部位側面の圖

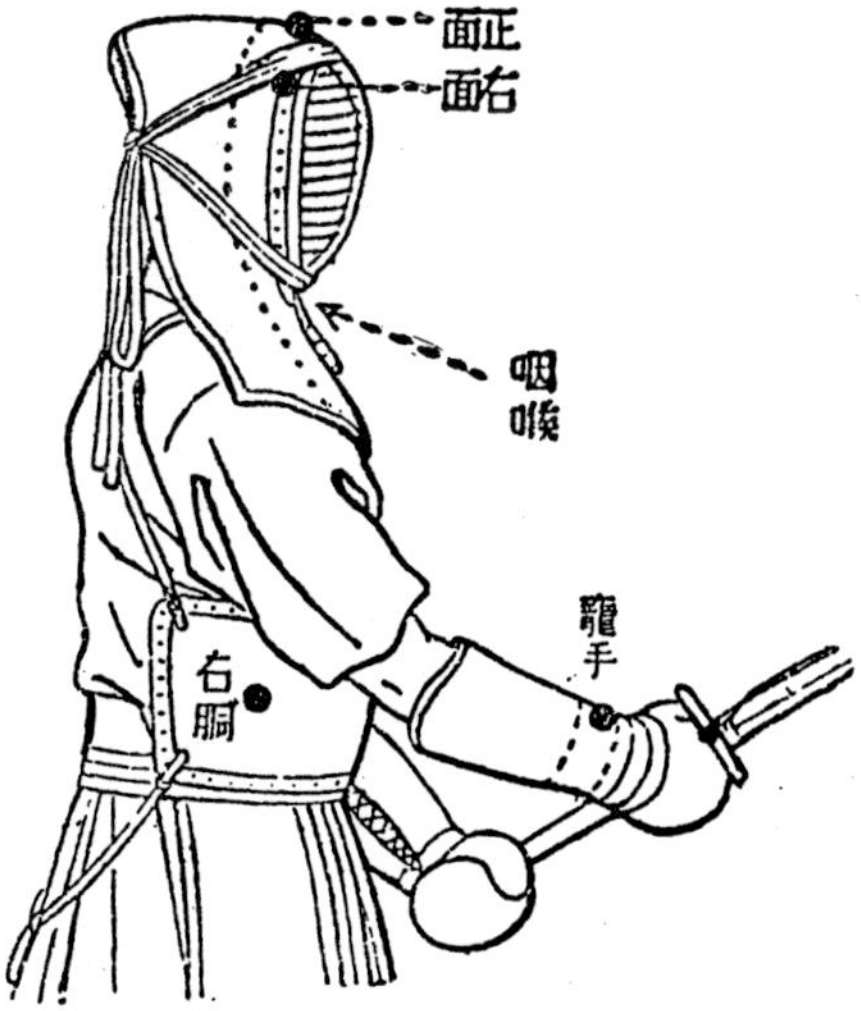

（二〇）撃ち方

撃《う》ち方《かた》は時《とき》と場合《はあひ》に依《よ》つて千態萬樣《たいはんやう》であるが、精細《せいさい》なる事《こと》は後《あと》に讓《ゆづ》り、一般《はん》に心得《こゝろう》べき事項《じかう》を述《の》べて見《み》る。

「一」、撃《う》つ時《とき》突《つ》く時《とき》、總《す》べて全精力《ぜんせいりよく》が充實《じうじつ》した氣合《きあひ》を以《も》つてしなければならぬ。即《すなは》ち手《て》、足《あし》、體《たい》、即心氣力《たくしんきりよし》（氣劍體《きけんたい》とも言《い》ふ）一致《ち》して間髮《かんはつ》を入《い》れない迅速《じんそく》さであらねばならぬ。

單《たん》に手先《てさき》のみで撃《う》つ事《こと》は、最《もつと》も禁《きん》ずべき事《こと》で直接《ちよくせつ》の働《はたら》きは手先《てさ》きであつても、心氣《しんき》力《りよく》一致《ち》したる全精力《ぜんせいりよく》でなければならぬ。

然《しか》るに初進者《しよしんしや》にはよく手先《てさ》きのみで撃《う》つて見《み》たり突《つ》いて見《み》たりするものがあるが、之《こ》れは惡《あ》しき習慣《しふくわん》をつけるものであるから注意《ちうい》しなければならぬ。

「二」、太刀《たち》は長《なが》くても、切《き》れるのは切先《きつさき》三寸《ずん》である。竹刀《しなひ》では中結《なかむすび》から、先皮《さきかは》に至《いた》る間《あひだ》を打《う》ち所《どころ》としてある。

然《しか》して撃《う》つには力《ちから》さへ入《い》れゝばよいと考《かんが》へ無暗《むやみ》に力任《ちからまか》せに強撃《きやうげき》するは、却《かへつ》て體《たい》を凝《こ》り固《かたま》らせ體勢《たいせい》を崩《くづ》し、敵《てき》に隙《すき》を與《あた》へ、又二《またに》の太刀《たち》を續《つゞ》けるに不利《ふり》である。故《ゆゑ》に力《ちから》は相應《さうおう》に入《い》れても固《かた》くならず、柔《やはら》かい體度《たいど》の儘柔《まゝやはら》かく力《ちから》を入《い》れ、そして速《はや》く鋭《するど》く撃《う》つのである。手元《てもと》は正《たゞ》しくして締《し》めてゐなければならぬ。

「三」、常《つね》に體勢《たいせい》を正《たゞ》しくし、兩手《りやうて》の握《にぎ》りを締《し》め、眞劍《しんけん》と同《おな》じ理《り》に從《したが》つて、正《たゞ》しく撃《う》つ事《こと》に心掛《こゝろが》けねばならぬ。

初進者《しよしんしや》は唯《たゞ》、當《あ》てさへすればよいやうに考《かんが》へ、平撃即《ひらうちすなは》ち刄《は》の方《はう》でなく、鎬《しのぎ》の方《はう》で打《う》つたり、刀《かたな》を斜《はす》にして上《うへ》から載《の》せるやうな打《う》ち方《かた》をなして得々《とく〳〵》たるものがあるが、之《こ》れは眞劍《しんけん》で實際《じつさい》に切《き》れない打《う》ち方《かた》であるから、たとへ當《あた》つても無效《むかう》である。

（二二）突　き　方

突《つ》き方《かた》には、構《かま》へたる儘《まゝ》の諸手突《もろてつき》と、片手《かたて》を放《はな》したる片手突《かたてつき》の二様《やう》があるが、其《そ》の要領《えうりやう》は撃《う》ち方《かた》と同様《どうやう》、心氣力《しんきりよく》一致《ち》したる氣合《きあひ》で突《つ》かねばならぬ、單《たん》に手《た》だけで突《つ》くのでなく、腕《うで》を伸《のば》し、體《たい》も共《とも》に突《つ》き入《い》るのであるが、餘《あま》りに深《ふか》く突《つ》き入《い》ると敵《てき》に乘《じよう》ぜられ易《やす》く、二の太刀《たち》が續《つゞ》かないから初進者《しよしんしや》は最《もつと》も注意《ちうい》しなければならぬ。

（二三）先の業と後の先の業

先《さき》の業《わざ》は、相手《あひて》が業《わざ》をなさんとするに先《さき》だちて施《ほどこ》す業《わざ》である。後《あと》の先《さき》の業《わざ》は、相手《あひて》が業《わざ》を仕《し》かけやうとし、又《また》は仕《し》かけた時《とき》に施《ほどこ》す業《わざ》で例《たと》へば相手《あひて》の出頭《でがしら》を撃《う》つ出會面《であひめん》とか、相手《あひて》が撃《う》つて來《き》たのを拂《はら》つて籠手《こて》を撃《う》つ、拂《はら》ひ籠手《こて》のやうなものである。

先《さき》んずれば人《ひと》を制《せい》す、劍道《けんだう》はよく機《き》を見《み》て先《さき》んずる事《こと》が最《もつと》も肝要《かんえう》である。けれども只先《たゞさき》んずればよいと考《かんが》へ、無意味《むいみ》に先《さ》きを打《う》つても勝《かち》を制《せい》することが出來《でき》ない、よき機《き》を見《み》る事《こと》が大切《たいせつ》である。

（二三）撃突すべきよき機會

撃突《げきとつ》するには、よき機會《きくわい》を捉《とら》へ機《き》に乘《じよう》ずることが最《もつと》も肝要《かんえう》である。機會《きくわい》を捉《とら》へないで無意味《むいみ》に撃突《げきとつ》しても效尠《かうすくな》く無駄《むだ》が多《おほ》いのである。

よき會機《きくわい》の例《れい》を擧《あ》げて見《み》ると

一、相手《あひて》の構《かま》へに隙《すき》がある場合《はあひ》。

二、撃突《げきとつ》の機會《きくわい》を態《わざ》と作《つく》る場合《はあひ》。

イ、相手《あひて》の氣《き》を迷《まよ》はし隙《すき》を生《しやう》ぜしめる場合《はあひ》、例《たと》へば胴《どう》を撃《う》つぞと見《み》せて、籠手《こて》を打《う》つが如《ごと》き場合《はあひ》

ロ、隙《すき》がなくとも攻込《せめこ》み、竹刀《しなひ》を拂《はら》ふか、張《は》るか捲落《まきおと》すか、抑《おさ》へるか等《など》して隙《すき》を作《つく》

る場合《ばあひ》

ハ、撃《う》つか突《つ》くかする場合《ばあひ》、相手《あひて》が之《こ》れを防《ふせ》がんとして他《た》に隙《すき》を生《しやう》じたる場合《ばあひ》

ニ、故意《こい》に自《みづか》らの構《かま》へに僅《わづ》かの隙《すき》を見《み》せて敵《てき》を誘《さそ》ひ、敵《てき》が撃突《げきとつ》せんとする隙《すき》をねらふ場合《ばあひ》

三、相手《あひて》が業《わざ》を起《おこ》さうとする時《とき》は、必《かなら》ず構《かま》へが崩《くづ》れ隙《すき》が生《しやう》ずるものである。

四、相手《あひて》が撃《う》つか突《つ》いて來《き》た場合《ばあひ》、張《は》るか、流《なが》すか、拂《はら》ふか、押《おさ》へるか、捲《ま》くか、摺《す》りあげるかして相手《あひて》の刀《かたな》を殺《ころ》した瞬間《しゆんかん》に撃突《げきとつ》すること。

五、相手《あひて》の業《わざ》が盡《つ》きた機會《きくわい》。

以上《いじやう》は大體《だいたい》の場合《ばあひ》を擧《あ》げたのに止《とゞま》り、且同《かつおな》じ隙《すき》でも修行《しゆぎやう》の程度《ていど》に依《よ》り、其《そ》の隙《すき》が見《み》えなかつたり、小《ちい》さく見《み》えたり、大《おほ》きく見《み》えたりするものであるが初學者《しよがくしや》は己《おの》れの見《み》ゆる程度《ていど》に應《おう》じて隙《すき》を覘《ねら》ひ修行《しゆぎやう》を積《つ》んで行《ゆ》くべきである。

（二四）殘　心

殘心《ざんしん》といふ事《こと》は、相手《あひて》を撃突《げきとつ》した場合《はあひ》、ホッと一安心《あんしん》して油斷《ゆだん》をし隙《すき》を作《つく》るものであるが、一本撃込《ほんうちこ》んだり、突《つ》いたりしたらば、直《たゞ》ちに心《こゝろ》を殘《のこ》して、相手《あひて》が次《つぎ》に如何《いか》に立向《たちむか》つて來《き》ても充分仕留《じうぶんしと》めるやうに用心《ようじん》せよといふ事《こと》である。

即《すなは》ち撃突《げきとつ》する場合《はあひ》は、心殘《こゝろのこ》りなく充分撃突《じうぶんげきとつ》し、撃突《げきとつ》した刹那《せつな》直《たゞ》ちに心《こゝろ》を殘《のこ》して、後《あと》の用意《ようい》をなすのである。

之《こ》れは最《もつと》も大切《たいせつ》なる事《こと》で、初學者《しよがくしや》は兎角《とかく》一本撃突《ほんげきとつ》した嬉《うれ》しさに、早《はや》くも構《かまへ》を崩《くづ》し氣《き》を許《ゆる》し易《やす》いものであるが、敵《てき》は寧《むし》ろ然《さ》う云《い》ふ場合《はあひ》を覘《ねら》ふのであるから、充分注意《じうぶんちうい》しなければならぬ。

（二五）攻込み

相手《あひて》を撃突《げきとつ》するには、相手《あひて》の隙《すき》に乗《じよう》ずるが良策《りやうさく》であるは前項《ぜんこう》に於《おい》て述《の》べた通《とほ》りであるが相手《あひて》に隙《すき》が無《な》い場《ば》合《あひ》は、相手《あひて》の構《かまへ》を崩《くづ》して隙《すき》を生《しやう》ぜしめる事《こと》も必要《ひつえう》であり又《また》、攻込《せめこ》み法《はふ》を用《もち》ふる事《こと》も必要《ひつえう》である。

第十九圖　追ひ込みの圖

　攻込《せめこ》み法《はふ》にも種々《しゆ〳〵》あるが、何《なに》しろ積極的動《せききよくてきどう》作《さ》であるから、氣合《きあひ》を充實《じうじつ》させ、切先《きつさき》に全力《ぜんりよく》を注《そゝ》ぎ、切先《きつさき》を相手《あひて》の咽喉部《いんかうぶ》に着《つ》け、咽喉《いんかう》を目《め》がけて進《すゝ》み込《こ》むか、又《また》は相手《あひて》の右方《うはう》を攻《せ》めて進《すゝ》み込《こ》むか、相手《あひて》の刀《かたな》を小《ちい》さく表《おもて》より叩《たゝ》くか、輕《かる》く押《おさ》へるか、或《あるひ》は裏《うら》より小《ちい》さく跳《は》ねて攻込《せめこ》むなどが有效《いうこう》な方法《はうはふ》である。

相手《あひて》の構《かまへ》を崩《くづ》したり、攻込《せめこ》み方法《はうはふ》を取《と》るのは初學者《しよがくしや》に於《おい》ては却《かへ》つて危險《きけん》であるから、相當修行《さうたうしうぎやう》の積《つ》んだ後《のち》に行《おこな》ふべき業《わざ》である。

攻込《せめこ》みの一方法《はうはふ》としてこゝに一圖《づ》を示《しめ》す事《こと》とした。

(二六) 鍔せり合ひ

一方《はう》が打《う》ち込《こ》むを、一方《はう》が受《う》け流《なが》さうとする時《とき》、又《また》は組打《くみうち》にならんとして果《はた》さぬ時《とき》など、兩者相接《りやうしやあひせつ》して鍔《つば》と鍔《つば》と相觸《あひふ》れる狀態《じやうたい》になる、これを鍔糶合《つばぜりあひ》と云《い》ふのである。この場合《ばあひ》は、體當《たいあた》りの時《とき》の構《かまへ》と同《おな》じように、手許《てもと》を下《さ》げ、切先《きつさき》を斜右《なゝめみぎ》にして、しつかと押《お》し返《かへ》す心地《こゝち》で踏《ふ》み留《とゞま》り更《さら》に深《ふか》く體當《たいあた》りの程度《ていど》に押《お》し入《い》つて押《お》し倒《たふ》すも一方法《はうはふ》である心《こゝろ》を落付《おちつ》け、敵《てき》を壓倒《あつたふ》する氣力《きりよく》がなければならぬ。そして時機《じき》を計《はか》り左足《さそく》より跳《と》び退《す》さりざまに退《ひ》き面《めん》を取《と》るもよし、又胴《またどう》を撃《う》つもよし、又籠手《またこて》を撃《う》つもよし一旦《たん》退《ひ》いて、神速《しんそく》に業《わざ》を仕掛《しか》けるもよく又《また》敵《てき》を押《お》し返《かへ》すも一方法《はうはふ》である。結局倒《けつきよくたほ》すか押《お》し返《かへ》すか、自《みづか》らが退《ひ》くか、それ共體《ともたい》を交《か》はすかの中《うち》一つを選《えら》ぶべきである。

第二十圖　鍔糶合ひ

（二七）體當り

肉彈《にくだん》となつて、相手《あひて》の體《からだ》にぶつつかるを體當《たいあた》りと云《い》ふ。

第二十一圖　體當り

體當《たいあた》りは如何《いか》なる場合《はあひ》に何《なに》を目的《もくてき》になすかと云《い》ふに、

一、敵《てき》の構《かまへ》を崩《くづ》し、隙《すき》を得《う》る爲《ため》。

一、敵《てき》の氣勢《きせい》を挫《くじ》ぐ爲《ため》

一、敵《てき》を轉倒《てんだふ》させる爲《ため》

の三つの場合《はあひ》がある。

之《こ》れは大膽《だいたん》と勇猛心《ゆうもうしん》とを必要《ひつえう》とする業《わざ》で、

精神練磨《せいしんれんま》の一助《じよ》になるが一通《とほ》りの基本業《きほんわざ》を會得《ゑとく》してから後《のち》でなくては危險《きけん》である。方法《はうはふ》は虚《きよ》を見《み》て敵《てき》の手許《てもと》へとび込《こ》みさま、我《わ》が手《て》を引《ひ》き且《か》つ腹《はら》のあたり迄下《までさ》げ、切先《きりさき》を右斜上《みぎなゝめうへ》にして、敵《てき》の體《たい》にぶつつかるのである、又面《またのん》を見込《みこ》んで打《う》ち強《つよ》く打《ぶ》ちつかつて敵《てき》を倒《たほ》すもよく、これによつて敵《てき》の構《かまへ》を崩《くづ》し、隙《すき》を作《つく》つて、飛《と》び退《す》さりながら退《の》き面《めん》、退《の》き籠手《こて》、退《の》き胴《どう》などを得《え》るもよいのである。體當《たいあた》りの對抗策《たいかうさく》はそれと見《み》て直《たゞ》ちに敵以上《てきいじやう》の氣勢《きせい》を我《わ》が腹《はら》に籠《こ》め更《さら》に大《だい》なる反撥力《はんはつりよく》を以《もつ》て、却《かへ》つて此方《こちら》からも打《ぶ》つつかるのである、その要領《えうりやう》は前《まへ》に同《おな》じく敵《てき》の虚《きよ》を見《み》得《う》れば退《の》き面等《めんとう》の技《わざ》を仕掛《しかけ》るもよく倒《たほ》すもよい、即《すなは》ち積極的《せききよくてき》の對抗策《たいかうさく》である。

又體力《またたいりよく》が劣《おと》つて、正面衝突《しやうめんしやうとつ》して勝目《かちめ》がないと見《み》た時《とき》なぞは、左《ひだり》か右《みぎ》に體《たい》を交《か》はして鋭鋒《えいほう》を避《さ》け、構《かまへ》を立《た》て直《なほ》すか敵《てき》が構《かまへ》を直《なほ》さうとする隙《すき》に乗《じよう》じて技《わざ》を仕掛《しか》ける等《とう》所謂《いはゆる》柳《やなぎ》に風《かぜ》の筆法《ひつぱふ》もあるのである。

（二八）足搦み

第二十二圖　足　搦　み

足《あし》搦《がら》みは鍔《つば》糶《ぜり》合《あひ》で、抜《ぬ》き差《さ》しならなくなつた場合《ばあひ》、又《また》は體當《たいあたり》をして效《かう》を奏《そう》さなかつた時等《ときなど》にとる手段《しゆだん》である、これは一種《しゆ》の應急《おうきう》策《さく》で無闇《むやみ》に計畫《けいくわく》してかけようとするものではないのである。

搦《から》み方《かた》は、體《たい》を稍《やゝ》右《みぎ》にひねつて左向《ひだりむき》になり我《わ》が右足《うそく》を相手《あひて》の右足《うそく》に掛《か》け、引《ひ》いて敵《てき》の足《あし》を浮《うか》すやうしながら、刀《かたな》で敵《てき》の面《めん》の左方《さはう》を押《お》して倒《たほ》すのである。これが右足搦《みぎあしがら》みで、他《た》の方法《はうはふ》として眞面《まとも》に對《たい》し接《せつ》したまゝ、我《わ》が左足《さそく》を敵《てき》の右足《うそく》にかけ刀《かたな》を以《もつ》て相手《あひて》の面《めん》を左《ひだり》に拂《はら》ひ押《お》して倒《たほ》す、これが左足搦《さそくがら》みである。これに對《たい》する防禦法《はうぎよはふ》は退《しりぞ》き遁《のが》れやうとすれば、大抵《たいてい》の場合《あひ》、却《かへ》つて自《みづか》ら倒《たほ》れるやうなことになるから、足《あし》を強《つよ》く踏《ふ》ん張《は》り又《また》は我《わ》が足《あし》を拂《はら》はんとする敵《てき》の足《あし》を、反對《はんたい》に撥《は》ね返《かへ》すやうにし、體當《たいあた》りに押《お》し掛《か》け、敵《てき》を倒《たほ》すのである。

又掛《またか》けられ或《あるひ》は拂《はら》はれた足《あし》を上《あ》げて外《はづ》し、敵《てき》をどんと押《お》すと共《とも》に、左足《さそく》より速《すみやか》に後《あと》退《ずさり》するも一法《はふ》である。

何《いづ》れも思《おも》ふやうにならず、萬策盡《ばんさくつ》きた時《とき》は、敵《てき》の柄《つか》、又《また》は襦袢《じゆばん》に手《て》を掛《か》けて、我《わ》が體《たい》を立《た》て直《なほ》すも差支《さしつかへ》ないものである。

第二十三圖　捲落さんとするところ

(二九) 捲落し

相構《あひかま》へた際敵《さいてき》の構《かまへ》を崩《くづ》す一法《はふ》として、この捲《ま》き落《おと》しがよく用《もち》ひられるものである。

又敵《またてき》が我《われ》を撃《う》ち又《また》は突《つ》かんとする時《とき》、その太刀《たち》先《さき》を外《そ》らせる爲《ため》にも行《おこな》はれる。

捲落《まきおと》し方《かた》は、我《わ》が太刀《たち》が敵《てき》の太刀《たち》の向《むか》つて右《みぎ》にある時《とき》は、太刀《たち》を下《した》に潜《くゞ》らせて右廻《みぎまは》しに圓《まる》を畫《ゑが》き、敵《てき》の太刀《たち》を右下《みぎした》に打《う》ち落《おと》すのである。

又向《たむか》つて左《ひだり》に我《わ》が太刀《たち》がある時《とき》は、反《はん》

對《たい》に下《した》から左廻《ひだりまは》しして圓《まる》を畫《ゑが》き、敵《てき》の太《た》刀《ち》を左下《ひだりした》に打《う》ち落《おと》すのである。又我太刀《またわがたち》を少《すこ》し高《たか》く上《あ》げ圓形《ゑんけい》を畫《ゑが》く様《やう》にして相手《あひて》の太刀《たち》を捲《ま》くもよし。この捲《ま》き落《おと》しを行《おこな》つた時《とき》、又《また》は單《たん》に敵《てき》の太刀《たち》を打《う》ち拂《はら》つた時《とき》、敵《てき》が太刀《たち》を手《て》より取《と》り落《おと》すことがある、其《そ》の時《とき》には、隙《すき》を與《あた》へず、直《たゞち》に面《めん》なり籠手《こて》なり、適宜《てきぎ》の業《わざ》をとるがよい。

又《また》反對《はんたい》に我《わ》が太刀《たち》を取《と》り落《おと》した時《とき》は、敵《てき》に打《う》ち込《こ》まれる前《まへ》に、速《すみやか》に、その手許《てもと》に飛《と》び込《こ》んで組《く》むのである。

又若《またも》し跳《と》び込《こ》む時機《じき》を失《しつ》したとすれば

第二十四圖　捲落したところ

第二十五圖　組　打　ち

直《たゞち》に後《うしろ》へ退《ひ》さり間合《あひま》を多《おほ》くして相對《あひたい》して隙《すき》を覗《ねら》つて組《くみ》つくのである。

（三〇）組　打

劍術《けんじゆつ》は劍《けん》を執《と》つてなす業《わざ》であつて、組《くみ》打《うち》になれば最早柔道《もはやじうだう》の業《わざ》へ移《うつ》つたわけであるが、組《く》み敷《し》く迄《まで》は非常時《ひじやうじ》の業《わざ》として、劍道《けんだう》に認《みと》められてゐる。足搦《あしがら》み又《また》はその他《た》の方法《はうはふ》で敵《てき》を仆《たほ》し、組《く》み敷《し》いて起《おこ》さないやうにすれば勝利《しようり》である。又敵《またてき》の面《めん》を抜《ぬ》き取《と》るも勝利《しようり》である。

敵《てき》の面《めん》の顎《あご》と頭部《とうぶ》とを持《も》つて、ねじ伏《ふ》

せるのもよい方法《はうはふ》である。

（三一）防禦法一般

防禦《はうぎよ》に就《つい》ての一般《はん》心得《こゝろえ》を掲《かゝ》げて見《み》ると

一、對者《あひて》との間合《まあひ》を適當《てきたう》にとり、構《かまへ》を正《たゞ》しく保《たも》つが防禦《はうぎよ》の基本《きほん》である。

一、輕々《かろ〴〵》しく技《わざ》を仕掛《しか》けるは敵《てき》に攻擊《こうげき》の機會《きくわい》を與《あた》へるに齊《ひと》しいものである。

一、敵《てき》の術策《じゆつさく》に掛《かゝ》らないやう心《こゝろ》がくること、即《すなは》ち誘《さそ》ひに乘《の》らぬよう、むしろその誘《さそ》ひの裏《うら》を攻《せ》める事《こと》が肝要《かんえう》である。

一、暇《ひま》があれば退《しりぞ》くか交《か》はすか、或《あるひ》は敵《てき》の太刀《たち》を受《う》け流《なが》し、拂《はら》ひ等《など》して、さからはぬも一方法《はうはふ》である。

一、打《う》ち又《また》は突《つ》いて來《く》る敵《てき》の太刀《たち》を、押《おさ》へ又《また》は捲《ま》き落《おと》すと共《とも》に、攻擊《こうげき》の技《わざ》をとる。即《すなは》ち押《おさ》へると云《い》ふは構《かまへ》を崩《くづ》そうとする時《とき》にも用《もち》ひられる技《わざ》である。尙又進《なほまたすゝ》んで崩《くづ》そうとする時《とき》の押《おさ》へ方《かた》は、一歩《はふ》踏《ふ》み込《こ》んで手許《てもと》を伸《の》ばしざまに、我《わ》が切先《きつさき》に近い部《ぶ》分《ぶん》で敵《てき》の太刀《たち》を下《した》に打《う》ち拂《はら》ふのである。防禦《はうぎよ》の時《とき》の押《おさ》へ方《かた》は、右叉《みぎまた》は左《ひだり》、或《あるひ》は右後《みぎうし》ろ、左後《ひだりうし》ろに體《たい》を外《は》ずして、それと共《とも》に敵《てき》の太刀《たち》を押《おさ》へるのである。叉《また》そのまゝの姿勢《しせい》で押《おさ》へる事《こと》もある、運劍《うんけん》は捲《ま》き落《おと》しに似《に》て、それ程《ほど》に力《ちから》を入《い》れず、輕《かる》く押《おさ》へ氣味《きみ》に爲《な》すものである。

（三二）刀の納め方と終りの禮

刀《かたな》の納《おさ》め方《かた》は、刀《かたな》を構《かま》へ、眼《め》を相手《あひて》の眼《め》に注《そゝ》ぎたるまゝ左足《さそく》を進《す》めて右足《うそく》と合《あ》はせ、「刀《かたな》の拔《ぬ》き方《かた》」の時《とき》と同樣《どうやう》に蹲踞《そんきよ》し左手《さしゆ》を鍔《つば》より放《はな》し、右手《めて》にて己《おの》が方《はう》へ刀《かたな》を返《かへ》して腰《こし》に差《さ》す心持《こゝろもち》で左腰脇《ひだりこしわき》に取《と》つて左手《さしゆ》に納《おさ》め、右手《めて》は右膝《みぎひざ》に置《お》き立《た》つて刀《かたな》を提《さ》げた姿勢《しせい》を取《と》るのである。此《こ》の時《とき》左手《さしゆ》は鍔元《つばもと》を握《にぎ》つて拇指《をやゆび》を鍔《つば》にかけ、太刀《たち》の刄《は》は上《うへ》を向《む》いてゐなければならないのである。

斯《か》くして對者《あひて》に對《たい》し「始《はじ》めの禮《れい》」と同様《どうやう》、上半身《うははんしん》を僅《わづか》に前《まへ》に屈《くつ》し靜《しづか》に禮《れい》をなして退場《たいぢやう》するのである。

第二十六圖　刀の納め方

仕合《しあひ》終《おは》つてから終《おはり》の禮《れい》を疎忽《そこつ》にしたり、人《ひと》を侮《あなど》つた態度《たいど》を取《と》つたり、兎角《とかく》慎重《しんちよう》を缺《か》く動《どう》作《さ》をなすものがあるが大《おほひ》に戒《いま》しめなければならない事《こと》である。

第六章　面　業

（一）正　面

面業《めんわざ》は業《わざ》の中《なか》でも、最《もつと》も大切《たいせつ》であるが、正面《しやうめん》は其《そ》の基本的《きほんてき》なもので、初學者《しよがくしや》はこの正面《しやうめん》を正確《せいくわく》に打《う》つ事《こと》を會得《ゑとく》しておく事《こと》が最《もつと》も肝要《かんえう》である。

正面《しやうめん》を打《う》つにも上段《じやうだん》の構《かま》から打撃《だげき》するもの青眼《せいがん》から撃《う》つ場合《はあひ》、敵《てき》の太刀《たち》を拂《はら》つて撃《う》つ場合《はあひ》等《とう》あつて、其《そ》の手法《しゆはふ》は種々《しゆ〴〵》であるが凡《すべ》ての場合《はあひ》に通《つう》ずる通則《つうそく》を述《の》べて見《み》る。

先《ま》づ右足《うそく》を、敵《てき》に躍《おど》りかゝるやうに、思《おも》ひ切《き》り踏《ふ》み込《こ》む、左右《さいう》の手《て》は此《こ》の時柄《ときつか》を締《しめ》るのである、すると切先《きつさき》に力《ちから》が籠《こも》る。竹刀《しなひ》を握《にぎ》りたる左手《さしゆ》を我額上《わがかくじやう》に振上《ふりあ》げ竹刀《しなひ》を頭《づ》上《じやう》に眞直《まつすぐ》に平《たひ》らにして兩手《りやうて》を充分《ぶん》に振上《ふりあげ》て打《う》つのである。しかし電光石火的《でんくわうせきくわてき》の試合《しあひ》の時《とき》は適度《てきど》に振上《ふりあげ》兩手《りやうて》にて手拭《てぬぐひ》をしぼるようにして打《う》つのである。

正面《しやうめん》の打《う》ち方《かた》は、如何《いか》なる場合《ばあひ》でも、斬《き》れば鼻筋《はなすぢ》へ斬《き》り下《さ》がるやう眞直《まつすぐ》に打《う》ち下《おろ》すのである。

（二）左面

踏《ふ》み込《こ》み打《う》ち下《おろ》し等《とう》は正面《しやうめん》に同《おな》じく充《じう》分《ぶん》に臂《ひぢ》を伸《の》ばして打《う》ち、打《う》つ時《とき》は太刀《たち》を正面《しやうめん》に振《ふ》りかぶつた時《とき》でも、切先《きつさき》を右《みぎ》へ廻《まは》して斬《き》り下《おろ》すのである。

さうでなく、眞上《まうへ》より左面《さめん》を打《う》ち下《おろ》すとすれば、それは片削《かたそ》ぎになるのであるから敵《てき》の鼻《はな》へ向《むか》つて斬《き》り込《こ》むのである。

第二十七圖　正面の打ち方

第二十八圖　左面の打ち方

此《こ》の時《とき》太刀《たち》の左腹《さふく》で打《う》ち安《やす》いものであるから充分留意《じうぶんりうい》して、飽《あ》く迄刃《までは》で斬《き》り下《おろ》す心得《こゝろえ》が肝要《かんえう》である。

左面《さめん》を又表面《またおもてめん》とも云《い》ふのである。

（三）右　面

踏《ふ》み込《こ》みざま、太刀先《たちさき》を左《ひだり》へ廻《ま》はして、敵《てき》の右面《うめん》を打《う》つのである。この時《とき》太刀《たち》を左《ひだり》に廻《ま》はすのは太刀《たち》持《も》つ右手《めて》を左方《さはう》に交《か》はすのであつて、己《おのれ》の體《たい》が左《ひだり》へ屈《こ》がつたりしてはならない。體《たい》は常《つね》に正《たゞ》しき姿勢《しせい》を保《たも》つ事《こと》に特《とく》に心掛《こゝろが》けねばならぬ。打《う》ち下《おろ》し方《かた》は左《さ》面《めん》と同《おな》じく片削《かたそ》ぎにならぬやう完全《くわんぜん》に斬《き》ることに注意《ちうい》しなければならぬ。左面《うめん》の表面《おもてめん》に對《たい》して裏面《うらめん》とも云《い》ふのである。

（四）拂ひ面

拂《はら》ひ面《めん》の場合《ばあひ》は、一、相構《あひかまへ》て見合《みあは》した時《とき》、敵《てき》の太刀《たち》を右《みぎ》か或《あるひ》は左《ひだり》へ拂《はら》つて置《お》いて、拂《はら》ひざまに踏《ふ》み込《こ》んで敵《てき》の面《めん》を打《う》つ場合《ばあひ》。二、敵《てき》が此方《こちら》の面《めん》か咽喉《のど》へかゝつて來《き》た時《とき》、その太刀《たち》を右《みぎ》か左《ひだり》へ拂《はら》つて、その間《かん》踏《ぷ》み込《こ》んで敵《てき》の面《めん》を打《う》つ場合《ばあひ》。三、敵《てき》が我《わ》が胴《どう》か籠手《こて》を狙《ねら》つて打《う》ちかゝつた時《とき》、その太刀《たち》を右下《みぎした》か左下《ひだりした》へ叩《たゝ》き落《おと》して我《わ》が

第二十九圖　右面の打ち方

第三十圖　拂ひ面

太刀《たち》の餘勢《よせい》を上《うへ》に廻《ま》はして敵《てき》の面《めん》をのぞむ場《ば》合《あひ》等《とう》ある。これらの法《はふ》を凡《すべ》て拂《はら》ひ面《めん》と云《い》ふのである。拂《はら》ひ面《めん》の時《とき》の運劍《うんけん》は、拂《はら》つた我《わ》が太刀《たち》の餘勢《よせい》をそのまゝ利用《りよう》して打太刀《うちたち》の力《ちから》として打《う》つのである。拂《はら》つて置《お》いて、さて振《ふ》りかぶつて打《う》つ如《ごと》く、二段《だん》に別《わか》ちて爲《な》すは拙劣《せつれつ》なる方法《はうはふ》であるが之《こ》れも熟練《じゆくれん》を要《えう》することである。

（五）受流し面

敵《てき》が我《わ》が面《めん》を打《う》ちかゝつて來《き》た時《とき》これを拂《はら》ふ暇《ひま》のない際《さい》は、我《わ》が太刀《たち》の切先《きつさき》を

第三十一圖　受け流し面

稍《やゝ》右《みぎ》に傾《かたむ》けて、左側面《さそくめん》に敵《てき》の太刀《たち》を受《う》け流《なが》し同時《どうじ》に敵《てき》の面《めん》を打《う》つのである。この場合《はあひ》は一本《ほん》の太刀《たち》が受《う》け太刀《だち》と打太刀《うちたち》とを兼《か》ねる事《こと》となり受《う》け流《なが》して置《お》いて打《う》つので無《な》く却《かへ》つて此方《こち》から踏《ふ》み込《こ》み、敵《てき》を打《う》つ序《ついで》に敵《てき》の太刀《たち》を拂《はら》ふ事《こと》になるのである。相打《あひうち》になるとも構《かま》はず、打《う》ちかゝる敵《てき》の手許《てもと》へ躍《おど》り込《こ》んで打《う》つのである。敵《てき》の太刀《たち》に氣《き》を奪《うば》はれないやうにすることが肝要《かんえう》である。

（六）退き面

相構《あひかま》へた兩者《りやうしや》身近《みぢか》く接近《せつきん》してゐる場合《はあひ》、又《また》は太刀《たち》攻《せめ》になつてゐる場合等《はあひとう》に、敵《てき》の隙《すき》

第三十二圖　退き面

を見《み》て、後《うし》ろへ退《さが》りながら面《めん》を打《う》つのである。後退《あとずさり》する時《とき》は左足《さそく》より退《ひ》き、その間《あひだ》に、太刀《たち》を餘《あま》り高《たか》く振上《ふりあげ》ないで太刀先《たちさき》を打《う》ち下《おろ》すのである。正面《しやうめん》を打《う》つに便《べん》なる時《とき》もあり、左面《さめん》を打《う》つによき時《とき》もあ

り、右《う》面《めん》をのぞむに都合《つがふ》よき時《とき》もある。その時《とき》に應《おう》じて臨機《りんき》の方法《はうはふ》を取《と》るのである。

（七）拔き面

敵《てき》が我《わ》が面《めん》を打《う》つて來《き》た時《とき》、半歩《はんぽ》退《さ》がつてその太刀先《たちさき》をはづし、空《くう》に流《なが》れる時《とき》一歩《ぽ》踏《ふ》み込《こ》んで敵《てき》の面《めん》を打《う》つ。又我《またわ》が籠手《こて》を打《う》つて來《き》た時《とき》、敵《てき》の太刀先《たちさき》を下《した》に流《なが》して置《お》いて、その間《あひだ》に腕《うで》を伸《の》ばして敵《てき》の面《めん》を打《う》つ、これには積極的《せききよくてき》に我《わ》が籠手《こて》に敵《てき》を見《み》せ、敵《てき》を誘《さそ》つてその太刀《たち》を巧《たくみ》に拔《ぬ》き、却《かへ》つて敵《てき》の面《めん》を打《う》つ技《わざ》もある。之《これ》を共《とも》に拔面《ぬきめん》と云《い》ふのである。

（八）切返し面

正面《しやうめん》を打《う》ち、右面《みぎめん》を打《う》ち左面《ひだりめん》を打《う》つ、又《また》は左面《さめん》を續《つゞ》けて打《う》つ等《とう》、二本《ほん》三本《ぼん》の面《めん》を續《つゞ》けて取《と》る技《わざ》を切返《きりかへ》し面《めん》と云《い》ふ。この場合最《ばあひもつと》も必要《ひつえう》なるは、打撃《だげき》の惰力《だりよく》を利用《りよう》して繼續《けいぞく》

第三十三圖　切返し面

して打《う》つ事《こと》でその間《かん》に打方《うちかた》に斷續《だんぞく》があつてはならぬ、一氣《き》に打《う》ち續《つゞ》けるのである。然《しか》して打《う》てるだけ打《う》つて、速《すみやか》に退《す》さり構《かま》を立《た》てるのである。強《つよ》く打《う》たんと思《おも》ふてはならない。速《すみやか》に打《う》たんことを念《ねん》とするが肝要《かんえう》である。

（九）變化の面

敵《てき》の籠手《こて》を打《う》つと見《み》せて、速《すみやか》に太刀先《たちさき》を代《か》へて面《めん》を打《う》つ。又《また》は突《つ》きと見《み》せて、面《めん》に變化《へんくわ》する等《とう》をいふのである。この轉《てん》じ面《めん》で問題《もんだい》となるのは要《えう》するに見《み》せると云《い》ふ點《てん》である。自分《じぶん》では見《み》せるつもりでゐても裏《うら》をとられる事《こと》がある、どれ程《ほど》の程度《ていど》迄《まで》進《すゝ》めば、敵《てき》が籠手《こて》をうたれるもの、或《あるひ》は突《つ》かれるものと見《み》るか、其處《そこ》に工夫《くふう》を要《えう》する。相構《あひかま》へて敵《てき》に隙《すき》の無《な》い時《とき》、この技《わざ》でその構《かまへ》を崩《くづ》して一本《ほん》を得《え》んとするものである。がそれは相當修行《さうたうしうぎやう》を積《つ》んでからでないと却《かへ》つて敵《てき》に乘《じよう》ぜられるものである。

(一〇) 返し面

籠手《こて》を打《う》ち、又《また》は突《つき》を入《い》れて、更《さら》に返《かへ》す力《かたな》で面《めん》を打《う》つのである。この技《わざ》の急所《きうしよ》は、相對《あひたい》してゐた時《とき》一本《ぽん》籠手《こて》なり咽喉《のど》なりを取《と》られると、やられた！と思《おも》ふ刹那《せつな》心《こゝろ》に緩《ゆる》みを生《しやう》ずる、其處《そこ》を狙《ねら》ふのである。その虚《きよ》に乘《じよう》じて更《さら》に手強《てづよ》き一本《ぽう》を參《まゐ》るのである。初《はじめ》の一手《ひとて》は敵《てき》の心《こゝろ》に虚《きよ》を與《あた》へ、その體《たい》を崩《くづ》そう爲《ため》の手段《しゆだん》であつて、後《あと》の面《めん》が目的《もくてき》である故《ゆゑ》に初《はじめ》の一手《ひとて》は我《わ》が太刀《たち》にはずみを作《つく》る程度《ていど》に輕《かろ》く打《う》てばよい、この時力《ときちから》を入《い》れると後《あと》の返《かへ》し面《めん》に力《ちから》の不足《ふそく》を見《み》るものであるから注意《ちうい》しなければならね。

第三十四圖　出會ひ面

（一一）出會面

業《わざ》を起《おこ》さんとする時《とき》は、概《がい》して面《めん》が明《あ》くものである。卽《すなは》ち敵《てき》が我《われ》を擊《う》たんとする時《とき》、又《また》は突《つ》き掛《か》つた時《とき》、それをはづし又《また》は退《ひ》かんとはせず、打《う》つ所《ところ》は打《う》たせ、突《つ》かんとする所《ところ》は突《つ》かせて、我《われ》はそれ以《い》上強《じやうつよ》き面《めん》を一本《ぽん》打《う》たんとする。所謂《いはゆる》捨身《すてみ》になつて敵《てき》の面《めん》をのぞむのである。この技《わざ》は、敵《てき》の刄《かたな》に目《め》をくれず、只眞向《たゞまつか》ふ敵《てき》の面《めん》をのぞんで、積極的《せききよくてき》に踏《ふ》み込《こ》み打《う》つのである。敵《てき》の技《わざ》の出鼻《ではな》に乘《じよう》ずるのである。

（二）應じ返し面

應《おう》じ返《かへ》し面《めん》は受《う》け流《なが》し面《めん》と似《に》て非《ひ》なるもので受流《うけなが》し面《めん》は體《たい》を開《ひら》かず、正面《しやうめん》のまゝ打《う》ち込《こ》むのであるが、これは敵《てき》が面《めん》を撃《う》つて來《き》た時《とき》、それに應《おう》じて體《たい》を右《みぎ》に開《ひら》き切先《きつさき》を稍《やゝ》右斜《みぎなゝめ》に上《あ》げて敵《てき》の刀《かたな》を左《ひだり》に

第三十五圖　應じ返しに應ずる圖

第三十六圖　片手刺面

流《なが》し、敵《てき》の左面《さめん》を打《う》つ。又《また》は體《たい》を左《ひだり》に開《ひら》いて、敵《てき》の太刀《たち》を右《みぎ》に流《なが》しておいて、敵《てき》の右面《うめん》を打《う》つものである。

(一三)　刺面(右片手の正面)

敵《てき》の構《かまへ》に隙《すき》を發見《はつけん》した時《とき》、又《また》は敵《てき》が業《わざ》を起《おこ》さうとして隙《すき》を生《しやう》じたる時《とき》、我《わ》が太刀《たち》の切先《きつさき》を少《すこ》しく上《あ》げると同時《どうじ》に左手《さしゆ》を外《はづ》し、右手《めて》を柄頭迄《つかがしらまで》ずらして締《し》め、臂《ひぢ》を伸《の》ばして、敵《てき》の面《めん》を刺《さ》す心持《こゝろもち》で打《う》つのである。踏《ふ》み込《こ》むには隙《すき》なく、双手打《もろてうち》には遠《とほ》すぎると云《い》ふやうな場合《はあひ》に此《こ》の刺面《さしめん》が最《もつと》も有効《いうかう》である。

（一四）片手横面

片手《かたて》横面《よこめん》には右片手左《みぎかたてひだり》面《めん》と、左片手右面《ひだりかたてみぎめん》の二種《しゆ》がある。左片手右面《ひだりかたてみぎめん》は、左足《さそく》を前《まへ》に出《だ》し、右足《みぎあし》をその後《うし》ろに進《すゝ》めて、體《たい》が右《みぎ》へ向《む》くやうに開《ひら》き、柄頭《つかがしら》を持《も》つた左腕《さわん》を伸《の》ばして斜上《なゝめうへ》から敵《てき》の右面《うめん》を打《う》つのである。右片手左《みぎかたてひだり》

第三十七圖　左片手右面

横面《よこめん》は、前《まへ》へ出《だ》した右足《うそく》の後《うし》ろへ左足《さそく》を引《ひ》きつけ、體《たい》を斜左《なゝめひだり》に向《む》けて、左手《さしゆ》を離《はな》し、右手《めて》のみで、臂《ひぢ》を伸《の》ばして敵《てき》の左面《さめん》を打《う》つのである。敵《てき》が打《う》ち又《また》は突《つ》いて來《き》た時《とき》、それを左《ひだり》にかはして右片手打《みぎかたてうち》を爲《な》し、右《みぎ》にかはして、左片手打《ひだりかたてうち》をとるがよいのである。卽《すなは》ち體《たい》をかはし、その瞬間《しゆんかん》を覘《ねら》ふのである。

第三十八圖　張り面

（十五）張り面

張《は》り面《めん》は、敵《てき》の刀《かたな》を右或《みぎあるひ》は左《ひだり》に張《は》つて面《めん》を取《と》る方法《はうはふ》である。

相構《あひかまへ》へた場合《ばあひ》、此方《こちら》から進《すゝ》んで刀《かたな》を張《は》り、

踏《ふ》み込《こ》んで面《めん》を撃《う》つ場合《はあひ》と、相手《あひて》が面《めん》をうち込《こ》んで來《き》たのを右《みぎ》或《あるひ》は左《ひだり》に張《は》つて面《めん》をうつ場合《はあひ》と二種《しゆ》ある。

拂《はら》ひ面《めん》と稍《やゝ》似《に》てゐるが拂《はら》ひ面《めん》は刀《かたな》を拂《はら》ひ、これは刀《かたな》を張《は》るだけの相違《さうゐ》である。

（十六）　乘込み面
（又は伸込み面）

乘込《のりこ》み面《めん》は、伸《の》び込《こ》み面《めん》とも云《い》ひ我《わ》が身《み》を捨《す》てゝ大膽《だいたん》に一刀《たう》の元《もと》に敵《てき》を制《せい》しお面《めん》を得《え》やうとするのである。

遠間《とほま》から刀《かたな》を振《ふ》り上《あ》

第三十九圖　乘り込み圖

げ、一足跳《いつそくおど》りに深《ふか》く乗込《のりこ》み敵《てき》の正面《しやうめん》を撃《う》ち、餘勢《よせい》で相手《あひて》を倒《たほ》す心地《こゝち》が大切《たいせつ》である。

(一七) 捲き落し面

相手《あひて》が撃《う》つか突《つ》いて來《き》た場合《ばあひ》、己《おの》が刀《かたな》を以《も》つて、敵《てき》の刀《かたな》を右《みぎ》か或《あるひ》は左《ひだり》に捲《ま》き落《おと》して面《めん》を取《と》るのである。

右《みぎ》に捲《ま》き落《おと》す時《とき》は切先《きつさき》を右廻《みぎまは》しに小《ちい》さく圓《まる》を畫《ゑが》くやうに相手《あひて》の刀《かたな》を右下《みぎした》に捲《ま》き落《おと》す左《ひだり》に捲《ま》き落《おと》す場合《ばあひ》は其《そ》の反對《はんたい》にすればよい。捲《ま》き落《おと》して隙《すか》さず直《たゞ》ちに面《めん》を取《と》るのである。

(一八) 上段よりの面

左上段《ひだりじやうだん》よりの面《めん》、右上段《みぎじやうだん》よりの面《めん》の二種類《しゆるゐ》だある。

撃方《うちかた》はよく間合《まあひ》を計《はか》り氣合《きあひ》をこめ、手足體《しゆそくたい》即《すなはち》心氣力《しんきりよく》一致《ち》して撃《う》ち込《こ》むのである、左上段《ひだりじやうだん》は左足《さそく》より踏《ふ》み込《こ》み左手《さしゅ》を以《も》つて打《う》つ、右上段《みぎじやうだん》は其《そ》の反對《はんたい》である。

諸手《もろて》の場合《はあひ》、片手《かたて》の場合《はあひ》と二種《しゅ》あるが何《いづ》れも相手《あひて》の構《かまへ》のくづれた隙《すき》を覘《ねら》ふが肝要《かんえう》である。

（一九）面の防ぎ方

（面《めん》を打《う》つて來《き》た時《とき》にのみ執《と》るべき處置《しよち》）

敵《てき》の面技《めんわざ》を避《さ》けるに、頭《あたま》を右《みぎ》に或《あるひ》は左《ひだり》に傾《かたむ》けたり、仰向《おふむ》けたりしてはならぬ。若《も》し眞劍《しんけん》の場合《はあひ》だと、假令《たとへ》腦天《のうなん》を避《さ》けることは出來《でき》ても、半面《はんめん》を剃《そ》がれるとか、肩《かた》

第四十圖　左上段よりの面

を斬《き》られるとか、卑怯《ひきよう》な斬《き》られ方《かた》になるに相違《さうゐ》ない。又仰向《またあふむ》くは咽喉《のど》を突《つ》けと敵《てき》に示《しめ》すと同様《どうやう》である。故《ゆゑ》に、體《からだ》全體《ぜんたい》でかはすのである。構《かま》へを崩《くづ》さず、そのまゝ一歩《ほ》さがるもよく、右後《みぎうし》ろ、左後《ひだりうし》ろにさがるもよい。又《また》、太刀《たち》を斜《なゝ》めにして、或《あるひ》は拂《はら》ひ、押《おさ》へ、捲《ま》き落《おと》す等《とう》も一方法《はうほふ》である。又背後《またまいご》に退《しりぞ》くべき餘地《よち》の無《な》い時《とき》は、振《ふ》り上《あ》げた敵《てき》の太刀《たち》の手許《てもと》へ跳《と》び込《こ》むがよい。受《う》け流《なを》し、押《おさ》へ、拂《はら》ひ捲落《まきおと》し等《とう》を行《おこな》ふ時《とき》は、なるべく手許《てもと》を下《さ》げて、太刀先《たちさき》で拂《はら》ひ、或《あるひ》は押《おさ》へるのである、手《て》

第四十一圖　面の防ぎ方一方法

許《もと》を上《あ》げ太刀《たち》の中程《なかほど》で受《う》けやうとすれば我《わ》が籠手《こて》や胴《どう》に隙《すき》が出來《でき》て、面《めん》を防《ふせ》ぐ事《こと》が出《で》來《き》ても他《た》を取《と》られる恐《おそ》れがある、僅《わづか》に敵《てき》の太刀《たち》の氣勢《きせい》をそらせて、切先《きつさき》三寸《すん》を遁《のが》れ強《つよ》く拂《はら》ふ要《えう》はない。以上《いじやう》は防《ふせ》ぎの方面《はうめん》だけを述《の》べたのであるが、實際《じつさい》の場合《ばあひ》は、面《めん》を打《う》たんとする際《さい》は巧《たく》みなものでも他《た》の業《わざ》を仕掛《しか》ける時《とき》に比《ひ》して隙《すき》を生《しやう》ずるものであるから、防《ふせ》ぎばかりに氣《き》を用《もち》ひずしてその隙《すき》に乘《じよう》じて敵《てき》の籠手《こて》乃至《ないし》胴《どう》或《あるひ》は突《つき》などを得《う》るやう心掛《こゝろが》ける事《こと》を忘《わす》れてはならない。

第七章　籠手業

（一）撃ち方

籠手業《こてわざ》は面業《めんわざ》に次《つ》ぐ肝要《かんえう》な業《わざ》である。其《そ》の技《わざ》には時《とき》に應《おう》じ變《へん》に臨《のぞ》みて種々《しゆ〴〵》なる變化《へんくわ》があるが、その基本的《きほんてき》なものを數種《すうしゆ》茲《こゝ》に列記《れつき》する。籠手打《こてうち》の通則《つうそく》としては、右足《うそく》を踏《ふ》み

第四十二圖　籠手の打ち方

込《こ》み、左足《さそく》をこれに從《したが》はせて進《すゝ》み、臂《ひぢ》を充分張《じうぶんは》つて打《う》ち下《おろ》すのである。打《う》ち所《どころ》は手首《てくび》の上《うへ》一寸許《ずんばか》りのあたりで、正則《せいそく》としては、眞直《まつすぐ》に斬《き》り下《おろ》すのであるが時《とき》に斜《なゝめ》左上《ひだりうへ》から斜《なゝめ》に右《みぎ》へ斬《き》り下《おろ》すこともある。

（二）轉じ籠手（變化の籠手）

他《た》の業《わざ》と見《み》せて、敵《てき》がその方面《はうめん》の防《ふせ》ぎをなさんとする隙《すき》に乘《じよう》じて敵《てき》の籠手《こて》を打《う》つ業《わざ》である。胴《どう》より轉《てん》じて籠手《こて》を打《う》つは至難《しなん》で、普通《ふつう》は面《めん》より轉《てん》じた籠手《こて》と、突《つき》より轉《てん》じた籠手《こて》である。他《た》を打《う》ち又《また》は突《つ》かんとする切先《きつさき》を、そのまゝ廻《ま》はして籠《こ》手《て》を打《う》ち下《おろ》すので、此《こ》の計畫《けいくわく》を見透《みす》かされないだけの氣合《きあひ》を初《はじめ》の太刀《たち》に持《も》たせ、又《また》それと知《し》つても防《ふせ》ぎを改《あらた》める餘裕《よゆう》なからしめるだけの敏速《びんそく》さとを要《えう》するものである。

（三）退き籠手

間合《まあひ》が接近《せつきん》した時《とき》、身《み》を退《ひ》きながらに籠手《こて》を打《う》つのである。

退《ひ》く時《とき》は前《まへ》に出《だ》した右足《うそく》を踏《ふ》ん張《は》り、左足《さそく》を後退《こうたい》し次《つぎ》に右足《うそく》をこれに從《したが》つて引《ひ》

第四十三圖　退き籠手

（退き籠手を取つて退いた圖）

第四十四圖　拂ひ籠手

くのであつて、幾分體《いくぶんたい》を左《ひだり》に交《か》はす心持《こゝろもち》で退《ひ》いた方《はう》が打《う》ち安《やす》いものである。

（四）拂ひ籠手

相對《あひたい》した時《とき》、不意《ふい》に敵《てき》の太刀《たち》を右《みぎ》へ拂《はら》ひ、右足《うそく》より踏《ふ》み込《こ》み敵《てき》の籠手《こて》をうつ。又咽喉《またのど》を突《つ》いて來《き》た時面《ときめん》や胴籠手《どうこて》を打《う》つて來《き》た時《とき》、その刀《かたな》を右《みぎ》か右下《みぎした》に拂《はら》つて、敵《てき》の籠手《こて》をとる此《こ》の業《わざ》は何《いづ》れも拂《はら》ひ籠手《こて》である。

右《みぎ》のうちでも胴又《どうまた》は籠手《こて》を打《う》つて來《き》た時《とき》、拂《はら》ひ籠手《こて》の法《はふ》をとるのが最《もつと》も效《かう》を奏《そう》するものである。

（五）拔き籠手

敵《てき》が我《わ》が籠手《こて》を打《う》つて來《き》た時《とき》、速《すみや》かに左足《そく》を半歩《はんほ》左《ひだり》へ、右足《みぎあし》をそれに從《したが》つて左足《さそく》の前《まへ》へ運《はこ》び體《たい》を左《ひだり》へかはすと同時《どうじ》に我《わ》が手許《てもと》を下《さ》げ敵《てき》の太刀《たち》をはづし、下《した》に流《なが》して、その虛《きよ》に乘《じよう》じ敵《てき》の籠手《こて》を打《う》つのである、拔《ね》き面《めん》と同理《どうり》である。が餘程《よほど》修行《しうぎやう》を積《つ》まねば仕損《しそん》じ却《かへ》つて敵《てき》に乘《じよう》ぜられる事《こと》がある。

第四十五圖　拔き籠手

第四十六圖　受け流し籠手

（六）受流し籠手

面業《めんわざ》の受流《うけなが》し面《めん》に相當《さうたう》する業《わざ》である。敵《てき》が我《わ》が面《めん》を打《う》つて來《き》た時《とき》、手許《てもと》を右《みぎ》に切先《きつさき》を左《ひだり》に幾分《いくぶん》寢《ね》かせて太刀《たち》をかざし敵《てき》の太刀《たち》をこれに受《う》けて右《みぎ》へ流《なが》し、敵《てき》の右籠手《みぎこて》を打《う》ち下《おろ》すのである。

（七）返し籠手

別《べつ》に二段籠手《だんこて》とも云《い》つてゐる技《わざ》である。面業《めんわざ》の返《かへ》し面《めん》と同《おな》じで面《めん》なり突《つき》なりの最初《さいしよ》の一手《て》で敵《てき》の氣《き》を挫《くぢ》ぎ、構《かまへ》を崩《くづ》し、續《つゞ》くその太刀《たち》で籠手《こて》を得《う》るものである。又相手《またあひて》が咽喉《のど》を突《つ》かれた時《とき》は、尙防《なほふせ》がうと、手許《てもと》を上《あ》げる傾向《けいかう》があるから、その籠手《こて》を打《う》つは案外容易《あんぐわいようい》な場合《ばあひ》が多《おほ》いものである。

（八）應じ籠手

對手《あひて》が我《わ》が籠手《こて》をのぞんで打《う》つて來《き》た時《とき》、我《わ》が刀《かたな》を以《もつ》て右《みぎ》に拂《はら》ふ如《ごと》き心地《こゝち》にて手許《てもと》を少《すこ》しく上《うへ》に上《あ》げ、その太刀先《たちさき》を左《ひだり》に轉《てん》じ敵《てき》の籠手《こて》を打《う》つ方法《はうはふ》である。

第四十七圖　返し籠手

第四十八圖　應じ籠手
（應じたところ）

その時敵《ときてき》の太刀《たち》は我《わ》が鎬《しのぎ》を削《けづ》つて我《われ》の右下《みぎした》に流《なが》れ落《おつ》る筈《はず》である。

（九）擔ぎ籠手

構《かま》へて見合《みあ》はしてゐる時《とき》、不圖《ふと》、刀《かたな》を左肩前《さけんまへ》に擔《かつ》ぐのである。

そして敵《てき》がそれに應《おう》ずる態度《たいど》をとらふとする氣《き》の動《うご》いた瞬間《しゆんかん》に敵《てき》の籠手《こて》を打《う》ち下《おろ》す技《わざ》である。

構《かまへ》て敵《てき》に隙《すき》がなく、見合《みあひ》が永引《ながび》く時等《ときとう》、この業《わざ》を行《おこな》ふも一方法《はうはふ》である。

（一〇）出會籠手

敵《てき》が打又《うちまた》は突《つき》の業《わざ》を起《おこ》そうとする瞬間《しゆんかん》の體構《たいかまへ》の崩《くづ》れを覘《ねら》つて仕掛《しか》ける籠手業《こてわざ》である。これは眞《しん》に間《かん》一髪《はつ》を覘《ねら》つてなさねばならぬ技《わざ》である。敵《てき》の太刀《たち》に氣《き》を奪《うば》はれず、捨身《すてみ》になつてかゝるのである。若《も》し相打《あひうち》になつたとすれば、それは一瞬間《しゆんかん》の遅《おく》れをとつた證據《しようこ》で、それよりも早《はや》く、卽《すなは》ち敵《てき》の機先《きせん》を制《せい》して我《わ》れのみ一本《ほん》を取《と》るにあらざれば此《こ》の技《わざ》に達《たつ》したとは云《い》はれないのである。

第四十九圖　擔ぎ籠手

第五十圖　出會籠手

（一）押へ籠手

對手《あひて》が我《わ》が面《めん》を打《う》つて來《き》た時《とき》、心持體《こゝろもちたい》を左《ひだり》にかはして、敵《てき》の伸《の》びて來《き》た籠手《こて》を發止《はつし》と押《おさ》へ止《と》めるやうに打《う》つ業《わざ》である。

この時注意《ときちうい》しないと、刀《かたな》の右腹《みぎはら》で打《う》つことがあるから、稍《やゝ》左《ひだり》へ切先《きつさき》を廻《ま》はして斜下《なゝめした》に斬《き》り下《さ》げる心《こゝろ》で行《おこな》へばよいのである。

（二）上げ籠手

敵《てき》が上段《じやうだん》に構《かま》へやうとし、又《また》は我《わ》が面《めん》

を打《う》たんとして太刀《たち》を振《ふ》り上《あ》げた時《とき》、籠《こ》手《て》は確《たしか》に開《ひら》くものである。

その間《ま》に一歩《ほ》右足《うそく》より深《ふか》く踏《ふ》み込《こ》んで敵《てき》の籠手《こて》を打《う》つ方法《はうはふ》を上《あ》げ籠手《こて》と云《い》ふのである。

（一三）片手籠手

相手《あひて》が上段《じやうだん》の構《かまへ》から直《たゞち》に籠手《こて》を打《う》うとする時《とき》、前《まへ》に出《だ》した右足《うそく》を後《あと》へ引《ひ》きながら、右手《めて》を放《はな》し、柄頭《つかがしら》を持《も》つた左手《さしゆ》の臂《ひぢ》を充分《じうぶん》に伸《の》ばして、敵《てき》の籠手《こて》を打《う》つ方法《はうはふ》である。

第五十一圖　押へ籠手

第五十二圖　上げ籠手

その他《た》、間合《まあひ》の遠《とほ》い時《とき》、或《あるひ》は敵《てき》の太刀《たち》を交《か》はして退《さが》る時《とき》、凡《すべ》て諸手打《もちてうち》には遠過《とほす》ぎる場合《はあひ》、柄頭《つかがしら》を持《も》つた左《ひだり》片手《かたて》で打《う》つのである。

（一四）捲き籠手

捲《ま》き籠手《こて》は己《おのれ》が刀《かたな》を以《も》つて敵《てき》の刀《かたな》を捲《ま》くか捲《ま》き込《こ》むやうに籠手《こて》を撃《う》つ業《わざ》である。

相手《あひて》が籠手《こて》をうつて來《き》た場合《はあひ》、或《あるひ》は相對《あひたい》した場合《はあひ》相手《あひて》の刀《かたな》を右下《みぎした》にまいて刀《かたな》を殺《ころ》すや否《いな》や籠手《こて》を取《と》るのである。

捲《ま》き込《こ》むやうに打《う》つ場合《はあひ》は、左足《さそく》を左《ひだり》に開《ひら》き、右足《うそく》を踏《ふ》み出《だ》し體《たい》を轉移《てんい》すると同時《どうじ》に、切先《きつさき》を相手《あひて》の刀《かたな》の下《した》より抜《ぬ》いて捲《ま》き込《こ》むやうに打《う》つのである。

（一五）摺上げ籠手

摺上《すりあ》げ籠手《こて》は敵《てき》が面《めん》を撃《う》つて來《き》た場合《はあひ》手元《てもと》を稍《やゝ》右上《みぎうへ》に上《あ》げ、刀《かたな》を僅《わづ》かに左斜《ひだりなゝめ》にして相手《あひて》の刀《かたな》を摺《す》り上《あ》げ直《たゞ》ちに籠手《こて》を取《と》るのであるが相當修行《さうたうしゆぎやう》の積《つ》んだ上《うへ》でなければ出來《でき》ない業《わざ》である。

第五十三圖　片手籠手

第五十四圖　捲き込み籠手

（一六）内籠手

内籠手《うちこて》は籠手《こて》の内側《うちかは》を云《い》ふのである。従《したが》つて此《こ》の業《わざ》は敵《てき》の籠手《こて》の内側《うちがは》を打《う》つ方《はう》法《はふ》である。

此《こ》の業《わざ》は相手《あひて》の構《かまへ》の切先《きつさき》が下《さが》つてゐる場合《ばあひ》又《また》は、相手《あひて》が攻込《せめこ》むか其他《そのた》の場合《ばあひ》に殊更《ことさら》に切先《きつさき》が下《さが》つた時《とき》に施《ほどこ》す業《わざ》である。

撃方《うちかた》は刀《かたな》を上《あ》げると同時《どうじ》に、右足《うそく》より踏込《ふみこ》み、切先《きつさき》を稍右《やゝみぎ》に傾《かたむ》け、敵《てき》の刀《かたな》の上《じやう》方《はう》より内籠手《うちこて》を取《と》るのである。

（一七）上段よりの籠手

右又《みぎまた》は左上段《ひだりじやうだん》の構《かまへ》から相《あひ》手の籠手《こて》を撃《う》つのである、上《じやう》段《だん》よりの面《めん》と同《おな》じ心地《こゝち》で撃《う》てばよいが、面《めん》をうつと見《み》せて籠手《こて》を取《と》るなども一方法《はうはふ》である。

籠手の防ぎ方

籠手《こて》の防《ふせ》ぎ方《かた》を擧《あ》げると

一、構《かまへ》を崩《くづ》さず、そのまゝ後《うし》ろにさがること。

第五十五圖　揩り上げ籠手
（揩り上げた圖）

第五十六圖　内籠手の圖

一、左《ひだり》か左後《ひだりうし》ろにかはしながら、敵《てき》の太刀《たち》を右《みぎ》か右下《みぎした》に拂《はら》ふこと。

一、相手《あひて》の太刀《たち》を捲《ま》き落《おと》すこと。

等《とう》であるが、本來籠手《ほんらいこて》に隙《すき》の生《しやう》ずるのは間合《まあひ》が近過《ちかす》ぎた時《とき》、切先《きつさき》が上《あが》り過《す》ぎた時《とき》、手許《てもと》を上《あ》がつた時《とき》、特《とく》に面《めん》を防《ふせ》がふとして手許《てもと》を上《あ》げた場合《はあひ》などであるから、これ等《ら》の場合《はあひ》を注意《ちうい》すること。又技《またわざ》をかけた時《とき》などは、速《すみやか》に手許《てもと》を引《ひ》いて正《たゞ》しい構《かま》へに返《かへ》るやう心掛《こゝろが》けることなどが籠手《こて》の防《ふせ》ぎ方《かた》である。

第八章　胴　業

（一）右　胴

第五十七圖　右胴の取り方

今日《こんにち》では左右《さいう》の胴《どう》をとるが、昔《むかし》は右胴《みぎどう》のみで左胴《ひだりどう》はとらなかつた。なぜかと云《い》ふに、刀《かたな》は凡《すべ》て左《ひだり》の腰《こし》に差《さ》してゐたから、左胴《ひだりどう》は打《う》つても斬《き》れないからである。現今《げんこん》は左胴《ひだりどう》も技《わざ》の中《なか》に入《い》れてあるが、普通《ふつう》の場合《はあひ》、太刀《たち》を持《も》つに右腕《うぎうで》が上《うへ》になつて胴《どう》から多《おほ》く離《はな》れて胴《どう》に隙《すき》があるが、左《ひだり》は低《ひく》くて臂《ひぢ》が胴《どう》につき隙《すき》が少《すく》ないから、特別《とくべつ》の場合《はあひ》でなければ左《ひだり》胴《どう》はとり難《がた》いものである。右胴《みぎどう》を撃《う》つには、右足《うそく》より踏《ふ》み込《こ》み、太刀先《たちさき》を左《ひだり》へ廻《ま》はして、斜上《なゝめうへ》から右下《みぎした》へ斬《き》り下《さ》げるのである。太刀先《たちさき》を左《ひだり》へ廻《ま》はすは腕《うで》又《また》は體《たい》を共《とも》に廻《ま》はすのでなく、正姿《せいし》のまゝ僅《わづか》に右腕先《みぎうでさき》を左《ひだり》へ廻《まは》して兩手《りやうて》にて柄《つか》を引《ひ》き締《し》めて打《う》つのである。

(二) 左胴

右足《うそく》より稍《やゝ》右《みぎ》へ寄《よ》つて踏《ふ》み込《こ》み、振上《ふりあ》げた太刀《たち》を心持《こゝろもち》右《みぎ》に廻《まは》して、敵《てき》の左胴《ひだりどう》を左下《ひだりした》に斬《き》り下《さ》げるのである。

左胴《ひだりどう》は前項《ぜんこう》にも述《の》べた如《ごと》く常《つね》に得《え》安《やす》き箇所《かしよ》ではなく、敵《てき》が面《めん》を打《う》つて來《き》た時《とき》、突《つ》いて來《き》た時等《ときなど》、特別《とくべつ》に左胴《ひだりどう》の開《ひら》いた場合《はあひ》、機宜《きぎ》に應《おう》じて打《う》つべきで、殊更《ことさら》に覘《ねら》ふべき所《ところ》ではないのである。

敵《てき》が上段《じやうだん》より我面《わがめん》を打下《うちおろ》したる刹那《せつな》右足《うそく》より少《すこ》し進《すゝ》み折敷《をりし》いて對手《あひて》の左胴《ひだりどう》を打《うつ》も一方法《はうはふ》である。

第五十八圖　變化の胴

（三）變化の胴

敵《てき》の面《めん》、又《また》は籠手《こて》を打《う》ち、或《あるひ》は突《つ》かふとする氣配《きはい》を見《み》せて、敵《てき》の注意《ちうい》をその方面《はうめん》に誘《さそ》ひ却《かへ》つてその胴《どう》を打《う》つ等《とう》の類《るゐ》を云《い》ふのである。轉《てん》じ面《めん》と同理《どうり》である。

轉《てん》ずる意志《いし》のある事《こと》を先方《せんはう》に悟《さと》られないやう注意《ちうい》する事《こと》が肝要《かんえう》である。

（四）拂ひ胴

相手《あひて》が撃《う》ち又突《またつ》いて來《き》た時《とき》、その太刀《たち》を拂《はら》つて敵《てき》の胴《どう》に打《う》ち込《こ》むのである。此《こ》の際右《さいみぎ》へ拂《はら》つた時《とき》は、それと同時《どうじ》に體《たい》を稍左《やゝひだり》へ交《は》はして敵《てき》の右胴《みぎどう》を撃《う》つのである。左《ひだり》へ拂《はら》つた時《とき》は右足《うそく》より稍右《やゝみぎ》へ體《たい》を交《か》はし、敵《てき》の左胴《ひだりどう》を打《う》つのである。何《いつ》れ

第五十九圖　拂ひ胴

も拂《はら》ふ太刀《たち》と打《う》ち込《こ》む太刀《たち》とに段《だん》をつけてはならない。連續《れんぞく》したる一太刀《ひとたち》のつもりで、拂《はら》つた太刀《たち》を其《そ》のまゝ右《みぎ》へ或《あるひ》は左《ひだり》へ廻《ま》はして、鎬打《みねうち》にならないやう、刄《は》より打《う》ち下《おろ》すのである。この技《わざ》は面《めん》を打《う》つて來《き》た時《とき》に施《ほどこ》して最《もつと》も効《かう》があるものである。

（五）飛込み胴

間合《まあひ》大《だい》なる時《とき》、遠方《ゑんぱう》より飛《と》び込《こ》んで敵《てき》の胴《どう》を打《う》つを飛《と》び込《こ》み胴《どう》と云《い》ふのである。飛《と》び込《こ》みは、近《ちか》ければ右足《うそく》よりして一氣《き》に飛《と》び込《こ》み遠《とほ》ければ左足《さそく》を以《もつ》て右《う》

第六十圖　飛び込み胴

足《そく》を送《おく》り飛込《とびこ》んで打《う》つものでそして打《う》つた後《のち》は、速《すみやか》に體《たい》を引《ひ》き、或《あるひ》は交《か》はして敵《てき》の打《だ》撃《げき》を避《さ》ける場合《ばあひ》もあり、避《さ》けないで、却《かへ》つて打《う》つと共《とも》に、斜右《なゝめみぎ》へ即《すなは》ち敵《てき》の左手許《ひだりてもと》へそのまゝ飛《と》び入《い》つて、敵《てき》の太刀《たち》を我《わ》が左《ひだり》に流《なが》すも面白《おもしろ》い方法《はうはふ》である。この飛込《とびこ》み胴《どう》に、轉《てん》じ胴《どう》を應用《おうよう》するは一層面白《そうおもしろ》い業《わざ》である。即《すなは》ち敵《てき》の面《めん》をのぞんで飛《と》び込《こ》み、速《すみやか》に左《ひだり》に太刀《たち》を廻《ま》はして胴《どう》を打《う》つのである。

第六十一圖　受け流し胴

（六）受け流し胴

一、面《めん》を打《う》つて來《き》た

對手《あひて》の太刀《たち》を、我《わ》が太刀《たち》を右斜《みぎなゝめ》にして受《う》け流《なが》し速《すみやか》に敵《てき》の右胴《みぎどう》を打《う》つもの。二、その際《さい》我《わ》が切先《きつさき》を右《みぎ》に廻《まは》して敵《てき》の左胴《ひだりどう》を打《う》つもの。三、又《また》我《わ》が太刀《たち》を左斜《ひだりなゝめ》にして、對手《あひて》の太刀《たち》を受《う》け流《なが》し、對手《たひて》の右胴《みぎどう》を打《う》つもの。四、その時《とき》我《わが》切先《きつさき》を右《みぎ》へ廻《まは》して敵《てき》の左胴《ひだりどう》を打《う》つ等《とう》の場合《はあひ》がある。

受《う》け流《なが》し胴《どう》は大體右《だいたいみぎ》の四つの技《わざ》であるが、打《う》ちたる後《のち》速《すみやか》に體《たい》を右《みぎ》か或《あるひ》は左《ひだり》にひねつて構《かまへ》を立《た》ち直《なほ》す事《こと》に注意《ちうい》しなけはばならぬ。

（七）退き胴

鍔糶合《つばぜりあひ》又《また》は身近《みぢか》く接近《せつきん》して見《み》

第六十二圖　退き胴

合《あ》つた時《とき》、左足《さそく》より後方《こうはう》、又《また》は左後方《ひだりこうはう》に飛《と》び退《の》きながら、對者《あひて》の右胴《みぎどう》を打《う》つのである左胴《ひだりどう》を覘《ねら》ふのもよいが前項《ぜんこう》に於《おい》て述《の》た通《とほ》り大體《だいたい》の場合《はあひ》左胴《ひだりどう》は打《う》ち難《がた》いのである。退《の》き胴《どう》を行《おこな》はんとする時《とき》は、先《ま》づ一押《ひとお》し敵《てき》を押《お》してその氣《き》を惑《まよ》はすも一方法《はうはふ》である。

又《また》これを行《おこな》ふ際《さい》己《おのれ》の面《めん》が開《ひら》いて、敵《てき》に乘《じよう》ぜられる憂《うれい》がある。けれども練習《れんしふ》の時《とき》は、打《う》たれるとも恐《おそ》れず、一念《ねん》敵《てき》の胴《どう》を打《う》つがよい。我《わ》が面《めん》を打《う》たれるより假令《たとへ》一瞬《しゆん》なり共先《ともさき》に敵《てき》の胴《どう》を打《う》たんとする練《れん》

第六十三圖　拔き胴

習《しふ》が肝要《かんえう》である。

（八）拔き胴

對手《あひて》が我《わ》が面《めん》に打《う》ちかゝらんとする時《とき》、速《すみやか》に我《わ》が太刀《たち》の切先《きつさき》を左《ひだり》に廻《ま》はして敵《てき》の右《みぎ》胴《どう》を打《う》ち、打《う》つと共《とも》に右足《うそく》より前進《ぜんしん》して敵《てき》の左手許《ひだりてもと》に踏《ふ》み込《こ》み、敵《てき》の太刀《たち》を我《わ》が左《ひだり》に拔《ぬ》き流《なが》すのである。

それより先《さき》に敵《てき》が我《わ》が面《めん》をとるか、我《わ》れ先《さき》に胴《どう》を打《う》つかゞ、勝負《しようぶ》の境《さかひ》である。機敏《きびん》でなければ不可能《ふかのう》な技《わざ》であるが、却々《なか〱》面白《おもしろ》い動作《どうさ》である。

（九）返し胴

面《めん》或《あるひ》は籠手《こて》を打《う》ち、或《あるひ》は咽喉《のど》を突《つ》きなどして、對者《あひて》の構《かまへ》を崩《くづ》し間隙《すき》を得《え》て右《みぎ》或《あるひ》は左《ひだり》の胴《どう》を打《う》つのであつて、理《り》は返《かへ》し面《めん》、返《かへ》し籠手《こて》と同《おな》じものである。

初太刀《はつたち》は輕《かる》く、はづみをつける程度《ていど》とし、後《あと》の太刀《たち》にて敵《てき》を倒《たほ》す心得《こゝろえ》が肝要《えんえう》である。

（一〇）折敷き胴

對手《あひて》が我《わ》が面《めん》を打《う》つて來《き》た時《とき》、右足《うそく》を後《あと》に引《ひ》き、體《たい》を稍《やゝ》右《みぎ》にひねつて右膝《みぎひざ》を折《を》り敷《し》きそれと共《とも》に太刀《たち》を左《ひだり》に廻《ま》はして敵《てき》の右胴《みぎどう》を打《う》つのである。又體《またたい》を左《ひだり》にかはし、折敷《をりし》いて敵《てき》の左胴《ひだりどう》を打《う》つ。又右足《またみぎあし》を

第六十四圖　折敷き胴

前《まへ》にしたるまゝ左足《さそく》を折《を》り敷《し》いて、敵《てき》の左右胴《さいうどう》を打《う》つ場合《はあひ》もある。我《わ》が體《たい》を低《ひく》くすれば、敵《てき》の太刀《たち》が假令《たとへ》我《わ》が頭上《づじやう》に落《おつ》る共《とも》、充分《じうぶん》の効《かう》を奏《そう》することなく、我《われ》は見事《みごと》に敵《てき》の胴《どう》を打《う》ち得《う》ると云《い》ふ手段《しゆだん》である。

第六十五圖　出會ひ胴

（二）出會胴

敵《てき》が我《わ》が面《めん》、胴《どう》、籠《こ》手《て》を打《う》たんとする時《とき》、出會頭《であひがしら》に我《われ》は敵《てき》の胴《どう》をのぞむで打《う》ち込《こ》むのである。受《う》けたる太刀《たち》より更《さら》に大《だい》なる太刀《たち》を與《あた》へんとする技《わざ》で、つまり大膽《だいたん》に出《い》でゝ敵《てき》より先《さき》に打《う》ちて機先《きせん》を制《せい》するのである。捨身《すてみ》の技《わざ》であることは云《い》ふ迄《まで》も無《な》い。が僅《わづ》かなる間隙《すき》をねらふ事《こと》に熟練《じゆくれん》すれば面白《おもしろ》い技《わざ》である。

（一二）摺上げ胴

相手《あひて》が面《めん》を打《う》つて來《き》た場《ば》合《あひ》、己《おのれ》が刀《かたな》を以《も》つて相手《あひて》の刀《かたな》を摺《す》り上《あ》げ、胴《どう》を取《と》る業《わざ》である。

刀《かたな》を稍《やゝ》右斜《みぎなゝめ》にして撃《う》つて來《き》た時《とき》は、敵《てき》の刀《かたな》を眞直《まつすぐ》に上《うへ》に摺《す》り上《あ》げ、同時《どうじ》に切先《きつさき》

第六十六圖　摺り上げ胴の姿勢

を左《ひだり》に返《かへ》し敵《てき》の右胴《みぎどう》をうつのである。

其《そ》の他《た》の方法《はうはふ》もあるが機敏《きびん》な工夫《くふう》を要《えう》するものである。

第六十七圖　鍔せり合ひより變化の胴

（一三）鍔胴

鍔糶合《つばぜりあひ》より胴《どう》を取《と》る業《わざ》であるが大體次《だいたいつぎ》のやうな場合《はあひ》が多《おほ》い。

一、左足《さそく》を左《ひだり》に開《ひら》き右足《うそく》を左後《ひだりあと》に退《ひ》いて、體《たい》が右斜《みぎなゝめ》になるやうに交《かは》すと同時《どうじ》に敵《てき》の右胴《みぎどう》をとる。

一、左足《さそく》を僅《わづ》かに退《ひ》き右胴《みぎどう》をうつと同《どう》時《じ》に右足《うそく》を右《みぎ》に開《ひら》き、左足《さそく》を右《みぎ》に轉《てん》じて、體《たい》を右《みぎ》に交《かは》して刀《かたな》を右《みぎ》に拔取《ぬきと》る。

一、退《ひ》く時《とき》に胴《どう》を取《と》る。

胴の防ぎ方

胴《どう》は大抵《たいてい》、敵《てき》に技《わざ》を仕掛《しか》けた時《とき》に隙《すき》を生《しやう》ずるもので、打《う》たれるのもその場合《ばあひ》が多《おほ》いのである、これを防《ふせ》ぐ法《はふ》としては、敵《てき》の面《めん》を打《う》つた時《とき》は、打《う》つと同時《どうじ》に、敵《てき》の手許《てもと》へ跳《と》び入《い》つて、我《わ》が胴《どう》を打《う》つ暇《ひま》な

第六十八圖　胴の防ぎ方
（押へて防いだ圖）

からしめるも一法《はふ》であり、敵《てき》の太刀《たち》を拂《はら》ふ時《とき》などは、僅《わづか》に切先《きつさき》で行《おこな》ふやうにし、大《おほ》きく太刀《たち》を動《うご》かさず手許《てもと》を狂《くる》はさぬは未然《みぜん》に防《ふせ》ぐ法《はふ》である。その他《た》技《わざ》を仕掛《しか》けたる時《とき》、我目的《わがもくてき》を達《たつ》すると共《とも》に、速《すみやか》に手許《てもと》を引《ひ》き、正《たゞ》しき構《かまへ》に返《かへ》るやうに注意《ちうい》すべきである。

第九章　突業

(一)突き方

突《つ》き業《わざ》には、諸手突《もろてづき》と片手突《かたてづき》の二様《やう》がある。

片手突《かたてつき》は熟練《じゆくれん》しなければ力《ちから》が足《た》らず、不正確《ふせいくわく》になり勝《が》ちであるから、初《はじめ》は諸手突《もろてつき》のみを練習《れんしふ》し適當《てきたう》の時期《じき》に片手突《かたてつき》に進《すゝ》むが順序《じゆんじよ》である。片手突《かたてつき》は假令《たとへ》正確《せいくわく》に且有効《かついうかう》に突《つき》を爲《な》し得《う》るやうになつても片手突《かたてつき》を行《おこな》つた後《のち》、他《た》の業《わざ》に移《うつ》り、又《また》は防禦《ばうぎよ》の構《かまへ》を立《た》て直《なほ》す事《こと》が迅速《じんそく》に行《ゆ》かないから、よく〳〵見込《みこ》みのついた最後《さいご》の一太刀《ひとたち》と云《い》ふ時《とき》でなければば輕々《かる〱》しく出來《でき》ないものである。突方《つきかた》は體《たい》を正《たゞ》しく保《たも》ち、諸手突《もろてつき》は左右《さいう》の手《て》を內《うち》に締《し》めて、臂《ひぢ》を伸《の》ばすと共《とも》に、體諸共《たいもろとも》突き入《い》つて正確《せいくわく》に突《つ》く、手《て》の絞《し》め方《かた》は、突《つ》き進《すゝ》むに從《したが》ひ力《ちから》を籠《こ》め敵《てき》に達《たつ》しに時《とき》を頂《てう》點《てん》とするのである。片手突《かたてつき》の場合《ばあひ》もこれと同《おな》じく、柄《つか》を握《にぎ》つた手《て》には初《はじ》めから極《きよく》度《ど》の力《ちから》を籠《こ》めないで、押《お》しながら手《て》を締《し》めるのである。

突《つ》く手元《てもと》は下圖《かづ》の如《ごと》く下《した》にさげて突《つ》くが當然《たうぜん》で手元《てもと》を上《あ》げて突《つ》くことは不可《ふか》である。

第六十九圖　片手突き

第七十圖　前突き

（二）前突

前突《まへつき》は突《つ》き方《かた》の基本的突業《きほんてきつきわざ》であるから確實《くわくじつ》に突《つ》き得《う》るやう、幾度《いくど》も練習《れんしふ》する事《こと》が肝要《かんえう》である。

前突《まへつき》は、中段《ちうだん》に構《かま》へたる時《とき》なぞは、そのまゝの姿勢《しせい》で、兩手《りやうて》を内《うち》に締《し》めながら右足《うそく》より強《つよ》く踏《ふ》み込《こ》み、充分臂《じうぶんひぢ》を伸《の》ばし體諸共《たいもろとも》突《つ》き入《い》るのである、刄《は》は眞下《まつした》に向《む》いてゐるのであつて踏《ふ》み込《こ》みながら突《つ》くのである。

（三）表　突

相構《あひかま》へた時《とき》、我《わ》が太刀《たら》が對手《あひて》の刀《かたな》の左《ひだり》側《がは》にある時《とき》、右足《みぎあし》より踏《ふ》み込《こ》み、太刀《たち》の棟《むね》を左《ひだり》へひねつて、對手《あひて》の咽喉《のど》を突《つ》くのである。之《こ》れを表突《おもてつき》と云《い》ふてゐる。

凡《すべ》て突《つ》き業《わざ》は下腹《したはら》に力《ちから》を入《い》れて、精神《せいしん》と體《たい》と相《あひ》一致《ち》したる力《ちから》で突《つ》く事《こと》が肝要《かんえう》で相手《あひて》の咽喉《のど》の中心《ちうしん》へ竹刀《しなひ》の先《さ》きが突《つ》き通《とほ》る程《ほど》の勢《いきほ》ひを以《も》つて突《つ》かねばならぬ。

第七十一圖　諸手表突

第七十二圖　諸手裏突

（四）裏突

表突《おもてつ》きの反對《はんたい》、卽《すなは》ち我《わ》が太刀《たち》が向《むか》つて敵《てき》の右《みぎ》にある時《とき》、太刀棟《たちむね》を心持《こゝろも》ち右《みぎ》へひねつて敵《てき》の咽喉《のど》を突《つ》くのである。これを裏突《うらつき》と云《い》ふてゐる。

表突《おもてつき》、裏突共《うらつきとも》に、腕《うで》が高《たか》く上《あ》がらないやう、卽《すなは》ち我《わ》が太刀《たち》が對手《あひて》の太刀《たち》の鍔元《つばもと》を摺《す》り上《あが》り、咽喉《のど》を斜下《なゝめした》から上《うへ》へ突《つ》き上《あ》げるやうに運劍《うんけん》に注意《ちうい》しなければならぬ。

（五）片手突

右足《みぎあし》より踏《ふ》み込《こ》みざま右手《みぎて》を柄《つか》より放《はな》して心持《こゝろもち》後《あと》に引《ひ》き、柄頭《つかがしら》を握《にぎ》つた左手《さしゆ》のみで敵《てき》の咽喉《のど》を突《つ》くのである。敵《てき》に向《むか》つて右《みぎ》より突《つ》くを片手表突《かたておもてつき》と云《い》ひ左《ひだり》よりするを片手裏突《かたてうらつき》と云《い》ふのである。突《つ》き方《かた》は諸手表突《もろておもてつき》、諸手裏突《もろてうらつき》と同《おな》じやうに腕《うで》を高《たか》く上《あ》げず、斜下《なゝめした》より、敵《てき》の太刀《たち》の鍔元《つばもと》を摺《す》り上《あ》げる心《こゝろ》して、斜上《なゝめうへ》へ突《つ》き上《あ》げる。突《つ》く時《とき》臂《ひぢ》を充分伸《じうぶんのば》して、手《て》の締《しま》りをよくし又體《またたい》と共《とも》に突《つ》きかゝる心持《こゝろもち》が肝要《かんえう》であ

第七十五圖　片手裏突

第七十四圖　拂ひ突き
（拂つて突かんとする圖）

る。尙《なほ》片手《かたて》裏突《うらつき》の時《とき》は、特《とく》に左手《さしゅ》を内《うち》へひねり、刄《は》が稍《やゝ》左向《ひだりむ》きになるやう心掛《こゝろが》くるのである。

（六）拂ひ突

相構《あひかま》へたる時《とき》、突嗟《とつさ》に敵《てき》の太刀《たち》を右《みぎ》か右下《みぎした》へ又《また》は左《ひだり》か左下《ひだりした》へ拂《はら》つて、それと共《とも》に敵《てき》の咽喉《のど》を突《つ》くのである。突《つ》き方《かた》は前《まへ》突《つき》の方法《はうはふ》である。

又對手《またあひて》が面《めん》、或《あるひ》は籠手《こて》を打《う》ち、又《また》は咽《の》喉《と》を突《つ》いて來《き》た時《とき》、その太刀《たち》を、拂《はら》つて却《かへ》つて突《つき》をとるも一方法《はうはふ》である、

（七）押へ突

相構《あひかま》へたる時《とき》對手《あひて》の太刀《たち》が右《みぎ》にあれば右下《みぎした》に、左《ひだり》にあれば左下《ひだりした》に押《おさ》へ、そのまゝ踏《ふ》み込《こ》んで突《つ》くのである。突方《つきかた》は前突《まへつき》又《また》は表突《おもてつき》裏突《うらつき》何《いづ》れかによるものである。押《おさ》へるのは拂《はら》ふのでなく、輕《かる》く下《した》へ押《おさ》へるのである。

（八）迎へ突

對手《あひて》が進《すゝ》んで撃《う》つか突《つ》きを入《い》れやうとしたる時《とき》に、却《かへ》つて我《わ》れより少《すこ》しく體《たい》を

第七十五圖　押へ突
（押へて突かんとする圖）

進《す》め、臂《ひぢ》を伸《の》ばして切先《きつさき》を對手《あひて》の咽喉《のど》に擬《ぎ》し、敵《てき》が自《おのづか》ら突《つ》かれるやうに仕向《しむ》ける技《わざ》で機敏《きびん》を要《えう》するは勿論《もちろん》であるが之《こ》れを迎《むか》へ突《つ》きと云《い》ふのである。

假《か》りに豫想通《よさうどほ》りに突《つき》を得《え》られなく共《とも》、對手《あひて》の技《わざ》を制止《せいし》することが出來《でき》る。

第七十六圖　迎へ突

（九）入れ突

對手《あひて》が突《つ》いて來《き》た時《とき》、對手《あひて》の太刀《たち》が我《たが》刀《かたな》の左《ひだり》にありたる時《とき》は左《さ》足《そく》より一歩《ほ》退《す》さると共《とも》に、我《わ》が太刀《たち》の刄《は》を少《すこ》しく右《みぎ》に向《む》けて、鎬《しのぎ》で敵《てき》の太刀《たち》を押《おさ》へ氣味《ぎみ》にして、手許《てもと》を引《ひ》く。然《しか》して敵《てき》の太刀《たち》に技《わざ》が盡《つ》きた時《とき》、却《かへ》つて右足《うそく》より踏《ふ》み込《こ》んで、敵《てき》の咽喉《のど》を突《つ》くのである。

若《も》し我《わ》が太刀《たち》が對手《あひて》の太刀《たち》の右《みぎ》にある時《とき》は、同《おな》じ動作《どうさ》ながら、刄《は》を左《ひだり》に寢《ね》かせて、同《おな》じく鎬《しのぎ》で敵《てき》の太刀《たち》を押《おさ》へ氣味《ぎみ》にして、手《て》を引《ひ》き、突《つ》き返《かへ》すのである。

之等《これら》の技《わざ》は初學者《しよがくしや》には却々《なか〳〵》困難《こんなん》な技《わざ》であるが、修業《しうげふ》が積《つ》むに從《したが》つて段々《だん〳〵》會得《ゑとく》さるべきものである。

第七十七圖　入れ突き

第七十八圖　籠手外し片手突き

（一〇）籠手外し突

對手《あひて》が我《われ》の籠手《こて》を打《う》ちかゝつた時《とき》、速《すみやか》に右手《めて》を柄《つか》より外《はつ》して敵《てき》の太刀《たち》を避《さ》け、その瞬間《しゆんかん》に柄頭《つかがしら》を持《も》つた左手《ひだりて》で斜下《なゝめした》から敵《てき》の咽喉《のど》を突《つ》き上《あ》げるのである。

其《そ》の要領《えうりやう》は上圖《じやうづ》によつて會得《ゑとく》すべきであるが極《きは》めて敏活《びんくわつ》なる動作《どうさ》を要《えう》するものである。

（二）攻込み突

氣《き》合《あひ》を十分《ぶん》に充實《じうじつ》して、對手《あひて》を攻《せ》め込《こ》んで敵《てき》の構《かまへ》を崩《くづ》し、對手《あひて》が逡巡避易《しゆん〳〵へきえき》した所《ところ》を前突《まへつき》、表突《おもてつき》、裏突《うらつき》にて突《つ》く業《わざ》である。

攻《せ》め込《こ》みの方法《はうはふ》は面《めん》、籠手《こて》と同《おな》じ心持《こゝろもち》である。攻《せ》め込《こ》みの精神《せいしん》を以《もつ》て常《つね》に巧《たく》みに修行《しうぎやう》する時《とき》は突《つ》くのは至《いた》つて容易《ようい》なるのみならず技術《ぎじゆつ》も上達《じやうたつ》を早《はや》めるものである。

第七十九圖　攻め込み突

第八十圖　捲き落し突
（捲いて突かんとする圖）

（二）捲き落し突

敵《てき》が撃《う》ち又《また》は突《つ》いて來《き》た場合《はあひ》、之《これ》を右《みぎ》下又《したまた》は左下《ひだりした》に捲《ま》き落《おと》し、突《つ》く時《とき》は前突《まへつ》きの心持《こゝろもち》で突《つ》くのである。

捲《ま》き落《おと》し面捲《めんま》き落《おと》し籠手《こて》と同《おな》じで捲《ま》き落《おと》しに工夫熟練《くふうじゆくれん》を要《えう》するのである。

捲《ま》き落《おと》さんとするときは掌中《せうちう》の握《にぎ》りをゆるくし心氣力《しんきりよく》一致《ち》の氣合《きあひ》を以《もつ》て掌握《せうあく》をしめながら捲落《まきおと》すのである。

突の防ぎ方

構《かま》へを正《たゞ》しくし、間合《まあひ》を適當《てきたう》にとるが突《つき》を未然《みぜん》に防《ふせ》ぐ法《はふ》である。面《めん》を打《う》たれやうとした時《とき》、仰向《おふむ》く等《とう》のことがあれば、敵《てき》に突《つき》の好機《かうき》を與《あた》へるものである。

對手《あひて》が突《つ》きかゝつて來《き》た時《とき》は、構《かま》へのまゝ一歩《ほ》退《すさ》りながら對手《あひて》の太刀《たち》を押《おさ》へ或《あるひ》は左《ひだり》にかはし、右《みぎ》にかはし、捲《ま》き落《おと》す、又《また》は突嗟《とつさ》に折敷《をりし》いて、折敷《をりし》き胴《どう》をとる等《など》も防《ふせ》ぎと攻撃《こうげき》とを兼《か》ねた妙法《めうはふ》である。

第八十一圖　突の防ぎ方
（押へて防いだ圖）

第十章　基本動作と特別注意

(一) 基本動作

基本動作《きほんどうさ》は刀《かたな》の持《も》ち方《かた》、敬禮《けいれい》、刀《かたな》の拔《ぬ》き方《かた》、納《おさ》め方《かた》、構方《かまへかた》、體《たい》の進退《しんたい》、間合《まあひ》、掛《か》け聲《こゑ》、面《めん》の撃《う》ち方《かた》、籠手《こて》の撃方《うちかた》、胴《どう》の撃方《うちかた》、咽喉部《いんかうぶ》の突《つ》き方《かた》、切返《きりかへ》し等《とう》である。

是等《これら》の諸動作《しよどうさ》は何《いづ》れも劍道《けんだう》の基礎《きそ》をなすもので是等《これら》の諸動作《しよどうさ》を練習《れんしふ》して、體勢《たいせい》を整《ととの》へ、身體《しんたい》の運用《うんよう》、撃突《げきとつ》、間合等《まあひとう》に習熟《しふじゆく》し、斯道《しだう》の基礎《きそ》を作《つく》るべきである。

此《こ》の基礎的練習《きそてきれんしふ》をなさずして、直《たゞ》ちに劍道具《けんだうぐ》を着《つ》け實地《じつち》の稽古試合《けいこしあひ》をなす事《こと》は勞多《らうおほ》くして効尠《かうすくな》く無理《むり》をなすものであるから必《かなら》ず基本動作《きほんどうさ》の練習《れんしふ》を第《だい》一にすべきである。

(二) 基本動作の練習

基本動作《きほんどうさ》は何《いづ》れの動作《どうさ》も必要《ひつえう》なもの許《はか》りであるが、其《そ》の中《うち》練習《れんしふ》の程度《ていど》に多少《たせう》の差異《さゐ》がある、例《たと》へば刀《かたな》の提《さ》げ方《かた》、敬禮《けいれい》、刀《かたな》の抜《ぬ》き方《かた》、納《をさ》め方等《かたとう》は極《ご》く簡《かん》單《たん》であるが、面《めん》、籠手《こて》、胴《どう》の撃方《うちかた》、突方《つきかた》、切返《きりかへ》しなぞは、練習《れんしふ》に練習《れんしふ》を積《つ》まねば、容易《ようい》に、正《たゞ》しく動作《どうさ》し得《う》るやう熟《じゆく》達《たつ》する事《こと》が出來《でき》ない。

第八十二圖　切り返し

特《とく》に切返《きりかへ》しは古來《こらい》から行《おこな》はれた劍道《けんだう》の基礎《きそ》修練《しうれん》の方法《はうはふ》で、此《こ》れを練習《れんしふ》すれば、體勢《たいせい》を整《とゝの》へ、身體《しんたい》を自由《じゆう》にし腕力《わんりよく》を增《ま》し、持久力《ぢきうりよく》を練《ね》り動作《どうさ》を敏捷《びんせう》ならしむ等《とう》あらゆる基《き》礎的《そてき》事項《じこう》を修練《しうれん》することが出來《でき》るのである。

其《そ》の方法《はうはふ》は體勢《たいせい》を整《とゝの》へ、氣合《きあひ》を籠《こ》めて右足《みぎあし》より踏《ふ》み込《こ》むと同時《どうじ》に刀《かたな》を振冠《ふりかぶ》り、切先《きつさき》を右《みぎ》に廻《まは》して相手《あひて》の左面《さめん》を擊《う》ち、次《つぎ》に振冠《ふりかぶ》つて切先《きつさき》を右《ひだり》に廻《まは》し、右面《うめん》を擊《う》つ、左面《さめん》右面《めん》と交互《かうご》に矢筈掛《やはつがけ》にうつ、之《こ》れを反覆《はんぷく》して腕《うで》が疲《つか》れ、息《いき》が迫《せま》れば間合《まあひ》を稍《やゝ》遠《とほざ》かり、遠《とほ》間《ま》から踏込《ふみこ》んで正面《しやうめん》を擊《う》つのである。

此《こ》の動作《どうさ》は體《たい》を伸々《のび〳〵》と業《わざ》を大《おほ》きく練習《れんしふ》するが肝要《かんえう》である。

(三) 練習上の注意

一、基本動作《きほんどうさ》の練習《れんしふ》は木刀《ぼくたう》を以《もつ》てするがよい。木刀《ぼくたう》は眞劍《しんけん》に近《ちか》いから、握《にぎ》り方《かた》、抜《ぬ》き方等《かたとう》總《す》べて眞劍《しんけん》の理《り》を了解《れうかい》するに都合《つがふ》がよいのである。けれども稽古《けいこ》は竹刀《しなひ》を以《もつ》てするから、木刀《ぼくたう》で練習《れんしふ》した後《のち》竹刀《しなひ》で練習《れんしふ》する事《こと》が必要《ひつえう》である。

二、最初《さいしよ》は相手《あひて》なしの練習《れんしふ》から初《はじ》め、次《つぎ》に對手《あひて》に對《たい》し練習《れんしふ》するのであるが、初《はじめ》は形《かたち》だけにし、だん〳〵實際的《じつさいてき》に練習《れんしふ》するやうにするのである。

三、基本動作《きほんどうさ》の練習《れんしふ》は單《たん》に形《かたち》だけ學《まな》ぶのだと考《かんが》へ、精神《せいしん》をこめない輩《もの》があるが、精神《せいしん》から出《で》た形《かたち》でなければ人形同様《にんぎやうどうやう》である。

四、兎角基本動作《とかくきほんどうさ》をよい加減《かげん》にし、本稽古《ほんけいこ》を急《いそ》ぐのが初學者《しよがくしや》の常《つね》であるが、基本動作《きほんどうさ》の練習《れんしふ》で充分稽古《じうぶんけいこ》の基礎《きそ》を作《つく》つておく事《こと》は、最《もつと》も得策《とくさく》である。

（四）特別注意（上段に對する注意）

一、敵《てき》が上段《じやうだん》に構《かま》へやうとする時《とき》、その途中《とちう》の籠手《こて》をとる事《こと》。

二、上段《じやうだん》に構《かま》へたる刹那《せつな》、未《いま》だ構《かまへ》の固《かた》まらざる時《とき》に撃《う》ち或《あるひ》は突《つ》き込《こ》む事《こと》。

三、それより後《のち》は我《わ》が切先《きつさき》を敵《てき》の柄頭《つかがしら》につけ、間合《まあひ》を少《すこ》しく多《おほ》くとり、技《わざ》をかけんとする時《とき》は踏《ふ》み込《こ》んでしかも片手《かたて》打又《うちまた》は片手《かたて》突《つき》の如《ごと》く比較的《ひかくてき》遠隔《ゑんかく》にてなし得《え》られる業《わざ》をとる事《こと》、さもなくば、敵《てき》の手許《てもと》に飛《と》び入《い》つて胴《どう》を撃《う》つ事《こと》。

四、相構《あひかま》へたる時《とき》、我《わ》が面《めん》と籠手《こて》を守《ます》る爲《ため》に敵《てき》に隙《すき》を與《あた》へてはならない、上段《じやうだん》の構《かまへ》から直《たゞち》に胴又《どうまた》は突《つき》は得難《えがた》きものであるから。

五、敵《てき》が上段《じやうだん》より打《う》ち下《おろ》したる時《とき》は、我《わ》が技《わざ》を仕掛《しか》くるに最《もつと》もよき機會《きくわい》である、この機《き》を逸《いつ》せず、敵《てき》の太刀《たら》を拂《はら》つて、その面《めん》、或《あるひ》は籠手《こて》、胴《どう》、隙多《すきおほ》き箇所《かしよ》へ打《う》ち込《こ》む事《こと》を忘《わす》れてはならない。

六、上段《じやうだん》に對《たい》する構《かま》へは中段《ちうだん》に取《と》るが最《もつと》も有利《いうり》である。

(五) 兩刀に對する場合

兩刀《りやうたう》は普通《ふつう》、右《みぎ》に長刀《ちやうたう》、左《ひだり》に小刀《せうたう》を執《と》り、小刀《せうたう》は誘《さそ》ひ又《また》は受太刀《うけたち》に使《つか》ひ、長刀《ちやうたう》で撃《う》つのが法《はふ》であるが、間近《まぢか》に寄《よ》れば小刀《せうたう》にても撃《う》ち或《あるひ》は突《つ》くものである。故《ゆゑ》に普通《ふつう》の間《ま》

第八十三圖　兩刀に對する構へ方

合《あひ》をとるは不利《ふり》で、普通《ふつう》より遠間《とほま》を保《たも》ち、我《わ》が太刀《たち》は敵《てき》の小刀《せうたう》につけて眼《め》は敵《てき》の面《めん》又《また》は長刀《ちやうたう》につけて小刀《せうたう》の動《うご》きに氣《き》を奪《うば》はれず、長刀《ちやうたう》一本《ぽん》を相手《あひて》にかゝるが得策《とくさく》である。兩刀《りやうたう》を使《つか》ふ敵《てき》の隙《すき》は、主《しゆ》として胴《どう》に得《え》安《やす》く又近寄《またちかよ》りては小刀《せうたう》をおさへれば小刀《せうたう》の籠手《こて》は攻《せ》め安《やす》いものである。兩刀《りやうたう》に向《むか》ふ時《とき》は敏活《びんくわつ》に動《うご》きて攻《せ》め、直《たゞち》に退《す》さつて遠間《とうま》を保《たも》つ事《こと》が肝要《かんえう》である。

（六）　槍に對する場合

槍《やり》は左手《さしゆ》を先に右手《めて》を手許《てもと》にして構《かま》へ

るものである。體形《たいけい》は左半身《ひだりはんしん》になつて、右《みぎ》に開《ひら》いてゐる、故《ゆゑ》に攻《せ》める時《とき》は向《むか》つて槍《やり》の左方《さはう》から攻《せ》めるが常《つね》である、槍《やり》は突《つ》くものであるから其《そ》の穂先《ほさき》さへ避《さ》ければよい、穂先《ほさき》より内《うち》へ入《はい》れば、槍《やり》は施《ほどこ》す術《すべ》のないものである故《ゆゑ》に、隙《すき》あらば手許《てもと》へ入《はい》ることが肝要《かんえう》である。一箇所《かしよ》に止《とゞ》まるは危《き》險《けん》で常《つね》に身體《しんたい》を動《うご》かし、右《みぎ》に左《ひだり》に活《くわつ》動《どう》して、敵《てき》をして狙《ねら》ふ暇《ひま》なく、機《き》を見《み》て槍《やり》を抑《おさ》へ又《また》は拂《はら》つて手許《てもと》へ入《い》り、その面《めん》を打《う》つなり、敵《てき》が突《つ》きかゝつたる時《とき》、これをかはし、又《また》は拂《はら》ひ得《え》たならば、その

第八十四圖　槍に對する構へ方

第八十五圖 銃劍に對する構へ方

時《とき》こそ屈強《くつきやう》の攻《せ》め込《こ》み時機《じき》である。又充《またじう》分《ぶん》に踏《ふ》み込《こ》む暇《ひま》の無《な》い時《とき》は、左足《さそく》より踏《ふ》み込《こ》み、左片手打《ひだりかたてうち》にて、敵《てき》の右横面又《みぎよこめんまた》は左胴《ひだりどう》を打《う》つか眞直《まつすぐ》に踏《ふ》み込《こ》めば、右片手《みぎかたて》にて面《めん》を打《う》つもよい。槍《やり》に對《たい》する構《かまへ》は太《た》刀《ち》を下段又《けだんまた》は中段《ちうだん》にし、槍先《やりさき》に對《たい》せしむるのである。

（次《つぎ》に示《しめ》した圖《づ》は陸軍戸山學校《りくぐんとやまがくかう》の教師《けうし》が其《そ》の實際《じつさい》を示《しめ》されたるものである。）

（七）銃劍に對する場合

銃劍《じうけん》に對《たい》しては普通《ふつう》の構《かまへ》より右肩《うけん》を前《まへ》

に、體《たい》を稍《やゝ》平身《へいしん》にし切先《きつさき》を下げ心地《こゝち》にして構《かま》へ、機《き》を見《み》て劍先《けんさき》を押《おさ》へ跳込《とびこ》んで對手《あひて》の面《めん》を撃《う》つか、左足《ひだりあし》より左斜前《ひだりなゝめまへ》に踏込《ふみこ》んで、左片手《ひだりかたて》を以《もつ》て、對手《あひて》の右横面《みぎよこめん》を撃《う》つのである。對手《あひて》が突《つ》いて來《き》た場合《はあひ》は身《み》を交《かは》し、拂《はら》ふか押《おさ》へて直《たゞち》に正面《しやうめん》を撃《う》つか左右《さいう》の片手《かたて》を以《も》つて對手《あひて》の横面《よこめん》をうつか、或《あるひ》は左胴《みぎどう》をとるもよい方法《はうはふ》である。突《つき》は不利《ふり》で面《めん》を撃《う》つが良法《りようはふ》である。

薙刀に對する場合

薙刀《なぎなた》は昔時《せきじ》より婦女子《ふぢよし》僧侶等《そうりよとう》が多《おほ》く使用《しよう》したるものなれども、至極便利《しごくべんり》なる利器《りき》である。

薙刀《なぎなた》は右半身《みぎはんしん》となり攻込來《せめこみきた》り面突足拂等《めんつきあしはらじとう》の業《わざ》にて對手《あひて》を攻撃《こうげき》するものなれば之《これ》に對《たい》しては進退動作《しんたいどうさ》を敏捷《びんせう》にして我《わ》が太刀《たち》を以《もつ》て左右《さいう》に拂《はら》ひ又太刀《まただち》を下段《げだん》にして足拂《あしはらひ》を防《ふせ》ぎ其隙《そのすき》を見計《みはから》ひ飛込《とびこ》んで面又《めんまた》は胴《どう》を打《う》つ又反對《またはんたい》に對手《あひて》の足《あし》を拂《はら》ふも一方法《はうはふ》である。

第十一章　稽古

（一）稽古の仕方

稽古《けいこ》は剣道修行上《けんだうしうぎやうじやう》最《もつと》も大切《たいせつ》なる事《こと》である。稽古《けいこ》に依《よ》つて技《わざ》を練《ね》り、心身《しん〱》を鍛練《たんれん》する事《こと》はよく人《ひと》の知《し》る所《ところ》であるが、稍《やゝ》もすれば稽古《けいこ》が稽古《けいこ》に流《なが》れ、眞劍《しんけん》に稽古《けいこ》しない輩《もの》があるが、稽古《けいこ》は即《すなは》ち眞劍《しんけん》である事《こと》を覺悟《かくご》して稽古《けいこ》しなければならぬ。

稽古《けいこ》の仕方《しかた》を分《わか》ちて大體《だいたい》次《つぎ》の二種《しゆ》とする事《こと》が出來《でき》る。

一、撃込的稽古《うちこみてきけいこ》

二、勝負的稽古《しようぶてきけいこ》

けれども之《こ》れは常《つね》に交互《かうご》に練習《れんしふ》すべきものである。

(一) 撃込的稽古

撃込的稽古《うちこみてきけいこ》は先《ま》づ姿勢《しせい》を正《たゞ》しくし、充分氣合《じうぶんきあひ》を籠《こ》めて上段《じやうだん》に振《ふ》りかぶり、お面《めん》を撃《う》ち込《こ》む、次《つぎ》に籠手《こて》、胴《どう》といふやうに隨次變化《ずゐじへんくわ》して撃《う》ち込《こ》む稽古《けいこ》をするのである。

第八十六圖　撃ち込みの姿勢

撃《う》ち込的稽古《こみてきけいこ》は、勇《ゆう》壯《さう》なる膽力《たんりよく》を練《ね》り、持《ぢ》久力《きうりよく》を養《やしな》ひ、動作《どうさ》を敏《びん》活《くわつ》にする修行《しうぎやう》となるもので、同時《どうじ》に撃突《げきとつ》をなす技術上《ぎじゆつじやう》の實力《じつりよく》を養《やしな》ふ上《うへ》に於《おい》ては、著《いちじる》しき効果《かうくわ》をもたらすものである。

（二）勝負的稽古

勝負的稽古《しようぶてきけいこ》は、普通《ふつう》一般《はん》に行《おこな》はれてゐる稽古《けいこ》である。撃込的稽古《うちこみてきけいこ》と相俟《あひま》ちて修行《しうぎやう》すべきで特《とく》に相手《あひて》の動靜《どうせい》に注意《ちうい》し、變《へん》に應《おう》じ機《き》に臨《のぞ》んで機敏《きびん》に立《た》ち廻《まは》らなければならぬ。それには間合《まあひ》、懸引《かけひき》等虚實《とうきよじつ》を盡《つく》して、心身共《しんしんとも》微妙《びめう》の働《はたら》きをなさねばならぬから心身《しんしん》の働《はたら》きを敏活《びんくわつ》ならしむるもので、技《わざ》の大成《たいせい》をなすには此《こ》の勝負的稽古《しようぶてきけいこ》にあらねばならぬ。

（三）稽古上の注意

稽古上《けいこじやう》に於《お》ける注意《ちうい》は、大體之《だいたいこ》れ迄《まで》述《の》べ來《き》たつた所《ところ》を總合會得《そうがふゑとく》すれば充分了解《じうぶんれうかい》し得《え》らるゝ事《こと》と思《おも》ふが、特《とく》に注意《ちうい》すべき諸點《しよてん》を擧《あ》げて見《み》ると、

一、稽古《けいこ》は、勝負《しようぶ》のみを意《い》としてはならない兎角初學者《とかくしよがくしや》は勝負《しようぶ》のみを爭《あらそ》ひ、基本練習《きほんれんしう》

に依《よ》つて得《え》たる、姿勢《しせい》、動作《どうさ》、態度等《たいどとう》が崩《くづ》れ易《やす》いものであるから勝負《しようぶ》に際《さい》し、形《かたち》を崩《くづ》したり、法《はふ》を忘《わす》れてはならない。

二、稽古《けいこ》は正々堂々《せいせいどうどう》となすべきで、尊長《そんちやう》であるから遠慮《ゑんりよ》し、目下《めした》であるから輕侮《けいぶ》したりするやうでは絶對《ぜつたい》に上達《じやうたつ》は出來《でき》ない。法《はふ》に從《したが》ひ、基本動作《きほんどうさ》を崩《くづ》さず正々堂々《せいせいどうどう》と戰《たゝか》ふべきである。之等《これら》は初學者《しよがくしや》の間《あひだ》に陷《おちゐ》り易《やす》い常《つね》に見《み》る事《こと》どもであるから特《とく》に注意《ちうい》しておく次第《しだい》である。

（四）守勢より攻撃

眞劍勝負《しんけんしようぶ》とか、大事《だいじ》をとる勝負《しようぶ》とか、特別《とくべつ》の場合《ばあひ》を除《のぞ》く外《ほか》は、守勢《しゆせい》よりも攻勢《こうせい》を取《と》つた方《はう》が、有利《いうり》である場合《ばあひ》が多《おほ》いものである。稽古《けいこ》は殊《こと》に守勢的練習《しゆせいてきれんしふ》よりも、攻撃的練習《こうげきてきれんしふ》をしなければ業《わざ》の上達《じやうたつ》は出來《でき》ない、如何《いか》に強《つよ》い業《わざ》を有《いう》する人《ひと》に向《むか》つても、臆《おく》せず屈《くつ》せず攻撃的態度《こうげきてきたいど》に出《い》づべきである。

而《しか》し攻撃的態度《こうげきてきたいど》をとればよいと云《い》つても、防禦的精神《ばうぎよてきせいしん》を沒却《ぼつきやく》して唯單《たゞたん》に攻勢《こうせい》にのみ出《い》づるは桶《をけ》に底《そこ》を入《い》れないで水《みづ》を注《そゝ》ぐと同《おな》じ事《こと》であるから、よく程度《ていど》に注意《ちうい》すべきである。

一刀流《いつたうりう》の傳書《でんしよ》に懸中退退中懸《けんちうたいたいちうけん》と言《い》ふ事《こと》がある、是《これ》は打《うち》かゝるうちに待《まち》（まちかまへるの意）しりぞくうちに懸《かゝ》る（攻撃の意）と言《い》ふ事《こと》にて大《おほひ》に味《あぢは》ふべき事《こと》である。

（五）稽古の相手

稽古《けいこ》の對手《あひて》は、何事《なにごと》に依《よ》らず先輩《せんぱい》か敎師《けうし》が有利《いうり》であるが、殊《こと》に劍道《けんだう》は、間合《まあひ》、氣合《きあひ》、懸引等微妙《かけひきとうびめう》なる修練《しうれん》が必要《ひつえう》であるから、よく敎師《けうし》先輩《せんぱい》に就《つ》いて稽古《けいこ》し、微妙《びめう》なる呼吸《こきふ》を呑《の》み込《こ》む事《こと》に務《つと》むると同時《どうじ》に、己《おの》れの短所《たんしよ》や惡癖《あくへき》を矯正《きやうせい》して貰《もら》ふべきである。

又同輩及同輩以下《またどうはいおよびどうはいいか》の稽古《けいこ》は腕前《うでまへ》を試《ため》し、自信《じしん》を得《う》る特徴《とくちよう》があり興味《きようみ》を覺《おぼ》えるものである。

次《つぎ》に體格《たいかく》が大《おほ》きく力《ちから》の強《つよ》いものは有利《いうり》であり、體格《たいかく》が小《ちい》さく力《ちから》の弱《よは》いものは不利《ふり》であるは勿論《もちろん》であるが、然《しか》し適當《てきたう》なる修行《しうぎやう》を積《つ》めば却《かへ》つて體格《たいかく》の大《おほ》きく力《ちから》の強《つよ》い者《もの》にも勝《か》つことが出來《でき》るものである。

卽《すなは》ち體《からだ》の小《ちい》さい者《もの》は間合《まあひ》を取《と》つて身體《しんたい》を輕捷《けいせう》にはたらかし自由自在《じゆうじざい》千變《べん》萬化《まんくわ》して敵《てき》に應《おう》ずるやう練習《れんしふ》に心掛《こゝろがく》べきである。

（六）　稽古の場所と種類

稽古《けいこ》の場所《ばしよ》は同《おな》じ場所《ばしよ》のみで稽古《けいこ》しないで時々《とき〴〵》場所《ばしよ》を變《か》へた方《はう》がよい、如何《いか》なる場《ば》所《しよ》でも己《おのれ》が技倆《ぎりやう》を充分發揮《じうぶんはつき》し得《う》る修練《しうれん》が必要《ひつえう》である。

稽古《けいこ》の種類《しゆるゐ》には平常《へいぜい》の稽古《けいこ》は勿論《もちろん》獨《ひと》り稽古《けいこ》暑寒稽古《しよかんけいこ》等《とう》がある。獨《ひと》り稽古《けいこ》は充分研究《じうぶんけいこ》工夫《くふう》が出來《でき》、昔《むかし》の達人《たつじん》は山中《さんちう》にて立木《たちき》や動物《どうぶつ》を對手《あひて》に稽古《けいこ》したものである。勝海舟先生《かつかいしうせんせい》が深夜《しんや》王子《わうじ》權現《ごんげん》の境內《けいだい》にて獨稽古《ひとりげいこ》して膽力《たんりよく》を練磨《れんま》したるなどは青少年《せいせうねん》の良訓誨《りやうくんかい》である寒稽古《かんけいこ》暑中稽古《しよちうけいこ》は士氣《しき》を高《たか》め、奮闘心《ふんとうしん》を旺盛《わうせい》ならしむるに有利《いうり》である。そして心身《しん〳〵》鍛錬《たんれん》に一層《そう》の効果《かうくわ》があるものである。

第十二章　試合

（一）試合の精神と注意

試合《しあひ》は對手《あひて》と眞《しん》の實力《じつりよく》を較《くら》べ勝負《しようぶ》を決《けつ》するものであるから、自分《じぶん》の腕前《うでまへ》を知《し》り自信《じしん》力《りよく》を強《つよ》め、勝《か》つても負《ま》けても修行《しうぎやう》上大《じやうだい》なる刺撃《しげき》を受《う》け、發奮努力《はつぷんどりよく》の精神《せいしん》を振興《しんこう》するものである。

試合《しあひ》は勝敗《しようはい》よりは心身《しん〳〵》技術《ぎじゆつ》の鍛錬《たんれん》が大切《たいせつ》で常《つね》に正々堂々《せい〳〵どう〳〵》と戰《たゝか》ふ事《こと》が最《もつと》も必要《ひつえう》である試合《しあひ》に臨《のぞ》んではお互《たがひ》に禮義《れいぎ》を正《たゞ》しうし、對手《あひて》に對《たい》しても敬意《けいい》を表《へう》し、自分《じぶん》の眞《しん》の實力《じつりよく》を充分《じうぶん》に發揮《はつき》し臆《をく》したり怯《きやう》してはならぬ。苟《いやしく》も對手《あひて》を侮蔑《ぶべつ》したり、或《あるひ》は輕卒《けいそつ》とか粗暴《そぼう》とか、卑劣《ひれつ》などの行爲《かうゐ》があつてはならない。

試合《しあひ》に於《お》ける勝敗《しようはい》は實力《じつりよく》が勝《すぐ》れて居《ゐ》る者《もの》が勝《か》ち、劣《おと》つて居《ゐ》る者《もの》が敗《やぶ》れるのが普通《ふつう》であるが、時《とき》に例外《れいぐわい》は免《まぬか》れぬ。勝敗《しようはい》は兵家《へいか》の常《つね》、試合《しあひ》に臨《のぞ》んでは決《けつ》して勝《か》つこと許《ばか》りではない。勝事《かつこと》ばかり知《し》りてまくることを知《し》らざれば害《がい》自《おのづか》ら其身《そのみ》に至《いた》るとは徳川家康《とくがはいへやす》の遺訓《ゐくん》である。勝《か》つて驕《おご》るな、負《ま》けて落膽《らくたん》するな、天狗《てんぐ》は藝《げい》の行止《ゆきどま》りである。天狗《てんぐ》になれば上達《じやうたつ》すべき者《もの》でも上達《じやうたつ》しない。又《また》負《ま》けたからと云《い》つて落膽《らくたん》するのも大禁物《だいきんもつ》である。又大敵《またたいてき》たりとも懼《おそ》れてはならぬ。小敵《せうてき》と見《み》て侮《あなど》つてはならぬ。

劍道《けんだう》の上達《じやうたつ》するには試合《しあひ》の場數《はかず》を多《おほ》く踏《ふ》むことである。何事《なにごと》でも事《こと》に當《あた》り、事《こと》に慣《な》れて而《しか》して後自得《のちじとく》するものである。斯道《しだう》の試合《しあひ》でも如何《いか》に實力《じつりよく》あり、稽古《けいこ》の場合《はあひ》に能《よ》くその實力《じつりよく》を發揮《はつき》することが出來《でき》ても、試合《しあひ》に慣《な》れないとその實力《じつりよく》を發揮《はつき》する事《こと》が出《で》來《き》ぬものである。試合《しあひ》に慣《な》れぬと、氣《き》が落《お》ち附《つ》かず硬《かた》くなり、自由自在《じゆうじざい》に腕《うで》を振《ふる》ふ事《こと》が出來《でき》ぬ。試合《しあひ》の場數《はかず》を多《おほ》く踏《ふ》むと段々《だん〴〵》これに慣《な》れて、自信《じしん》が出來《でき》、能《よ》く相手《あひて》の氣《き》を呑《の》み、場所《ばしよ》を呑《の》んで、落着《おちつ》いて自由《じゆう》の業《わざ》を發揮《はつき》する事《こと》が出來《でき》るものである。

（二）試合の仕方

試合《しあひ》に臨《のぞ》む場合《はあひ》最《もつと》も注意《ちうい》す可《べ》きは策戰《さくせん》である。策戰《さくせん》は勝敗《しようはい》の運命《うんめい》に多大《ただい》の關係《くわんけい》を有《いう》すものである。試合《しあひ》の場合《はあひ》には對手《あひて》を能《よ》く知《しつ》て居《ゐ》る場合《はあひ》もあれば、全然《ぜんぜん》知《し》らない場合《はあひ》もあるが、對手《あひて》を知《し》り、其《そ》の業《わざ》を知《し》つて居《ゐ》る場合《はあひ》には、其《そ》の業《わざ》の特長《とくちやう》や缺點《けつてん》を能《よ》く考《かんが》へ、これに對應《たいおう》する樣《やう》に策戰《さくせん》を計畫《けいくわく》し、知《し》らない場合《はあひ》は、知《し》らないものとして、これに對《たい》する計畫《けいくわく》をなして臨《のぞ》むことが必要《ひつえう》である。

名人達人《めいじんたつじん》の試合《しあひ》は別《べつ》として、試合《しあひ》は時《とき》に依《よ》つて千變萬化《へんはしくわ》の方法《はうはふ》を取《と》らねばならぬが一般《はん》に、機先《きせん》を制《せい》するが良《よ》い。退嬰的《たいえいてき》な、防禦的《はうぎよてき》な受《う》け太刀《たち》となるよりは、攻擊的《こうげきてき》に能《よ》く機先《きせん》を制《せい》することに努《つと》めるがよい。後《のち》の先《せん》の業《わざ》で勝《か》つよりは、先《せん》の業《わざ》で勝《かち》を占《し》めるが良《よ》い、敗《やぶ》れない事《こと》を期《き》するよりは、勝《か》つことを期《き》するがよい。

（三） 勝負の付け方に就いて

試合《しあひ》では自分《じぶん》の撃突《げきとつ》が正確《せいくわく》で、確《たしか》に勝《かち》を占《し》めたと思《おも》ふ場合《はあひ》に構《かまへ》を解《と》いて勝《かち》を付《つ》けるのが普通《ふつう》である。勝《かち》を付《つ》けるとは、確《たしか》に勝《か》つたと思《おも》ふ時《とき》、試合《しあひ》の一區切《くぎり》を付《つ》ける事《こと》を云《い》ふのである。

勝《かち》の付《つ》け方《かた》は、竹刀《しなひ》を兩手《りやうて》にした儘《まゝ》、或《あるひ》は片手《かたて》にした儘《まゝ》、構《かまへ》を解《と》いて、體勢《たいせい》を崩《くづ》さないで眼《め》を對手《あひて》に附《つ》け、心《こゝろ》を殘《のこ》し更《さら》にどんな變《へん》にも應《おう》じ得《う》るやうな態度《たいど》をとる。決《けつ》して撃突《げきとつ》が不確《ふくわく》であるのに無暗《むやみ》に勝《かち》を付《つ》けたり、態度《たいど》を崩《くづ》して横《よこ》を向《む》いたり、殊更《ことさら》に跳《とび》歩《ある》いて見《み》て體裁《ていさい》を作《つく》つたり、竹刀《しなひ》で下地《した》を叩《た》いたり、或《あるひ》は審判者《しんぱんしや》の方《はう》を向《む》いて判斷《はんだん》を催促《さいそく》する様《やう》な不體裁《ふていさい》は、大《おほひ》に戒《いまし》めなくてはならない。

勝負《しようぶ》が付《つ》いて、審判者《しんぱんしや》の聲《こゑ》が掛《かゝ》つたならば、審判者《しんぱんしや》の審判《しんぱん》は神聖《しんせい》なもの、正當《せいたう》なものとして、之《これ》には服從《ふくじう》しなければならぬ。審判《しんぱん》に就《つ》いて不平《ふへい》を漏《も》らしたり、抗議《かうぎ》がましい事《こと》は絶對《ぜつたい》に爲《な》してはならぬ。自分《じぶん》としては撃《う》ち、突《つき》が確《たし》かであつたと思《おも》つても不《ふ》充分《じうぶん》な場合《ばあひ》があり、自分《じぶん》の撃《う》たれ方《かた》や、突《か》かれ方《かた》が、不充分《ふじうぶん》であると思《おも》つても確《たし》かな場合《ばあひ》があつて、これ等《ら》は總《す》べて審判者《しんぱんしや》の裁斷《さいだん》を待《ま》つべきものである。固《もと》より審判者《しんぱんしや》の審判《しんぱん》としても、時《とき》に間違《まちが》ひが無《な》いとは限《かぎ》らないが、他《た》に多《おほ》くの立會人《たちあひにん》や注意《ちうい》する人《ひと》も居《ゐ》て相違《さうゐ》は先《ま》づ無《な》いものとするのが至當《したう》である。故《ゆゑ》に審判者《しんぱんしや》の審判《しんぱん》には絶對《ぜつたい》に服從《ふくじう》しなければならない。

（四）試合の場所

試合《しあひ》は豫《かね》て慣《な》れた場所《ばしよ》ですることもあり、全然《ぜん〳〵》慣《な》れない場所《ばしよ》であることもあるが、試合《しあひ》の場合《ばあひ》は、能《よ》く場所《ばしよ》に氣《き》を付《つ》け、先《ま》づ、試合《しあひ》の前《まへ》に場所《ばしよ》の廣狹《くわうきよう》や、下地《した》の狀態《じやうたい》、周圍《しうゐ》の模樣《もやう》を能《よ》く觀察《くわんさつ》し、場所《ばしよ》を有利《いうり》に試合《しあ》ふことが必要《ひつえう》である。試合《しあひ》の時《とき》は成可《なるべ》く自分《じぶん》の後《あと》に相當活動《さうたうくわつどう》の餘地《よち》を置《お》く事《こと》を考《かんが》へなくてはならない。後《あと》に餘裕《よゆう》が無《な》く、壁《かべ》や殊《こと》に野外等《やぐわうなど》では參觀者《さんくわんしや》の爲《ため》に體《たい》を崩《くづ》す樣《やう》なことが起《おこ》るのは場所《はしよ》に對《たい》する不注意《ふちうい》からで、野外等《やぐわうなど》では殊に場所《はしよ》に對《たい》する注意《ちうい》が必要《ひつえう》である。卽《すなは》ち日光《につくわう》の射《さ》す方向等《はうかうなど》から、思《おも》ひ掛《が》けない敗北《はいほく》を見《み》ることがある。

第十三章　劍道用具

(一)　着裝用具

修業《しうげふ》では稽古着《けいこぎ》、袴《はかま》を着用《ちやくよう》し、面下又《めんしたまた》は手拭《てぬぐひ》を用《もち》ふる。是等着裝用具《これらちやくそうようぐ》の如何《いかん》は、活動《くわつどう》の自動《じどう》、不自由《ふじゆう》に關係《くわんけい》し、又《また》その人《ひと》の品位《ひんゐ》體裁威力《ていさいゐりよく》にも關係《くわんけい》するものである。故《ゆゑ》に華美贅澤《くわびぜいたく》は大《おほ》いに戒《いまし》めなければならぬが、不體裁《ふていさい》に流《なが》れない樣《やう》、且實用的《かつじつようてき》であり、活動上最《くわつどうじやうもつと》も便宜《べんぎ》なものでなければならぬ。是等《これら》の用具《ようぐ》は兎角汗其他不潔《とかくあせそのたふけつ》に陷《おちゐ》り易《やす》いものであるから、度々洗濯《たびたびせんたく》し、或《あるひ》は日《ひ》に干《ほ》して、衞生上遺憾《ゑいせいじやうゐかん》なき樣《やう》にしなければならない。

（二）防具の着け方

防具《はうぐ》は面《めん》、籠手《こて》、胴《どう》、垂《たれ》で防具《はうぐ》そのものが各自《かくじ》の身體《しんたい》に能《よ》く適合《てきがふ》し、そうして撃突《げきとつ》に對《たい》しては身體《しんたい》を安全《あんぜん》に防禦《はうぎよ》し得《う》ることが生命《せいめい》である。

防具《はうぐ》の着《つ》け方《かた》は稽古着《けいこぎ》に袴《はかま》の服裝《ふくそう》の上《うへ》へ垂《たれ》、胴《どう》を着《つ》け、次《つぎ》に面《めん》を着《つ》け、終《おは》りが籠手《こて》の順序《じゆんじよ》で、何《いづ》れも紐《ひも》を固《かた》く結《むす》ぶ。特《とく》に氣《き》を附《つ》けなければならぬのは胴《どう》と面《めん》である。試合中《しあひちう》に胴《どう》や面《めん》の紐《ひも》が解《と》ける様《やう》な

第八十七圖　胴と垂れ

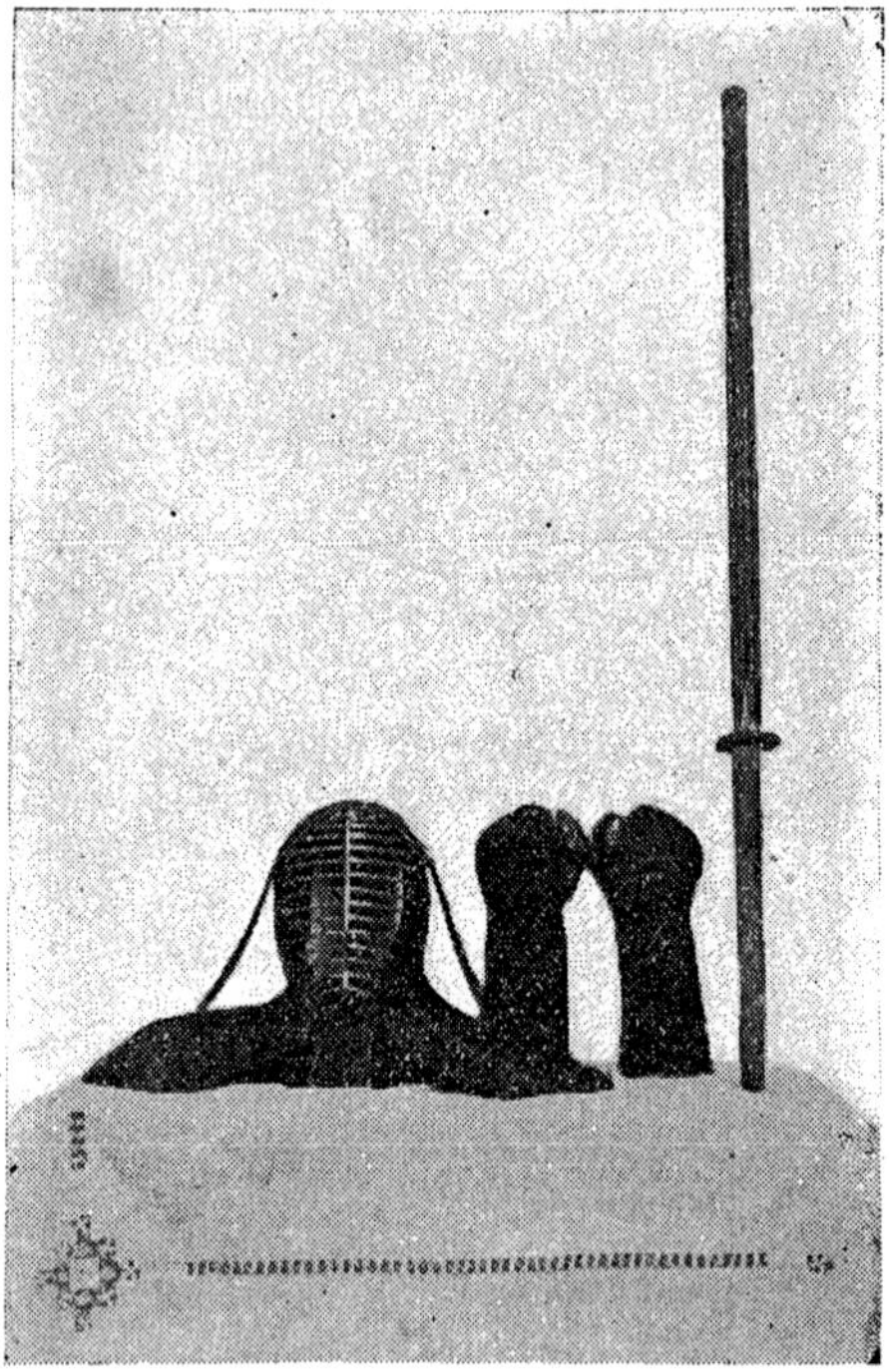

第八十八圖　面、籠手、竹刀

ことがあつては、不體《ふてい》裁《さい》ばかりではなく危險《きけん》である。胴《どう》は上紐《うはひも》を背《せ》中《なか》に筋違《すぢちが》ひになる様《やう》にして胴上部《どうじやうぶ》の乳《ちゝ》に結《むす》ぶのであるが、結《むす》び方《かた》は引解《ひきほど》き結《むす》びに確實《くわくじつ》にする。或《あ》ひは人《ひと》に依《よ》つて乳《ちゝ》を通《とほ》して兩方《りやうはう》の紐《ひも》を首《くび》の後《うしろ》で結《むす》ぶ者《もの》もあるが、これは良《よ》くない。面《めん》の着《つ》け方《かに》は先《ま》づ上《あが》り下《さが》りの無《な》い様《やう》に冠《かぶ》り、紐《ひも》は最初後《さいしようしろ》に廻《まは》し、次《つぎ》に面《めん》の下部《かぶ》、面金《めんがね》と面垂《めんたれ》との境《さかひ》のところに廻《まは》し、それから面《めん》の上部面金《じやうぶめんがね》と布團《ふとん》の境《さかひ》のところに廻《まは》すので其時《そのとき》、面《めん》の中《うち》、金《かね》の下《した》に通《とほ》せば更《さら》に確實《くわくじつ》である。そうして後《うしろ》に廻《まは》してかたく結《むす》ぶのである。

(三) 防具の取扱

稽古《けいこ》に使《つか》つた後《あと》で防具《ばうぐ》は、組合《くみあは》せて、一纏《ひとまと》めにし、なるべく風通《かぜとほ》しのよい場所《ばしよ》に懸《か》けて置《お》き、度々《たび〳〵》日光《につくわう》に干《ほ》すが良《よ》い、此《こ》の纏《まと》め方《かた》には色々《いろ〳〵》の方法《はつはふ》があるが、垂《たれ》を裏返《うらがへ》しにして先《ま》づ垂紐《たれひも》を胴《どう》に結《むす》び、胴《どう》の上紐《うへひも》を以《もつ》て十文字《もんじ》に垂《たれ》の上《うへ》より結《むす》び付《つ》け、別《べつ》に面紐《めんひも》を面金《めんがね》の上部《じやうぶ》に通《とほ》して結《むす》び合《あは》せ、面紐《めんひも》が面《めん》の上部《じやうぶ》に付《つ》いて居《ゐ》る場合《はあひ》

第八十九圖　整頓の仕方

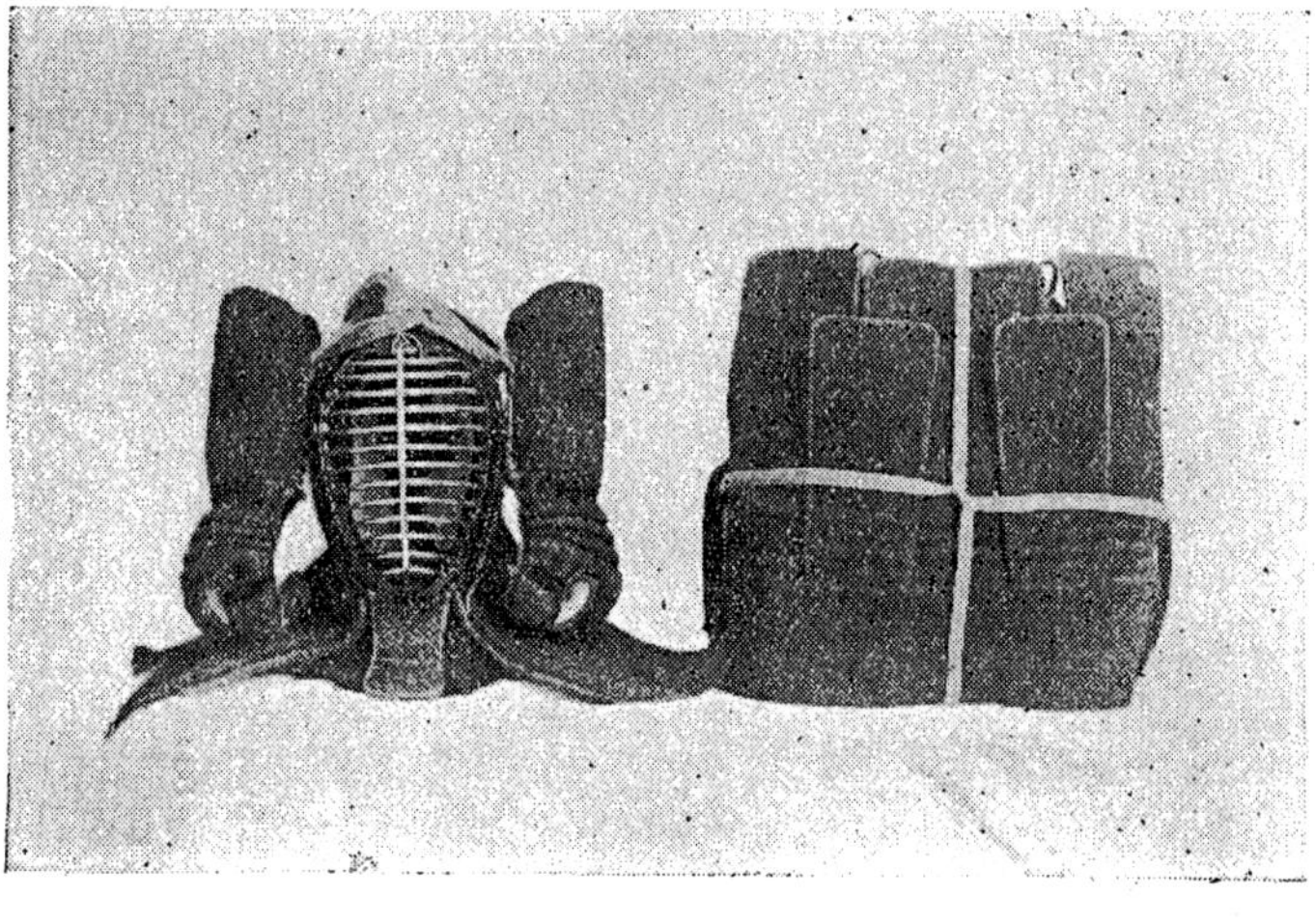

はその儘《まゝ》、折《を》り屈《こ》げられた二つの紐《ひも》で、籠手《こて》が面《めん》の兩面《りやうめん》に下《さが》る様《やう》に籠手紐《こてひも》を通《とほ》し、さうして面紐《めんひも》を胴《どう》の乳《ち》に通《とほ》して結《むす》び、最後《さいご》に胴《どう》の下紐《したひも》を結《むす》んで一纏《ひとまと》めにするのである。

籠手《こて》を面《めん》の内側《うちかは》に入《い》れるやうに纏《まと》める方法《はうはふ》もあるが、面《めん》の内側《うちかは》は汗《あせ》に汚《よご》れることが多《おほ》いので、成《な》るべく風通《かぜとほ》しを良《よ》くし、乾《かは》かす爲《ため》に、面《めん》の外側《そとかは》に結《むす》び付《つ》けるのである。

そして風通《かぜとほ》しの良《よ》い場所《ばしよ》に懸《か》けて置《お》くのであるが、面《めん》の中側《なかがは》は衞生上《ゑいせいじやう》最《もつと》も清潔《せいけつ》を要《えう》する箇所《かしよ》であるに拘《かゝは》らず、兎角《とかく》不潔《ふけつ》になり易《やす》いものであるから、時折《ときをり》掃除《さうぢ》し、總《すべ》て清潔《せいけつ》を保《たも》つことに心懸《こゝろが》る事《こと》が肝要《かんえう》である。

(四) 刀　劍

刀劍《たうけん》は我《わ》が國古來《くにこらい》の武器《ぶき》の主《おも》なものであつて、實《じつ》に世界《せかい》に誇《ほこ》るべき發達《はつたつ》をなし來《き》た。實際上《じつさいじやう》にも、又美術的《またびじゆつてき》にも大《おほ》きな價値《かち》を有《いう》するもので、劍道《けんだう》では、刀劍《たうけん》を用《もち》ひるのが本體《ほんたい》であつて修業《しうげふ》に木刀《ぼくたう》や竹刀《しなひ》を用《もち》ひるのはこれが代用《だいよう》である。而《しか》して斯道《しだう》で刀劍《たうけん》の重《おも》んずべきことは今更《いまさら》云ふ迄《まで》もないことで、劍道《けんだう》を修《おさ》むるものは、これが使用《しよう》に達《たつ》することは勿論《もちろん》、刀劍《たうけん》のどんなものであるか、刀劍《たうけん》の性質《せいしつ》なり、種類《しゆるゐ》なり、總《すべ》てこれに關《くわん》する知識《ちしき》を持《も》ち、且《かつ》これが取扱《とりあつか》ひに就《か》いて大體《だい〱》を心得《こゝろえ》て居《ゐ》なくてはならない。

而《しか》るに、今日《こんにち》の修行《しうぎやう》をなす者《もの》は、動《やゝ》もすればこれに對《たい》する了解《れうかい》が尠《すくな》く、之《これ》に親《した》しみ之《これ》に慣《な》れることが罕《まれ》で、之《これ》は修業上《しうげふじやう》の大缺點《だいけつてん》である、修業者《しうげふしや》は能《よ》く刀劍《たうけん》そのものを了《れう》解《かい》し、そうして平素《へいそ》これを以《もつ》て實際《じつさい》の撃方《うちかた》、突方《つきかた》或《あるひ》は手《て》の締《しま》り、其《そ》の他《た》あらゆる業《わざ》の工夫研究《くふうけんきう》をなすことが必要《ひつえう》である。

一體《いつたい》竹刀《しなひ》や木刀《ぼくたう》と刀劍《たうけん》との間《あひだ》には、誰《たれ》も知《し》る通《どほ》りの差異《さゐ》があり、竹刀《しなひ》や木刀《ぼくたう》を以《もつ》ての修業《しうげふ》は、動《やゝ》もすると實際《じつさい》に遠《とほ》ざかり、實際上不合理《じつさいじやうふがふり》になることがあつて、刀劍《たうけん》を持《も》つて初《はじ》めて悟《さと》り、眞劍《しんけん》なる劍技《けんぎ》の確信《かくしん》を得《う》ることが少《すくな》くないものである。

刀劍各部《たうけんかくぶ》の名稱《めいしよう》は上圖《じやうづ》に依《よ》つて示《しめ》してあるから會得《えとく》すべきである。

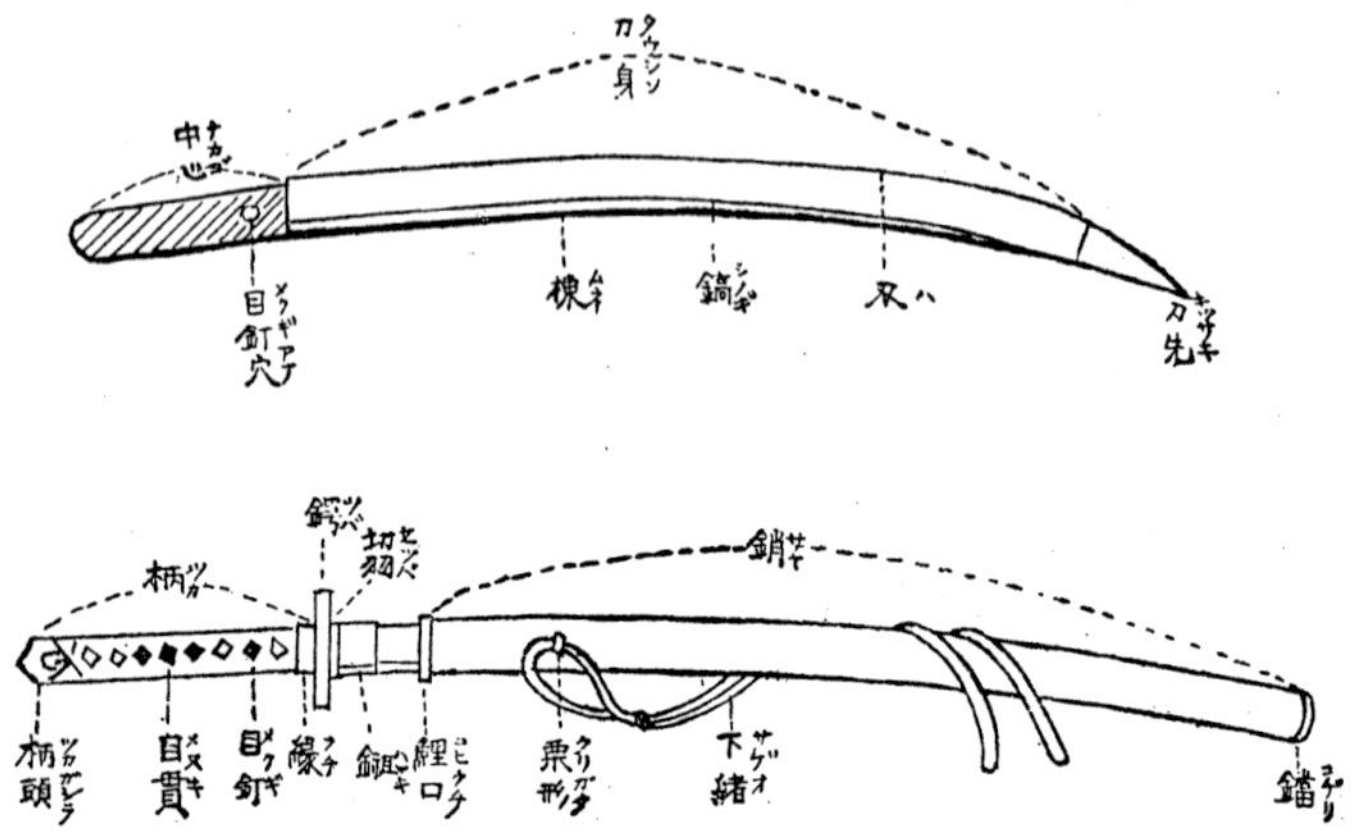

第九十圖　刀劍各部の名稱

(五)竹刀

刀劍《たうけん》の代用《だいよう》として修業《しうげふ》に用《もち》ひられるものは、木刀《ぼくたう》と竹刀《しなひ》とであるが、木刀《ぼくたう》は昔時《せきじ》に於《おい》ては多《おほ》く用《もち》ひたが、當今《たうこん》は木刀《ぼくたう》は形《かた》とか基本動作《きほんどうさ》の練習《れんしふ》の他《ほか》餘《あま》り用《もち》ひられないから、木刀《ぼくたう》の方《はう》は省《はぶ》いて、竹刀《しなひ》のみを說明《せつめい》する事《こと》とした。

竹刀《しなひ》は其《そ》の長短《ちやうたん》、大小《だいせう》、又《また》輕重《けいちよう》に就《つ》いては、人《ひと》によつて色々《いろ〳〵》に說《と》いて居《ゐ》るが、大體《だいたい》其《そ》の人《ひと》の年齡《ねんれい》や體格《たいかく》、體力《たいりよく》の如何《いかん》に據《よ》るべきもので、大人《おとな》は大人《おとな》、小供《こども》は小《こ》供《とも》、體力《たいりよく》が勝《すぐ》れて居《ゐ》る者《もの》はそれに適《てき》する様《やう》、又體力《またたいりよく》の弱《よは》い者《もの》はそれに應《おう》ずると云《い》ふことが至當《したう》である。

竹刀《しなひ》の長《なが》さは、昔《むかし》は一時《じ》餘《よ》程長《ほどなが》いものを使用《しよう》した者《もの》もあつたと云《い》ふが、今日《こんにち》は大人《おとな》用《よう》としては三八と云《い》つて三尺八寸《じやくすん》を普通《ふつう》とし、山岡流《やまをかりう》では三尺二寸《じやくすん》のを用《もち》ひて居《ゐ》る。小供《こども》のは勿論大人《もちろんおとな》用《よう》よりは短《みぢか》く、且細《かつほそ》いのが當然《たうぜん》で、先《ま》づ小學《せうがく》の五六年《ねん》であれば三尺《じやく》四寸《すん》、中學《ちうがく》の二三年《ねん》であれば三尺六寸位《じやくすんぐらゐ》が適當《てきたう》である。

山岡鐵舟先生《やまをかてつしうせんせい》は始《はじ》め四尺以上《しやくいじやう》の長刀《ちやうたう》を用《もち》ひられたが技術《ぎじゆつ》の熟達《じゆくたつ》後無刀流《ごむたうりう》を開《ひら》き三尺《じやく》二寸《すん》を用《もち》ふる事《こと》とされた。逸見宗助先生《へんみそうすけせんせい》も始《はじめ》は長刀《ちやうたう》を用《もち》ひられたが後常《のちつね》に三尺五六寸《じやくすん》を用《もち》ひられたのである。

第九十一圖

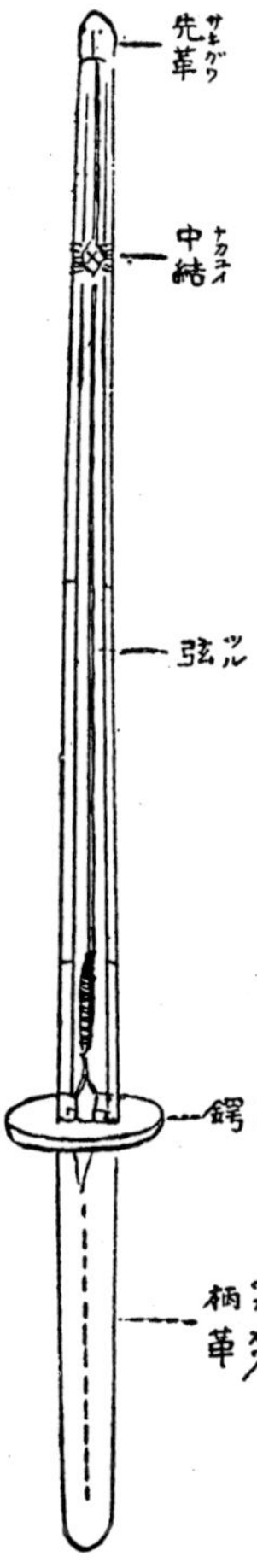

(六) 竹刀の取扱ひ

竹刀《しなひ》は眞劍《しんけん》の代用《だいよう》であつて、大切《たいせつ》に取扱《とりあつか》はなければならぬは勿論《もちろん》刀劍《たうけん》を愛《あい》すると同《どう》様《やう》竹刀《しなひ》をも愛《あい》し、これを鄭重《ていちやう》に取扱《とりあつか》はねばならぬ。例《たと》へばこれを跨《また》ぐ様《やう》な事《こと》さへ非禮《ひれい》と心得《こゝろえ》て、これを戒《いまし》むべきである。ところが今日《こんにち》の修業《しうげふ》を爲《な》す者《もの》は、動《やゝ》もすれば一種《しゆ》の運動器具《うんどうきぐ》のやうに心得《こゝろえ》て、粗略《そりやく》にする傾《かたむき》があるが、これは大《おほひ》に戒《いまし》めなくてはならぬ特《とく》に注意《ちうい》しなくてはならぬのは常《つね》に破損《はそん》の點《てん》のない様《やう》に整《とゝの》へて置《お》くこと、先革《さきかは》や中結《なかなすび》、或《あるひ》は弦《つる》や、竹《たけ》に損傷《そんしやう》した點《てん》がある儘《まん》で用《もち》ひるのは、思《おも》はない怪我《けが》をすることがあるから充分《じうぶん》に注意《ちうい》しなくてはならぬ。

第十四章　劍道史と流派

劍道《けんだう》は我《わ》が國有史以前《くにいうしいぜん》から其《そ》の創始的《そうしてき》のものがあつた、即《すなは》ち神代《かみよ》より天沼矛《あめのぬはこ》といふ兩刄《りやうは》のものがあり、武甕槌命《たけひつちのみこと》、經津主命《へつねしのみこと》が十握《にぎり》の劍《けん》を拔《ぬ》いてさかさに鉾《ほこ》の端《はし》を地《ち》に立《た》て、之《こ》れに腰《こし》かけられた等《など》の記錄《きろく》がある。

又天照大神《またあまてらすおほかみ》が御弟素盞嗚命《おんおと、すさなふのみこと》の暴狀《ばうじやう》を戒《いま》しめる爲《ため》に、十握《あく》の劍《けん》、九握《あく》の劍《けん》、八握《あく》の劍《けん》の三振《ふり》を帶《たい》し給《たま》ふたといふ記錄《きろく》もある。

其《そ》れから素盞嗚命《すさなふのみこと》が八頭《やつがしら》の蛇《へび》を劍《けん》を以《も》つて退治《たいぢ》された話《はなし》や、日本武尊《やまとたけるのみこと》が劍《けん》を以《も》つて賊《ぞく》を刺《さ》し給《たま》ひし話《はなし》、下《くだ》つて鎭西八郎爲朝《ちんぜいらうためとも》が筑紫《つくし》にゐて敎高《のりたか》といふ者《もの》に刀法《たうはふ》を學《まな》んだ事《こと》、義經《よしつね》が武藝《ぶげい》に長《ちやう》じてゐた事等《ことなど》が歷史《れきし》に見《み》えてゐる。

之等《これら》は今日行《こんにちおこな》はれてゐる武道《ぶだう》とは勿論懸隔《もちろんかけへだて》のあるものであらうが、而《し》かも其《そ》の起源《きげん》をなした事《こと》は爭《あらそ》はれぬ事實《じじつ》である。

而《しか》して劍道《けんだう》が其《そ》の形《かたち》を爲《な》し、興隆發展《こうりうはつてん》し來《きた》つたのは、足利氏《あしかゞし》の末期《まつき》から後《のち》である。戰國時代《せんごくじだい》を經《へ》て、德川時代《とくがはじだい》の初期《しよき》に至《いた》る間《あひだ》は、戰亂又戰亂《せんらんまたせんらん》で實地《じつち》に其《そ》の必要《ひつえう》に迫《せま》られ眞劍《しんけん》に研磨修練《けんましうれん》され從《したが》つて斯道《しだう》の興隆《こうりう》となり、有名《いうめい》なる達人《たつじん》が輩出《はいしゆつ》したのである。

劍道《けんだう》の流派《りうほ》は、足利氏《あしかゞし》の末葉《まつえう》に、斯道《しだう》の達人《たつじん》が輩出《はいしゆつ》し互《たがひ》に流派《りうは》を開《ひら》いて、名《な》をなしたのに初《はじ》まり、德川氏《とくがはし》の中頃《なかごろ》に至《いた》るまで其《そ》の數《すう》二百を以《も》つて數《かぞ》ふるに至《いた》つたのである。

以下《いか》其《そ》の重《おも》なるものを擧《あ》げて見《み》る事《こと》とした。勿論《もちろん》此《こ》の他《た》にも流派《りうは》はあるが、一々《いち〳〵》其《そ》れを記憶《きおく》する必要《ひつえう》はないであらう。

（一）鹿島神陰流　杉元政元

鹿島神流《かしましんりう》の元祖《ぐわんそ》である、常陸國《ひたちのくに》の住人《ぢうにん》常《つね》に鹿島神宮《かしまじんぐう》に祈《いの》り、一夜《や》靈《れい》を蒙《かふむ》り、一卷《くわん》の書《しよ》を得《え》た。（源《げん》九郎義經《らうよしつね》奉納《ほうなふ》の書《しよ》といふ）正《まさ》しくこれ神傳《しんでん》であると云《い》ふので鹿島神陰流《かしましんかげりう》といふた。

（二）神陰流　上泉秀綱

上州《じやうしう》の人《ひと》である。長野信濃守《ながのしなののかみ》に仕《つか》へて箕輪城《みのわじやう》に居《を》り武功《ぶこう》最《もつと》も盛《さかん》である。鹿島神陰流《かしましんかげりう》の祖《そ》杉本政元《すぎもとまさもと》に從《したが》ひ、奧義《おうぎ》を悟《さと》り、後稱《のちしよう》して神陰流《しんかげりう》と更《あらた》めた。永祿《えいらく》六年《ねん》長野家《ながのけ》が信玄《しんげん》の爲《ため》に滅亡《めつぼう》した、信玄秀綱《しんげんひでつな》を麾下《きか》に招《まね》いたが辭《じ》して仕《つか》へず、諸州《しよしう》に遊《あそ》んだ。門人《もんじん》少《すく》なからず、其《そ》の宗《しう》を得《え》た者《もの》が多《おほ》い、卽《すなはち》、神後伊豆守《しんごいづのかみ》、疋田文五郎《ひきだぶんごらう》、柳生但馬守《やぎふたじまのかみ》、丸女藏人《まるめくらんど》太夫《だいふ》、那河彌左衞門《なかやざゑもん》、塚原卜傳《つかはらぼくでん》、磯畑伴藏《いそはたはんぞう》、奧山彌次郎《おくやまやじらう》等《とう》である。

（三）卜傳流　塚原卜傳

常州《じやうしう》塚原《つかはら》の人《ひと》、父《ちゝ》は土佐守《とさのかみ》、飯篠長威齋《いひしのちやういさい》に學《まな》び刀槍《たうさう》の術《じゆつ》に達《たつ》した。兄新左衛門《あにしんざゑもん》不幸《ふかう》にして早逝《さうせい》した。そこで卜傳《ぼくでん》兄《あに》の傳脈《でんみやく》を繼《つ》ぎ、諸州《しよしう》を修行《しうぎやう》して上泉伊勢守《かみいづみいせのかみ》の門に入《い》り奥義《おうぎ》を極《きは》めた。列侯諸士《れつかうしよし》の入門《にふもん》する者多《ものおほ》く、傑出《けつしゆつ》した者《もの》は勢州國司《せいしうこくし》北畠具教《きたはたけとものり》、松岡兵庫助《まつをかへうごのすけ》である、松岡兵庫助《まつをかへうごのすけ》の門《もん》からは甲頭刑部少輔《かうとうけいぶせうほ》、多田右馬助《ただうめのすけ》等傑出《とうけつしゆつ》した。

（四）疋田陰流　疋田文五郎

上泉伊勢守《かみいづみいせのかみ》の甥《おひ》で小伯《せうはく》と號《がう》した。上泉《かみいづみ》に從《したが》ひ、諸州《しよしう》を修業《しうげふ》し神妙《しんめう》を得《え》、その技《ぎ》を以《もつ》て關白秀次《くわんはくひでつぐ》に謁《えつ》した。從遊《じうゆう》の士《し》多《おほ》く、山田浮月齋《やまだふげつさい》、中井《なかゐ》新《しん》八等《とう》は其《そ》の宗《しう》を得《え》た。今日《こんにち》に至《いた》つて疋田陰流《ひきだかげりう》といひ、末流《まつりう》が諸州《しよしう》にある。

（五）神影流　　奥山公重

奥平家《おくだひらけ》の末裔《まつえい》である。上泉伊勢守《かみいづみいせのかみ》の正統《せいとう》を繼《つ》いで三州《しう》に住《す》み、日夜《にちや》産神《うぶがみ》の社《やしろ》に詣《もう》で夢《ゆめ》に神詫《しんたく》を蒙《かふむ》り神陰《しんかげ》を改《あらた》めて神影《しんかげ》と號《がう》した。後《のち》劍《けん》を舞《ま》ふこと影《かげ》の形《かたち》に隨《したが》ふ樣《やう》であつた。初《はじ》めに東照宮《とうせうぐう》に奉仕《ほうし》し、秀忠公《ひでたゞこう》及《および》御連枝《ごれんし》に至《いた》り以《もつ》て兵法《へいはふ》の奧義《おうぎ》を奉授《ほうじゆ》した。

（六）眞新陰流　　小笠原長治

源姓《みなもとせい》で玄信齋金左衞門尉《げんしんさいきんざゑもんのじよう》と號《がう》す、奥山公重《おくやまきみしげ》に從《したが》つて精妙《せいめう》であり。後入唐《のちにふとう》して妙術《めうじゆつ》を得《え》、歸《かへ》つて神影《しんかげ》の名《な》を改《あらた》めて眞新陰《しんくかげ》と云《い》つた。

（七）直心流　　神谷眞光

最《もつと》も英雄《えいゆう》である。眞新陰流《しんくかげりう》を學《まな》び、後改《のちあらた》めて直心流《ぢきしんりう》と云《い》つた。神《しん》は則《すなはち》心《しん》である。

（八）眞心正統流　　高橋重治

寛永《くわんえい》、元祿《げんろく》の間《あひだ》大《おほ》いに鳴《な》つた。流派《りうは》多端《たたん》で支流《しりう》と混同《こんどう》するのを歎《なげ》き、眞心正統流《しんくせいとうりう》と改《あらた》めた。神谷眞光《かみやしんくわう》の弟子《でし》である、重治《しげはる》の後《あと》を受《う》けついだのは山田光德《やまだみつのり》である。

（九）天眞正傳神道流　　飯篠長威齋

杉元備前守政元《すぎもとびぜんのかみまさもと》の時代《じだい》の人《ひと》、下總國香取郡飯篠村《しもふさのくにかとりぐんいひしのむら》の生《うま》れで、山城守《やましろのかみ》と號《がう》した。幼弱《えうじやく》の頃《ころ》から刀槍《たうさう》の術《じゆつ》を好《この》んで精妙《せいめう》を得《え》、常《つね》に鹿島《かしま》、香取神宮《かとりじんぐう》に祈《いの》り、その技術《ぎじゆつ》を天下《てんか》に顯《あらは》さうとし遂《つひ》に絶妙《めうぜつ》を悟《さと》つた。刀槍《たうさう》を中興《ちうこう》した始祖《しそ》である。天眞正傳神道流《てんしんしやうでんしんだうりう》と云《い》ふ。從遊《じうゆう》の士《し》が少《すく》なかつたが、傑出《けつしゆつ》した者《もの》諸岡《もろをか》一羽《は》、塚原土佐守《つかはらとさのかみ》、松平備前守政信《まつだひらびぜんのかみまさのぶ》等《とう》である。

（一〇）一羽流　　諸岡一羽

常州《じやうしう》江戸崎《えどざき》に居《を》り、飯篠長威齋《いひしのちやうゐさい》に從《したが》つて精妙《せいめう》を得《え》た。その門《もん》に傑出《けつしゆつ》した者《もの》岩間小熊《いはまこくま》、土子土呂助《つちこどろのすけ》、根岸兎角《ねぎしとかく》等である。一羽《は》は後《のち》天刑病《てんけいびやう》に侵《をか》され前記《ぜんき》三人《にん》の弟子《でし》に伴《ともな》はれ、江戸崎《えどざき》の山奥《やまをく》に隱《かく》れて居《ゐ》た時《とき》、兎角《とかく》は師《し》を捨《す》てゝ東武《とうぶ》に走《はし》り、改《あらた》めて微塵流《みぢんりう》と號《がう》した。そこで岩間《いはま》、土子《つちこ》等《ら》がその不義《ふぎ》を惡《にく》み、岩間小熊《いはまこくま》が江戸《えど》に來《き》て兎角《とかく》と勝負《しようぶ》を爲《な》し、岩間《いはま》は之《これ》に勝《か》つて芳名《はうめい》海内《かいない》に徧《あまね》きに至《いた》つた。文祿年中《ぶんろくねんちう》の事《こと》である。

（一一）心貫流　　丸目藏人太夫

平安城《へいあんじやう》の人《ひと》で北面《ほくめん》の士《し》である。上泉秀綱《かみいづみひでつな》に就《つ》いて刀槍《たうさう》の術《じゆつ》に達《たつ》した。後《のち》西國《さいこく》に移《うつ》り改《あらた》めて心貫流《しんくわんりう》と云《い》つた。末流《まつりう》が多《おほ》く奥山左衛門太夫《おくやまさゑもんだいふ》その宗《しう》を得《え》た。

（一二）有馬流　　有馬大和守乾信

松平《まつだひら》備前守《びぜんのかみ》政信《まさのぶ》に從《したが》つて天眞正傳神道流《てんしんせいでんしんだうりう》の刀槍《たうきう》に達《たつ》し武名《ぶめい》があつた。後世《こうせい》此《こ》の傳《でん》を指《さ》して有馬流《ありまりう》と云《い》ふ。門《もん》に柏原《かしはばら》篠兵衞《しのべゑ》盛重《もりしげ》がある。

（一三）天道流　　齋藤判官傳鬼

相州《さうしう》の人《ひと》である。北條氏康《ほうでううぢやす》に仕《つか》へ、金平《かねひら》と號《がう》した。壯年《さうねん》の頃《ころ》から武藝《ぶげい》を好《この》み、鶴岡《つるがをか》八幡宮《はちまんぐう》に參籠《さんろう》し、嘗《かつ》て靈夢《れいむ》の瑞《きざし》あり、潜《ひそか》に天流《てんりう》と稱《しよう》し、又天道流《またてんだうりう》といつた。門人《もんじん》では多加谷《たがたに》修理《しうり》太夫《だいう》重繼《しげつぐ》、齋藤《さいとう》實子《みのこ》法玄《はふげん》である。此《こ》の實子《みのこ》法玄《はふげん》の門《もん》に齋藤牛之助《さいとううしのすけ》、人見《ひとみ》熊之助《くまのすけ》等《とう》傑出《けつしゆつ》した。

（一四）中　條　流

中條兵庫助長秀

相州鎌倉《さうしうかまくら》の人《ひと》である。地福寺《ぢふくじ》の僧《そう》、慈音《じおん》より刀槍《たうさう》の術《じゆつ》を學《まな》び、數年《すうねん》にして蘊奥《うんおう》を得《え》た。その門人《もんじん》甲斐豐前守《かひぶぜんのかみ》、大橋勘解由左衞門《おほはしかげゆさゑもん》等名高《とうなだか》い。

（一五）富　田　家　祖

富田九郎右衞門

越前朝倉家《ゑちぜんあさくらけ》の臣《しん》である。刀術《たうじゆつ》を大橋勘解由左衞門《おほはしかげゆさゑもん》に學《まな》び、その宗《しう》を得《え》た。その子治《こぢ》部左衞門《ぶさゑもん》父《ちゝ》の家業《かげふ》を繼《つ》ぎ、その子治郎左衞門《こぢろうさゑもん》その藝《げい》を繼《つ》いで前田利家《まへだとしいへ》に仕《つか》へ、富田流《とみたりう》と稱《しよう》した。

富田《とみた》五郎左衞門《らうざゑもん》勢源《せいげん》は治部左衞門《ぢぶざゑもん》の嫡子《ちやくし》で、治郎左衞門《ぢらうざゑもん》の兄《あに》である。越前宇坂《ゑちぜんうさか》の莊《しやう》一乘淨敎寺《じようじやうけうじ》に生《うま》れ、眼病《がんびやう》の爲《ため》に父《ちゝ》の遺跡《ゐせき》を弟治郎左衞門《おとゝぢろうざゑもん》に讓《ゆづ》つた。永祿《えいろく》三年《ねん》五月《ぐわつ》、濃州《のうしう》に住《す》んだ。その時常州鹿島《ときじやうしうかしま》の人梅津《ひとうめづ》といふ者《もの》と術《じゆつ》を比《くら》べてこれに勝《か》ち、大《おほひ》に名《な》を揚《あ》げた。

（一六）富田流　富田越後守

始《はじ》め山崎《やまざき》六左衛門《ざゑもん》と號《がう》した。富田《とみた》治部《ぢぶ》左衛門《ざゑもん》に學《まな》びその宗《しう》を得《え》た。治部《ぢぶ》左衛門《ざゑもん》の一女《ぢよ》を六左衛門《ざゑもん》に嫁《か》し、富田《とみた》の稱號《しようがう》を讓《ゆづ》つた。大君《おほぎみ》の台命《だいめい》に依《よ》り刺撃《しげき》のことを言上《ごんじやう》し、名《な》を四海《かい》に顯《あらは》した。山崎左近將監《やまざきさこんしやうげん》は六左衛門《ざゑもん》の弟《おとうと》である。富田《とみた》流《りう》の刀術《たうじゆつ》に達《たつ》し、後《のち》前《まへ》田《だ》利家《としいへ》に仕《つか》へ五左衛門《ざゑもん》と改《あらた》めた。三子《し》あり、內匠《たくみ》、小右衛門《こざゑもん》、二郎兵衛《らうべゑ》共《とも》に富田《とみた》流《りう》に達《たつ》した。

（一七）一放流　富田一放

富田《とみた》越後守《えちごのかみ》に從《したが》ひその宗《しう》を得《え》た。入江《いりえ》一無《む》その傳《でん》を繼《つ》ぎ、今《いま》これを一放流《いつはうりう》と云《い》ふ。

（一八）長谷川流　　長谷川宗喜

富田流《とみだりう》の奥義《おうぎ》を極《きは》めた人《ひと》である。今長谷川流《いまはせがはりう》と云《い》ふ。

（一九）鐘捲流　　鐘捲自齋

富田流《とみだりう》の奥秘《おうひ》を悟《さと》り、山崎《やまざき》、長谷川《はせがは》とその名《な》を等《ひと》しくした。世人《せじん》山崎《やまざき》、長谷川《はせがは》、鐘《かね》捲《よき》を富田《とみだ》三家《け》と云《い》ふ。

（二〇）一刀流祖　　伊藤一刀齋景久

伊豆《いづ》の人《ひと》、師《し》は鐘捲自齋《かねまきじさい》である。後諸國修業《のちしよこくしうげふ》して奥旨《おうし》を極《きは》め、刀術者《たうじゆつしや》と勝負《しようぶ》をなすこと三十三度《ど》である。其《そ》の技《ぎ》神《しん》に入《い》り、口訣《こうけつ》の及《およ》ぶところではない。死所不明《ししよふめい》、門下《もんか》の名《な》高《だか》い者神子上典膳忠明《ちのみこがみてんぜんたゞあき》、古藤田勘解由左衛門俊直等《こふぢたかげゆざゑもんとしなほとう》である。

神子上典膳忠明

（三一）一刀流

其《そ》の先祖《せんぞ》は勢州《せいしう》の人《ひと》である。萬喜《まんき》少輔《せうほ》に仕《つか》へ上總《かづさ》に住《す》む。弱冠《じやくくわん》の頃《ころ》から刀槍《たうさう》の術《じゆつ》を好《この》み、上總《かづさ》に來《き》て居《ゐ》た伊藤景久《いとうかげひさ》の旅館《りよくわん》に行《い》つて勝負《しようぶ》をしたが、景久《かげひさ》に及《およ》ばず、遂《つひ》に其《そ》の門《もん》に入《い》り、後《のち》景久《かげひさ》に從《したが》つて諸州《しよしう》に遊《あそ》び多年《たねん》苦修《くしう》して終《つひ》に神妙《しんめう》の域《ゐき》に達《たつ》した。

一日《にち》師《し》の命《めい》に依《よ》り、相馬《さうま》郡《ぐん》小《こ》金原《かねはら》の邊《ほとり》に同門《どうもん》の善鬼《ぜんき》と云《い》ふ者《もの》を斬《き》り、師《し》より賞《しやう》され瓶割《かめわり》の刀《たう》を授《さづ》かつた。景久《かげひさ》は典膳《てんぜん》に奧義《おうぎ》を讓《ゆづ》ると共《とも》に隱遁《いんとん》し其《そ》の行《ゆ》く處《ところ》は分《わか》らない。典膳武州江戸《てんぜんぶしうえど》に來《き》て駿河臺《するがだい》に居《を》り門人《もんじん》を指南《しなん》して居《ゐ》た。此《こ》の時《とき》江戸《えど》近村《きんそん》に狂氣《きやうき》した劍《けん》客《かく》が人《ひと》を殺《ころ》し、民家《みんか》に籠居《ろうきよ》して居《ゐ》たが忠明檢使《たゞあきけんし》の命《めい》を受《う》けて彼《かれ》を斬《き》つた。この始末《しまつ》が東照宮《とうせうぐう》に聞《きこ》え、幕下《ばくか》に召《め》されて三百石《こく》を頂戴《ていだい》し、小野《をの》二郎《ろ》左衞門《ざゑもん》と改《あらた》めた。

（二二）忠也派　伊藤典膳忠也

小野《をの》忠明《たゞあき》の子《こ》である。父《ちゝ》に勝《まさ》る腕前《うでまへ》あり。忠明《たゞあき》その精妙《せいめう》を賞《しよう》して、伊藤《いとう》の稱號《しようがう》と瓶割《かめわり》の刀《たう》を授《さづ》けた。瓶割《かめわり》の刀《たう》は伊藤景久《いとうかげひさ》が三十三度《ど》の勝負《しようぶ》に用《もち》ひたところの一文字《もんじ》の名《めい》刀《たう》である。門人中《もんじんちう》で傑出《けつしゆつ》した者《もの》は龜井平右衛門忠雄《かめゐへいうゑもんたゞを》である。

龜井忠雄《かめゐたゞを》はその宗《しう》を得《え》、忠也《たゞなり》より伊藤《いとう》の稱號《しようがう》と一文字《もんじ》の刀《たう》を受《う》けた。一刀第《たうだい》四世《せい》である。清揚大君《せいやうおほぎみ》、文昭大君《ぶんせうおほぎみ》に奉仕《ほうし》し、元祿《げんろく》四年《ねん》五月《ぐわつ》十二日《にち》、享年《きやうねん》九十一才《さい》で歿《ぼつ》した。溝口新《みぞぐらしん》五左衛門正勝《ざゑもんまさかつ》、根來《ねごろ》八九郎重明《らうしげあき》、間宮《まみや》五郎兵衛久也等《らうべゑひさなりら》忠也《たゞなり》に從《したが》つて名高《なたか》し、間宮久也《まみやひさなり》は藝州《げいしう》に仕《つか》へ子孫《しそん》その技《わざ》を傳《つた》へた。

（二三）小野派　小野二郎右門忠常

小野忠明《をのたゞあき》の子《こ》である。父《ちゝ》の技《わざ》を學《まな》び絶妙《ぜつめう》に入《い》り、世人《せじん》が推《お》して小野派《をのは》と云《い》ひ、門人《もんじん》では梶新左衞門正直《かぢしんざゑもんまさなほ》傑出《けつしゆつ》した。寛文《くわんぶん》五年《ねん》十二月《ぐわつ》七日《か》に卒《そつ》した。

（二四）梶派　梶新左衞門正直

小野《をの》忠常《たゞつね》の門人《もんじん》。同門中《どうもんちう》正直《まさなを》に及《およ》ぶ者《もの》がない。後《のち》益々《ます〳〵》其《そ》の術《じゆつ》が神《しん》に入《い》り、嚴有大君《げんいうおほぎみ》常憲大君《じやうけんおほぎみ》に奉仕《ほうし》した。天和元年《てんわぐわんねん》十二月《ぐわつ》十八日《にち》卒《そつ》す。今《いま》梶派《かぢは》一刀《たう》と云《い》ふ。原田《はらだ》市左衞門《いちざゑもん》その宗《しう》を得《え》た。代々《だい〳〵》其《そ》の術《じゆつ》は後世《こうせい》に迄續《までつゞ》いた。

（二五）天心獨名流　根來獨心齋

紀州《きしう》の人《ひと》である。八九郎《らう》と號《がう》した。伊藤平左衞門《いとうへいざゑもん》忠雄《たゞを》に學《まな》び、後諸國《のちしよこく》を修行《しうぎやう》して工《く》夫《ふう》を加《くは》へ天心獨名流《てんしんどくめいりう》と稱《しよう》した。天和《てんわ》二年《ねん》八月《ぐわつ》十八日《にち》七十八才《さい》にて沒《ぼつ》した。門人《もんじん》では堀《ほり》口亭山貞勝《ぐちていざんさだかつ》が傑出《けつしゆつ》した。

（二六）涼天覺清流

堀口亭山貞勝

延寶年中《えいほうねんちう》の人《ひと》で嘉内《かない》と號《がう》した。根來重明《ねころしげあき》に從《したが》つて獨名流《どくめいりう》の妙旨《めうし》を得《え》、後涼天覺清流《のちれうてんかくせいりう》と稱《しよう》した。末流《まつりう》が水戸家《みとけ》にあると云《い》ふことである。

（二七）新蔭流

柳生但馬守宗巖

和州柳生《わしうやぎふ》の人《ひと》で菅原道實公《すがはらみちざねこう》の後胤《こういん》である。壯年《さうねん》の頃上泉秀綱《ころかみいづみひでつな》、疋田文五郎《ひきだぶんごらう》、神後伊豆《しんこいづ》等《とう》、柳生《やぎふ》に來《き》た。宗巖上泉《むねいはかみいづみ》を留《とゞ》めこれに從《したが》つて刀槍《たうさう》の術《じゆつ》を學《まな》び、其《そ》の奥秘《おうひ》を受《う》けた。上泉宗巖《かみいづみむねいは》を褒《ほ》めて、宗巖《むねいは》の刀術極妙《たうじゆつごくめう》に至《いた》る實《じつ》に新蔭《しんかげ》といふべきである。自分《じぶん》はその術《じゆつ》に及《およ》ばないといつて、誓書《せいしよ》を宗巖《むねいは》に授《さづ》けた。後將軍義昭《のちしやうぐんよしてる》（足利《あしかゞ》）織田信長書《をだのぶながしよ》を宗巖《むねいは》に賜《たま》ふて、これを招《まね》かれたので信長《のぶなが》に仕《つか》へた。列侯諸士《れつかうしよし》のその門《もん》に遊《あそ》ぶ者非常《ものひじやう》に多《おほ》く、後薙髮《のちていはつ》して柳生《やぎふ》の庄《しやう》に居《を》り、關ケ原《せきがはら》の役後《えきご》、東照宮《とうせうぐう》の台命《だいめい》によつて刀術《たうじゆつ》の事《こと》を言上《ごんじやう》し慶長《けいちやう》十七年《ねん》八十才《さい》で卒《そつ》した。子孫代々《しそんだいだい》箕裘《ききう》の藝《げい》を繼《つ》ぎ、永《なが》く遺領《ゐりやう》を相續《さうぞく》してその家名《かめい》を墜《おと》さない。

但馬守宗巖《たじまのかみむねいは》の子《こ》又右衞門尉宗矩《またゑもんのじやうむねのり》、後但馬守《のちたじまのかみ》と號《がう》しその門人《もんじん》が多《おほ》く、木村助九郎《きむらすけくらう》、出淵平兵衞《でぶちへいべゑ》等傑出《とうけつしゆつ》した。

（二八）柳生流　柳生十兵衞三巖

但馬守宗矩《たじまのかみむねのり》の子《こ》である。刀術《たうじゆつ》の妙旨《めうし》を悟《さと》り、その芳名《はうめい》は世《よ》の口碑《こうひ》に在《あ》る。

（二九）庄田流　庄田喜兵衞

柳生家《やぎふけ》の人《ひと》である。新陰《しんかげ》の極意《ごくい》に達《たつ》し、後東武《のちとうぶ》に來《き》てその術《じゆつ》を以《もつ》て名《な》をあらはし、庄田流《しやうでんりう》と云《い》ふ。後榊原忠次《のちさかきはらたゞつぐ》に仕《つか》へた。

（三〇） 二刀政名流（二天流）

宮本武藏政名

播州《ばんしう》の人《ひと》で、赤松《あかまつ》の庶流新免氏《しよりうしんめんし》である。父《ちゝ》を新免無二齋《しんめんむさい》と號《がう》し、十手《て》の刀術《たうじゆつ》に達《たつ》した。政名《まさな》思《おも》ふに十手《て》は常用《じやうよう》の器《き》ではない、二刀《たう》は常佩《じやうはい》の具《ぐ》であると、そこで二刀《たう》を以《もつ》て十手《て》の利《り》に換《か》へ、その術《じゆつ》が漸《やうや》く熟《じゆく》した。十三才《さい》の時《とき》播州《ばんしう》で有馬喜兵衛《ありまきへゑ》と勝負《しようぶ》を爲《な》し、十六才《さい》で但馬《たじま》に於《おい》て秋山某《あきやまばう》と勝負《しようぶ》を爲《な》してこれを撃殺《げきさつ》した。凡《およ》そ十三才《さい》から勝負《しようぶ》を爲《な》すことが六十餘度《よど》、自分《じぶん》から日下開山神明宮本武藏政名《ひのしたかいざんしんめいみやもとむさしまさな》と號《がう》した。末流《まつりう》が諸州《しよしう》に多《おほ》い。正保《しやうほ》二年《ねん》五月《ぐわつ》九日《か》、肥後《ひご》の熊本《くまもと》で死《し》んだ。法名《はふみやう》は玄信《げんしん》二天《てん》。青木城右衛門《あをきじやううゑもん》はその門下《もんか》で傑出《けつしゆつ》した者《もの》である。

（三一） 二刀鐵人流

青木城右衛門

宮本武藏《みやもとむさし》に從《したが》つて二刀《たう》に達《たつ》し、後鐵人《のちてつじん》と號《がう》した。末流《まつりう》が今《いま》に存《そん》して居《ゐ》る。

（三二）貫心流　宍戸司箭家俊

元龜《げんき》年中《ねんちう》の人《ひと》で安藝《あき》の國菊山《くにきくやま》の城主《じやうしゆ》である。師《し》は不明《ふめい》であるが、刀術《たうじゆつ》を好《この》んで妙旨《めうし》を得《え》、潛《ひそか》に貫心流《くわんしんりう》と稱《とな》へた。末流《まつりう》が諸州《しよしう》に多《おほ》い。門下《もんか》では豫州《よしう》金子《かねこ》の城主《じやうしゆ》河野大内藏《かうのくらのすけ》道昭《みちあき》獨《ひと》り宗《しう》を得《え》た。

（三三）吉岡流　吉岡憲法

平安城《へいあんじやう》の人《ひと》である。刀術《たうじゆつ》に達《たつ》し室町《むろまち》師範《しはん》と爲《な》り兵法所《へいはうしよ》といつた。或人《あるひと》は祇園藤次《ぎをんとうじ》といふ者《もの》に從《したが》つてその妙旨《めうし》を得《え》たのであると云《い》ひ、又或《またある》ひは鬼一法眼《きいちはふげん》の流《ながれ》で、京八流《きやうはちりう》の末《すゑ》であるといふ。京八流《きやうはちりう》は鬼《き》一の門人《もんじん》で鞍馬《くらま》の僧《そう》が八人《にん》ある。之《これ》を京《きやう》八流《りう》といふのであると。吉岡《よしをか》、宮本《みやもと》と勝負《しようぶ》を爲《な》したが共《とも》に達人《たつじん》でその甲乙《かうおつ》が分《わか》らなかつた。

（三四）無明流

石田伊豆守

上州《じやうしう》の人《ひと》である。北條氏康《ほうでううぢやす》に仕《つか》へ、壯年《さうねん》の頃《ころ》から武術《ぶじゆつ》を好《この》み、同國《どうこく》の御太刀《みたち》山不動《やまふどう》尊《そん》に祈《いの》り、常《つね》に深山《しんざん》に入《い》り木石《ぼくせき》を撃《う》つてその術《じゆつ》を修《おさ》めた。又山賊野《またさんぞくの》武士《ぶし》等《とう》に會《あ》つて、その藝《げい》を試《こゝろ》み、終《つひ》に刀棒《たうぼう》、鎧組《がいそ》の奥旨《おうし》を極《きは》めたと云《い》ふ。無明流《むめいりう》と稱《しよう》し、末流《まつりう》が多《おほ》い。

（三五）神明無想東流

東下野守平元治

東國《とうごく》の人《ひと》である。刀術《たうじゆつ》を好《この》み妙秘《めうひ》を究《きは》め鹿島香取神宮《かしまかとりじんぐう》に祈《いの》つて夢《ゆめ》に神傳《しんでん》を得《え》たといふ。故《ゆゑ》に神明無想東流《しんめいむさうとうりう》と號《がう》した。門《もん》に田宮對馬《たみやつしま》重正《しげまさ》その宗《しう》を得《え》た。後重正林崎甚助正《のちしげまさはやしざきじんすけまさ》信《のぶ》に就《つ》いて拔刀《ばつたう》を學《まな》び、その名日《なひ》に高《たか》くなつた。

（三六）念流　上阪半左衞門

始《はじ》め臨濟家《りんざいしう》の僧《そう》である。刀術《たうじゆつ》を好《この》んで精妙《せいめう》を悟《さと》り、潛《ひそか》に念流《ねんりう》と號《がう》した。その門《もん》に中《いひ》山角兵衞宗正《やまかくべゑむねまさ》、宗正《むねまさ》の門《もん》に飯野加右衞門《いひのかゑもん》、修驗光明院行海《しうけんくわうみやうゐんぎやうかい》あり、行海《ぎやうかい》は奥山念流《おくやまねんりう》と號《がう》して後《のち》に傳《つた》へた。

（三七）東軍流　川崎鑰之助

何國《なにくに》の人《ひと》であるか不明《ふめい》である。甚《はなは》だ刀術《たうじゆつ》を好《この》み、上州白雲山神《じやうしうはくうんさんじん》に祈《いの》つて妙旨《めうし》を悟《さと》り潛《ひそか》に東軍流《とうぐんりう》と號《がう》した。甚《はなは》だ秘《ひ》して知《し》る者《もの》が無《な》く、五世《せい》の孫川崎二郎太夫《まごかはさきじろだいふ》に至《いた》つてその奇《き》を得《え》た。川崎二郎太夫《かはさきじろだいふ》は東武本郷《とうぶほんがう》に居《ゐ》て、門人《もんじん》が多《おほ》く、所謂東軍二郎太夫《いはゆるとうぐんじろだいふ》と云《い》ふのは是《これ》である。獨《ひと》り高木甚左衞門入道虚齋《たかぎじんざゑもんにふだうきよさい》がその脈《みやく》を得《え》た。

（三八）丹石流　　衣斐丹石入道

美濃國《みのゝくに》の武士《ぶし》、刀術《たうじゆつ》の妙《めう》を得《え》、潛《ひそか》に丹石流《たんせきりう》と號《がう》した、或説《あるせつ》には東軍坊《とうぐんばう》と云《い》ふ刀術《たうじゆつ》の達人《たつじん》を師《し》として、その宗《しう》を得《え》たのであると云《い》ふ。傳書《でんしよ》には天台山東軍流《てんだいさんとうぐんりう》といふとあり門人《もんじん》では飯沼牛齋《いひぬまぎうさい》その宗《しう》を得《え》た。その子《こ》太《た》郎父《ろうちゝ》の傳《でん》を繼《つ》ぎ末流《まつりう》が多《おほ》い。

（三九）自源流　　瀬戸口備前守

薩州《さつしう》の人《ひと》で、島津家《しまづけ》の臣《しん》である。壯年《さうねん》の頃《ころ》から武藝《ぶげい》を好《この》んで精妙《せいめう》を得《え》、後同國《のちどうこく》の伊《い》五瀧《たき》に行《ゆ》き、自源坊《じげんばう》に逢《あ》つて妙旨《めうし》を悟《さと》つた、故《ゆゑ》に自源流《じげんりう》と云《い》ふ。末流《まつりう》が諸州《しよしう》にある。

（四〇）小田流　　小田讃岐守孝朝

慶安年中《けいあんねんちう》の人《ひと》で常州小田《じやうしうをだ》の城主《じやうしゆ》である。三州《しう》の人中條出羽守頼平《ひとちうでうではのかみよりひら》に刀術《たうじゆつ》を學《まな》び、その妙《めう》を得《え》た。後同國《のちどうこく》の蘆男山日神《あしをさんにちじん》に祈《いの》り、夢《ゆめ》に神傳《しんでん》を蒙《かふむ》つて刀術《たうじゆつ》の奥旨《おうし》を極《きは》め、小田《をだ》流《りう》と稱《しよう》した。

（四一）將監鞍馬流　大野將監

天正年中《てんしやうねんちう》の人《ひと》である。刀術《たうじゆつ》の妙旨《めうし》を悟《さと》り鞍馬流《くらまりう》と號《がう》した。今將監鞍馬流《いましやうげんくらまりう》といふのは是《これ》である、或人《あるひと》はいふ、天狗鞍馬流《てんぐくらまりう》といふのが有《あ》るのは判官義經《はんぐわんよしつね》の傳《でん》であると。

（四二）愛州陰流　愛洲移香

いづこの人《ひと》であるかを知《し》らない。小傳《せうでん》には惟孝《これたか》になつて居《ゐ》る。九州鵜戸《しううど》岩屋《いはや》に參籠《さんろう》して、靈夢《れいむ》を蒙《かふむ》り、兵法《といはふ》を自得《じとく》して潛《ひそか》に愛洲陰流《あいしうかげりう》と號《がう》した、その子《こ》七郎《ろう》その傳《でん》を繼《つ》いだ。小傳《せうでん》に上泉《かみいづみ》その傳《でん》を得《え》たと云《い》ふ。

（四三）願　流　　松林左馬助

常州《じやうしう》鹿島《かしま》の人《ひと》である。十四才《さい》から劍術《けんじゆつ》を好《この》み、長《ちやう》じてその妙《めう》を得《え》た。後《のち》伊奈《いな》平《へい》十郎《ろう》忠治《たゞはる》に仕《つか》へて武州《ぶしう》赤山《あかやま》に居《を》り潛《ひそか》に願流《ぐわんりう》と稱《しよう》した。

（四四）訪　諏　流　　方波見　備前守

北條《ほうでう》氏康《うぢやす》に仕《つか》へ、刀術《たうじゆつ》を好《この》んだ。諏訪《すは》流《りう》の達人《たつじん》で、實《じつ》にその技術《ぎじゆつ》精妙《せいめう》である。

（四五）京　流　　前原備前守

上州《じやうしう》小幡《おはた》家《け》の人《ひと》である。京流《きやうりう》の刀術《たうじゆつ》に達《たつ》し、微妙《びめう》を得《え》、又《また》軍配《ぐんはい》に達《たつ》した。京流《きやうりう》は鬼《き》一の流《りう》である。

（四六）源　流　　木曾庄九郎

房州里見家《ぼうしうさとみけ》の人《ひと》である。源流《みなもとりう》の刀術《たうじゆつ》に達《たつ》し、精妙《せいめう》を得《え》た。

（四七）拔刀中興祖　　林崎甚助重信

奥州《おうしう》の人《ひと》である。林崎明神《はやしざきめうじん》に祈《いの》り、刀術《たうじゆつ》の精妙《せいめう》を悟《さと》つた。この人《ひと》拔刀《はつたう》を中興《ちうこう》した始《し》祖《そ》でその技術神妙《ぎじゆつしんめう》である。門《もん》に田宮平兵衛重正《たみやへいべゑしげまさ》その宗《しう》を得《え》た。

（四八）拔刀田宮流　　田宮平兵衛重正

關東《くわんとう》の人《ひと》である。刀術《たうじゆつ》を好《この》み、東下野守元治《あづましもつけのかみもとはる》に學《まな》び、神明無想東流《しんめいむさうあづまりう》を修《おさ》め、又林《またはやし》崎重信《ざきしげのぶ》に就《つ》いて拔刀《はつたう》の妙《めう》を得《え》、技神《ぎしん》に入《い》り、後對馬《のちつしま》と改《あらた》めた。その子《こ》對馬守長勝《つしまのかみながかつ》その術《じゆつ》を繼《つ》ぎ、常圓《じやうゑん》と號《がう》した。

紀伊《きい》頼宣卿《よりのぶきやう》に奉仕《ほうし》し、子孫《しそん》その術《じゆつ》を傳《つた》え、末流《まつりう》が諸州《しよしう》にある。門人《もんじん》が又多《またおほ》かつたが特《とく》に長野無樂齋槿露《ながのむらくさいきんろ》、三輪源兵衞《みわげんべゑ》傑出《けつしゆつ》した。長野無樂齋槿露《ながのむらくさいきんろ》は井伊家《いいけ》に仕《つか》へ、九十餘才《よさい》で死《し》んだ。その門人一宮左太夫照信《もんじんいちのみやさだいふてるのよ》、上泉孫次郎義胤《かみいづみまごじろうよしたね》その宗《しう》を得《え》た。

（四九）拔刀一宮流　一宮左太夫照信

武田家《たけだけ》の土屋惣藏《つちやさうぞう》麾下《きか》の士《し》で、長野無樂齋《ながのむらくさい》に從《したが》つてその妙《めう》を得《え》た。今日一宮流《こんにちいちのみやりう》と稱《とな》へてゐる。

（五〇）拔刀一傳流　丸目主水正

いづこの人《ひと》であるかを知《し》らない。壯年《さうねん》の頃《ころ》から刀法《たうはふ》を好《この》み、拔刀《ばつたう》の妙旨《めうし》に達《たつ》した。臨機應變《りんきおうへん》その右《みぎ》に出《い》づる者《もの》が無《な》く自分《じぶん》から一傳流《いちでんりう》と稱《しよう》した。國家彌右衞門《くにいへやゑもん》その宗《しう》を得《え》彌右衛門《やゑもん》これを淺山內藏助《あさやまくらのすけ》に傳《つた》へその術精妙《じゆつせいめう》である。これが卽《すなは》ち淺山《あさやま》一傳流《でんりう》と云《い》ふのである。門下《もんか》に海野《うんの》一郎右門《ろうゑもん》尙久傑出《なほひさけつしゆつ》した。金田源兵衛《かねだげんべゑ》正利尙久《まさとしなほひさ》に從《したが》つて宗《しう》を得《え》、門《もん》人若干《じんじやくかん》あつた。

（五一）拔刀伯耆流

片山伯耆守久安

刀術《たうじゆつ》を好《この》み、居合《ゐあひ》の妙旨《めうし》を悟《さと》つた。或時阿太古社《あるときあたこしや》に詣《まゐ》つて精妙《せいめう》を得《え》たいことを祈《いの》りその夜貫《よくわん》の字《じ》を夢《ゆめ》み、覺《さ》めて後惺然《のちせいぜん》として大悟《たいご》した。慶長年間《けいちやうねんかん》その術《じゆつ》を以《もつ》て參內《さんだい》し、五位下伯耆守《ゐげほうきのかみ》に敍《ぢよ》せられた。後周防《のちすはう》で卒《そつ》し、其《そ》の子《こ》伯耆守久勝《ほうきのかみひさかつ》その藝《げい》を傳《つた》へ、江戶《えど》に來《き》て大《おほひ》に鳴《な》り後周防《のちすはう》に歸《かへ》つた。諸國《しよこく》に末流《まつりう》が多《おほ》く久勝《ひさかつ》の門《もん》に成田又左衛門重成《なりたまたざゑもんしげなり》その宗《しう》を得《え》た。

（五二）戸田流　戸田越後

前田利家《まへだとしいへ》に仕《つか》へ、戰功《せんこう》があり、武勇《ぶゆう》は世人《せじん》の知《し》る所《ところ》である。刀槍《たうさう》の技《わざ》に達《たつ》し、戸田《とだ》流《りう》と稱《しよう》した。末流《まつりう》が諸邦《しよはう》に存《そん》して居《ゐ》る。

（五三）三和流　伊藤道隨清長

寛永年中《くわんえいねんちう》の人《ひと》である。始《はじ》め傳《でん》三郎《ろう》と號《がう》し、又《また》、十郎左衞門《ろうざゑもん》と改《あらた》めた。刀《たう》、柔術《じうじゆつ》に達《たつ》して最《もつと》も精妙《せんめう》である。水戸家《みとけ》の臣《しん》、後致仕《のちちし》して道隨《だうずゐ》と號《がう》した。天祿《けんろく》十年《ねん》九月《ぐわつ》九日《か》七十才《さい》で死《し》んだ。

（五四）甲源一刀流　逸見多四郎義利

武州秩父郡《ぶしうちゝぶぐん》の郷士《がうし》で、逸見冠者《へんみくわんじや》十七代《だい》の後裔《こうえい》である。溝口派《みぞぐちは》一刀流《たうりう》を櫻井《さくらゐ》五助長政《すけながまさ》に學《まな》び、印可《いんか》を受《う》け、甲源《かうげん》一刀流《たうりう》と號《がう》した。其《そ》の子《こ》彦《ひこ》九郎義苗《ろうよしたね》後《あと》を繼《つ》ぎ、末門比留間《まつもんひるま》與《よ》八傑出《けつしゆつ》した。

（五五）神道一心流　櫛淵彌兵衞宣根

東武《とうぶ》の人《ひと》、飯篠長威齋《いひしのちやうゐさい》より世々《よゝ》傳《つたは》つて居《ゐ》る天眞神道流《てんしん〱だうりう》を父《ちゝ》彌兵衞宣久《やへゑのぶひさ》に習《なら》ひ、後諸《のちしよ》流《りう》を學《まな》んで悉《ことごと》く奥義《おうぎ》を極《きは》め、遂《つひ》に神道《しんだう》一心流《しんりう》と稱《しよう》した。文政《ぶんせい》二年《ねん》九月《ぐわつ》七十三才《さい》で沒《はつ》した。

（五六）克己流　安九仲右衞門之勝

延寶年中《えんぽうねんちう》の人《ひと》である。柳生新蔭《やぎふしんかげ》の刀術《たうじゆつ》を學《まな》び、後自《のちみづか》ら克己流《こつきりう》と號《がう》した。其《そ》の子《こ》仲右《ちう》衞門之盛《ゑもんゆきもり》その藝《げい》を繼《つ》いだ。

(五七) 心形刀流　伊庭是水軒光明

元祿年中《げんろくねんちう》の人《ひと》である。神道流《しんだうりう》の刀術《たうじゆつ》を志賀《しが》重郎左衞門《ぢうろうざゑもん》に學《まな》び、後工夫《のちくふう》して心形刀流《しんけいたうりう》と稱《しよう》した。子孫《しそん》東武《とうぶ》下谷《したや》に住《す》み、その藝《げい》を傳《つた》へて家聲《かせい》を墜《おと》さなかつた。その門人《もんじん》多《おほ》く堀江《ほりえ》友《とも》三獨《ひと》り傑出《けつしゆつ》した。

(五八) 當流　山本三夢入道玄常

生國《しやうこく》は不明《ふめい》である。刀術《たうじゆつ》八流《りう》の妙旨《めうし》を得《え》、更《さら》に奥旨《おうし》を究《きは》め樣《やう》として鶴岡《つるがをか》八幡宮《まんぐう》に參《さん》籠《ろう》し、心明劍《しんめいけん》一刀萬化《たうまんげ》を工夫《くふう》して當流《たうりう》と號《がう》したと云《い》ふ。川澄忠智迄《かはすみたゞともまで》六世《せい》である。

(五九) 大東流　大東萬兵衞

何國《なにくに》の生《うま》れか分《わか》らない。反野無格《はんのむかく》に從《したが》つて無限流《むがんりう》を習《なら》ひ、その宗《しう》を得《え》、後工夫《のちくふう》して潛《ひそか》に大東流《おほつかりう》と號《がう》した。

（六〇）無眼流　反野無格

安部《あべ》攝津《せつつ》の家臣《かしん》である。三浦源右衞門《うらげんゑもん》政爲《まさため》に就《つ》いて刀術《たうじゆつ》を學《まな》び、奧旨《おうし》を究《きは》め、終《つひ》に無眼流《むがんりう》と稱《しよう》した。大東流《おほつかりう》の祖《そ》、大東萬兵衞《おほつかまんべゑ》は彼《かれ》の門弟《もんてい》である。

（六一）三義明知流　川澄新五郎忠智

武州《ぶしう》小石川《こいしかは》金杉《かなすぎ》の住人《じうにん》、寶山流《ほうざんりう》、大東流《おほつかりう》、當流《たうりう》の刀術《たうじゆつ》を學《まな》び、多年《たねん》練習《れんしふ》を極《きは》め遂《つひ》に妙旨《めうし》を得《え》た。寛政《くわんせい》三年《ねん》五月《ぐわつ》十日《か》、流《りう》を改《あらた》めて、三義明知《よしあけち》流《りう》と名《な》づけた。天保《てんぽう》八年《ねん》十二月《ぐわつ》二十六日歿《にちほつ》す。享年《きやうねん》六十九才《さい》。

（六二）天然理心流　　近藤内藏助長裕

遠江《とふとふみ》の人《ひと》である。刀術《たうじゆつ》を好《この》んでその妙《めう》を得《え》、天然理心流《てんねんりしんりう》と號《がう》した。その門《もん》に近藤《こんどう》三助方昌《すけかたまさ》その宗《しう》を得《え》た。方昌《かたまさ》は武州《ぶしう》八王寺《わうじ》に住《ぢう》し、門人《もんじん》が多《おほ》かつた。

（六三）無海流　　無一坊海圓

正徳年中《しやうとくねんちう》の人《ひと》である。初《はじ》めは沙門《しやもん》である。刀術《たうじゆつ》を好《この》み、富田流《とみたりう》、神道流《しんだうりう》の奥旨《おうし》を極《きは》め、工夫《くふう》して富田無海流《とみたむかいりう》と號《がう》した。その門中《もんちう》で傑出《けつしゆつ》せる平山亦四郎康吉《ひらやままたしろうやすよし》といふ者《もの》、無《む》海派《かいりう》と改《あらた》めた。

（六四）小田變應流　　小田東太郎義久

享保年中《きやうほねんちう》の人《ひと》で、小田讃岐守《をださぬきのかみ》の嫡流《ちやくりう》である。武州江戸本所《ぶしうえどほんじよ》に居《を》り、世々《よゝ》小田流《をだりう》を繼《つ》いで居《ゐ》たのであるが義久《よしひさ》最《もつと》もその宗《しゆう》を得《え》た。臨機應變《りんきおうへん》でその妙境《めうきやう》に至《いた》り、自《みづか》ら小田應《をだおう》變流《へんりう》と稱《とな》へた。

（六五）機迅流　　依田新八郎秀復

享和年中《きやうわねんちう》の人《ひと》で上杉家《うへすぎけ》の家臣《かしん》である。楠流《くすのきりう》の兵學《へいがく》を同藩《どうはん》の神保忠昭《じんぼうたゞあき》に學《まな》んで奥祕《おうひ》を悟《さと》り、江州宮川堀田家《ごうしうみやかはほつたけ》の臣《しん》浦上淺右衞門《うらかみあさゑもん》に從《したが》つて寶藏院流《ほうぞうゐんりう》の槍術《さうじゆつ》をよくし、自《みづか》ら刀法《たうはふ》を工夫《くふう》して機迅流《きじんりう》と號《がう》した。致仕《ちし》して後《のち》、丹波篠山《たんばさゝやま》の青山家《あをやまけ》に仕《つか》へた。

（六六）無外流　　都治月丹資持

近江甲賀郡《あふみかうがぐん》の人《ひと》である。京都《きやうと》に行《い》つて山口流《やまぐちりう》の刀術《たうじゆつ》を學《まな》び、妙旨《めうし》を悟《さと》り、これに工《く》夫《ふう》を加《くは》へて無外流《むぐわいりう》と號《がう》した。後《のち》江戸《えど》に來《き》て番町《ばんちやう》に住《ぢう》し、門人《もんじん》を指導《しだう》した。子孫《しそん》は世々《よゝ》その業《げふ》を繼《つ》いで山内家《やまのうちけ》に仕《つか》へた。

（六七）眞　陰　流　　天野傳七郎忠久

水戸家《みとけ》の人《ひと》。眞野文左衞門《まのぶんざゑもん》に愛洲陰流《あいしういんりう》の刀術《たうじゆつ》を習《なら》つて宗《しう》を得《え》、又兵學軍禮《またへいがくぐんれい》に達《たつ》し流《りう》名《めい》を改《あらた》めて眞陰流《しんかげりう》と號《がう》した。

（六八）神道無念流　　福井兵右衞門嘉平

野州《やしう》に生《うま》れ、天明年中《てんめいねんちう》の人《ひと》である。始《はじ》め川上善太夫《かはかみぜんだいふ》と稱《しよう》し、田中權内《たなかごんない》に一圓流《ゑんりう》の刀術《たうじゆつ》を學《まな》んでその妙《めう》を得《え》た。後諸州《のちしよしう》を修業《しうげふ》して信州《しんしう》に行《ゆ》き、飯綱權現《いひづなごんげん》に祈《いの》つて遂《つひ》に奧旨《おうし》を悟《さと》り、自《みづか》ら神道無念流《しんだうむねんりう》と號《がう》した。特《とく》に戸崎熊太郎輝芳《とざきくまたろうてるよし》絶妙《ぜつめう》を得《え》て東武《とうぶ》に鳴《な》つた。その門人少《もんじんすくな》からず、岡田《をかだ》十松傑出《まつけつしゆつ》した。

（六九）無形流

別所佐兵衞範治

水戸家《みとけ》の人《ひと》である。田宮流《たみやりう》の拔刀《はつたう》を河合瓢阿彌勝之《かはあひへうあみかつゆき》に學《まな》んで妙旨《めうし》を得《え》、後工夫《のちくふう》を加《くは》へて無形流《むけいりう》と號《がう》した。その門人中《もんじんちう》、傑出《けつしゆつ》したる者《もの》佐藤忠衞門正俊《さとうちうゑもんまさとし》、大橋五百衞門正業《おほはしいもゑもんまさのり》等《とう》。

（七〇）鏡新明智流

桃井八郎左衞門

安永年中《あんえいねんちう》の人《ひと》である。柳澤家《やなぎさはけ》に仕《つか》へ後致仕《のちちし》した。幼《えう》より武藝《ぶげい》を好《この》み、無邊流《むへんりう》の槍術《さうじゆつ》戸田流《とだりう》、一刀流《たうりう》、柳生流《やぎふりう》、堀内等《ほりのうちとう》の刀術《たうじゆつ》を習《なら》つて、奥祕《おうひ》を極《きは》めないのはなかつた。又《また》諸州《しよしう》を修業《しうげふ》して東武《とうぶ》に歸《かへ》り、鏡新明智流《きやうしんめいちりう》と號《がう》した。その子《こ》春藏直一《しゆんぞうなほかず》その藝《げい》を繼《つ》いで精《せい》妙《めう》であり、文政庚辰《ぶんせいかうしん》の年《とし》死んだ。享年《きやうねん》七十有《いう》一才《さい》であつた。

（七一）柳剛流　岡田總右衛門奇良

東武《とうぶ》の人《ひと》である。始《はじ》め心形刀流《しんけいたうりう》を習《なら》ひ、後諸州《のちしよしう》を修業《しうけふ》して脚《あし》を撃《う》つに妙《めう》を得《え》、潛《ひそか》に柳剛流《りうがうりう》といつた。文政《ぶんせい》九年《ねん》九月《ぐわつ》に歿《ぼつ》した。

（七二）弘流　井烏巨雲爲信

伊達家《だてけ》の人《ひと》で、始《はじ》め氏家《うぢいへ》八十郎《らう》と號《がう》した。同藩《とうはん》の樋口《ひぐち》七郎右衛門入道不堪《ろうゑもんにふだうふじん》に神道流《しんだうりう》の刀法《たうほふ》を學《まな》んで精妙《せいめう》に至《いた》り、後致仕《のちちし》して二君《くん》に仕《つか》へないで、その術《じゆつ》を以《もつ》て大《おほ》いに鳴《な》り潛《ひそか》に弘流《こうりう》と號《がう》した。その子《こ》五郎右衛門爲長《ろうゑもんためなが》その傳《でん》を繼《つ》ぎ、門《もん》に比留川雲海翁《ひるがはうんかいおう》大《おほ》いに鳴《な》つた。

（七三）無滯體心流　　夏見族之助

下總佐倉《しもふささくら》の人《ひと》である。刀術《たうじゆつ》を好《この》み、柳生新蔭流《やぎふしんかげりう》を學《まな》んでその宗《しう》を得《え》た。常《つね》に門人《もんじん》に無滯體心《むたいたいしん》の四字《じ》を示《しめ》したので、推《お》して無滯體心流《むたいたいしんりう》といふ。

（七四）太平眞鏡流　　若名主計豐重

野州《やしう》の產《さん》で、享保年中《きやうほねんちう》の人《ひと》である。始《はじ》め三郎次《ろうじ》、後退隱《のちたいいん》して眞鏡齋《しんきやうさい》と云《い》つた、同國《どうこく》の隱士小林右門《いんしこはやしうもん》に柳生流《やぎふりう》の刀術《たうじゆつ》を學《まな》んで、その宗《しう》を究《きは》めようとし、同國《どうこく》の太平山神《たいへいさんじん》に祈《いの》り、その奧旨《おうし》を悟《さと》つた。故《ゆゑ》に太平眞鏡流《たいへいしんきやうりう》と稱《しよう》した。江戸《えど》に出《で》て大《おほ》いに鳴《な》り、其《そ》の門《もん》人《じん》が多《おほ》かつた。

（七五）玉影流　高木伊勢守守富

文恭大君《ぶんきようおほぎみ》に奉仕《ほうし》し、壯年《さうねん》の頃《ころ》から刀術《たうじゆつ》を好《この》み、一心流《しんりう》、一宮流《みやりう》、信心流《しんしんりう》、直心影流《ちきしんかげりう》五流《りう》の印可《いんか》を受《う》けてその奥旨《おうし》を究《きは》め、玉影流《ぎよくえいりう》と稱《しよう》した。從遊《じうゆう》の士《し》が多《おほ》く、天保《てんぽう》五年《ねん》甲《きのへ》午《うま》の年《とし》に歿《ぼつ》した。

（七六）正天狗流　池原左兵衛正重

水戸《みと》の威公《ゐこう》、義公《ぎこう》に仕《つか》へ、刀術《たうじゆつ》を日置刑部左衛門《ひおきげいぶさゑもん》に學《まな》んで精妙《せいめう》を得《え》、兩公《りやうこう》の師範《しはん》であつたといふ、極意《ごくゐ》に至《いた》つて判官流《はんぐわんりう》と號《がう》したといふことである。武藝小傳《ぶげいせうでん》には、大野《かほの》將監《しやうげん》と云《い》ふ者《もの》鞍馬流《くらまりう》の達人《たつじん》で、小天狗鞍馬流《こてんぐくらまりう》といふのは判官義經《はんぐわんよしつね》の傳《でん》であるとある。その末流《まつりう》であるかどうかは考《かんが》ふべきものである。

（七七）鈴木無念流

鈴木大學重明

尾州家《びしうけ》に仕《つか》へ、始《はじ》め斧《おの》八郎《ろう》と號《がう》した。幼《おさな》い頃《ころ》から刀術《たうじゆつ》を好《この》んで諸流《しよりう》を學《まな》び、後岡田《のちをかだ》十松《まつ》に從《したが》つてその宗《しう》を得《え》、工夫《くふう》して鈴木《すゞき》派《りう》と號《がう》した。天保《てんぽう》二年辛卯《ねんかのえう》の年《とし》六月二日《ぐわつか》に死《し》し、市《いち》ケ谷《や》宗泰院《さうたいゐん》に葬《ほふむ》つた。門人若干《もんじんじやくかん》あつてその宗《しう》を得《え》たものが多《おほ》く、末流《まつりう》が諸州《しよしう》に在《あ》る。

（七八）今川流

今川越前守義眞

駿河《するが》の人《ひと》である。今川氏《いまがはうぢ》の庶流《しよりう》であつて師《し》は不明《ふめい》。後《のち》に奥州仙臺《おうしうせんだい》に茂木《もぎ》安左衞門《やすざゑもん》と云《い》ふ人《ひと》あり、此《こ》の流《りう》をよくした。

（七九）高松御流儀

讃岐守頼重

讃岐《さぬき》高松《たかまつ》の城主《じやうしゆ》、居合《ゐあひ》太刀《たち》、柔取手《やわらとりて》、槍《やり》等《とう》の技《わざ》を合《あは》せて一流《りう》を組織《そしき》し、臣下《しんか》に相傳《さうでん》せられたものである。

右《みぎ》の中《うち》、太刀《たち》は新影東軍《しんかげとうぐん》の二流《りう》を、柔取手《やわらとりて》は竹内流《たけのうちりう》、揚心流《やうしんりう》の二流《りう》を槍《やり》は佐分利流《さぶりりう》を採《と》り、適宜《てきぎ》に調和《てうわ》したものである。

（八〇）微塵流

根岸兎角

先《さき》に擧《あ》げた諸岡《もろをか》一羽《う》の高弟《かうてい》、根岸兎角《ねぎしとかく》の開《ひら》いた流派《りうは》であるが、僻郷《へききやう》に傳《つた》はつたのみで江戸《えど》では餘《あま》り行《おこな》はれなかつた。彼《かれ》は後同門《のちどうもん》の岩間小熊《いはまこぐま》に討《う》たれた。

（八一）和田流　　和田隨心

何處《とこ》の人《ひと》なるや不明《ふめい》である。鑑極流《かんきよくりう》とも云《い》ふ。寶永《ほうえい》の頃《ころ》備後《びんご》福山《ふくやま》に酒井《さかゐ》六彌《や》と云《い》ふ人《ひと》があつて、此《こ》の流《りう》を弘《ひろ》めた。

此《こ》の流《りう》では師弟《してい》四分《ぶ》六分《ぶ》の勝負《しようぶ》を得《え》て始《はじ》めて免許《めんきよ》を授《さづ》かる定規《ていき》になつて居《ゐ》たので、免許《めんきよ》を得《え》んとする弟子《でし》は、四分《ぶ》の勝利《しようり》を得《う》る迄《まで》、幾次《いくたび》でも修業《しうげふ》を繰返《くりかへ》したと傳《つた》はる。

（八二）二階堂流　　松山主水

鎌倉《かまくら》の人《ひと》である。中條流《ちうでうりう》の要旨《えうし》を極《きは》め、後《のち》一派《は》を開《ひら》いて二階堂流《かいどうりう》と云《い》つた。

彼《かれ》に二人《ふたり》の孫《まご》あり、兄《あに》を大藏《だいぞう》、弟《おとうと》を大吉《だいきち》と稱《とな》へ、共《とも》に祖父《そふ》に從《したが》つて學《まな》び、奧義《おうぎ》に達《たつ》したが、兄大藏《あにだいぞう》は夭折《えうせつ》して、大吉《だいきち》が祖傳《そでん》を受《う》けて名《な》を主水《もんど》と改《あらた》め、細川越中守忠利《ほそかはえつちうのかみたゞとし》に仕《つか》へて寵遇《ちようぐう》を受《う》けた。

（八三）去水流　　都築安右衞門

寶山流相傳《ほうざんりうさうでん》の祕義《ひぎ》を極《きは》めてその宗家《そうけ》となつた淺田《あさだ》九郎兵衞《ろうゑもん》の門人《もんじん》。心力《しんりき》をこの流《りう》に傾《かたむ》けて修業《しうげふ》すること多年《たねん》、同門中《どうもんちう》一位《ゐ》の技倆《ぎりやう》に達《たつ》し、師《し》に奥義《おうぎ》を授《さづ》けられんことを請《こう》たが許《ゆる》されず、寶山流《ほうざんりう》を去《さ》つて更《さら》に新影流《しんかげりう》に入念《にふねん》し、一流《りう》を創始《さうし》して新影去水流《しんかげきよすゐりう》と稱《しよう》した。

故《ゆゑ》に去水流《きよすゐりう》は寶山《ほうざん》、新影《しんかげ》の二流《りう》を合《がつ》したものと見《み》られる。

（八四）温故知新流

此《こ》の流《りう》は二天政名《てんまさな》の末流《まつりう》と云《い》ふが、來歷詳《らいれきつまびら》かでない。

（八五）岸　　流　　　佐々木岸流

宮本武藏《みやもとむさし》と勝負《しようぶ》を決《けつ》した佐々木《さゝき》岸流《がんりう》の流名《りうめい》である。彼《かれ》が武藏《むさし》の爲《ため》に討《う》たれたのは未《いま》だ若年《じやくねん》の頃《ころ》であつて、武藏《むさし》とは口傳《くちつた》へに殘《のこ》る樣《やう》に敵《かたき》同志《どうし》でも何《なん》でも無《な》かつた。

（八六）無　敵　流

東軍流上《とうぐんりうじやう》、中《ちう》、下《げ》三段《だん》の構《かまへ》の中《うち》、其《そ》の中段《ちうだん》の派《は》を指《さ》して無敵流《むてきりう》と云《い》つた。だが他《た》にも此《こ》の流名《りうめい》を用《もち》ふる者《もの》があつたと云《い》ふが詳《つまびら》かでは無《な》い。

（八七）荒　木　流　　　荒木無人齋

何處《どこ》の人《ひと》か不明《ふめい》である。此《こ》の流《りう》は元取手《もととりて》（半具足《はんぐそく》とも云《い》ふ）に出《で》た。又荒木《またあらき》又右衛《またゑも》門《ん》を祖《そ》とする荒木流《あらきりう》もあると云ふが、後者《こうしや》に従《したが》へば、柳生流《やぎふりう》の一派《は》と云《い》はねばならぬ。

（八八）今枝流　今枝左仲

相州鎌倉《さうしうかまくら》の人《ひと》である。幼時《えうじ》より刀術《たうじゆつ》を好《この》み諸流《しよりう》を學《まな》び、後之《のちこれ》を合《がつ》して今枝流《いまえだりう》と云《い》つた。極意《ごくゐ》は紅葉重《もみぢかさね》、新《あたら》しき位等《くらゐとう》がある。又東雲《またしのゝめ》の傳《でん》と稱《しよう》し闇夜《あんや》に物《もの》の見《み》える祕藥《ひやく》があつたと云《い》ふことである。

（八九）集成流　波多野直好

何處《とこ》の人《ひと》か不詳《ふしやう》である。名《な》の示《しめ》すが如《ごと》く、諸流《しよりう》を合《がつ》してなしたものである。門下《もんか》の傑出《けつしゆつ》したる者《もの》土岐次郎兵衞重次《ときじろべゑしげつぐ》なる者《もの》あり。此《こ》の流《りう》を大《おほ》いに弘《ひろ》めた。

(九〇)辻無外流

辻無外(白舟)

江戸《えど》の人《ひと》である。小石川《こいしかは》に道場《だうぢやう》を開《ひら》いて居《ゐ》て大《おほ》いに名聲《めいせい》を高《たか》めた。

(九一)關口流(新心流)

關口彌左衛門

紀州家《きしうけ》の家臣《かしん》で關口流《せきぐちりう》の體術《たいじゆつ》の開祖《かいそ》であり又新心流《またしんくりう》の刀術《たうじゆつ》の祖《そ》である。
彌左衛門《やざゑもん》の弟彌太郎《おとうとやたろう》と云《い》ふ者《もの》が、武名《ぶめい》を天下《てんか》に上《あ》げたと云《い》ふことは有名《いうめい》な話《はなし》である。

(九二)澁川流

澁川伴五郎

關口彌左衛門《せきぐちやざゑもん》の高弟《かうてい》で元來柔《ぐわんらいやわら》を本《もと》としたが太刀《たち》も又良《またよ》くした。

（九三）鐵心流　　　　大塚鐵心

中國《ちうごく》の人《ひと》である。弱年《じやくねん》より劍術《けんじゆつ》を好《この》み、諸國修業《しよこくしうげふ》をなし、後《のち》、刀術《たうじゆつ》の奧義《おうぎ》を極《きは》め、備中《びつちう》、備後《びんご》の間《あひだ》に流《りう》を弘《ひろ》めて生涯《しやうがい》を終《おは》つたが、それが所謂鐵心流《いはゆるてつしんりう》と稱《しよう》せられ後世《こうせい》に傳《つた》つたものである。

第十五章　形

形《かた》は劍道《けんだう》の技《わざ》の中《なか》でも、最《もつと》も基本的《きほんてき》なものを撰出《せんしゆつ》して實際的《じつさいてき》に組立《くみた》てたもので、之《こ》れを修《おさ》むれば劍道《けんだう》の大意《たいゐ》に通《つう》じ、劍道修業上《けんだうしうげふじやう》の根本的《こんぽんてき》なる助《たす》けとなるものである。今日《こんにち》では竹刀《しなひ》を以《も》つて稽古《けいこ》や試合《しあひ》を專《もつぱ》らにし、形《かた》の修業《しうぎやう》を疎《うと》んずる傾向《けいかう》があるが、形《かた》は一通《とほ》り修行《しうぎやう》しておく必要《ひつえう》があるは勿論《もちろん》である。

然《しか》して形《かた》を修行《しうぎやう》したれば形《かた》としての修行許《しうぎやうばか》りでなく之《こ》れを劍道《けんだう》の實際上《じつさいじやう》に應用《おうよう》する事《こと》を忘《わす》れてはならぬ。

次《つぎ》に大日本帝國劍道《だいにほんていこくけんだう》の形《かた》を述《の》べて見《み》る事《こと》としたがこれに依《よ》つて注意《ちうい》すべきは

一、練習《れんしう》を積《つ》むこと。

二、形《かた》は形許《かたばか》りでなく精神《せいしん》の伴《ともな》ふ形《かた》であることを心掛《こゝろが》けねばならぬ。

大日本帝國劍道形

立合

一、打太刀《うちたち》、仕太刀《したち》劍《けん》を提《さ》げ立體《りつたい》に始む。

一、立合《たちあひ》、間合《まあひ》の距離《きより》は凡《およ》そ九歩《ほ》とす。(約《やく》三間《げん》)
但《たゞ》し互《たがひ》に大《おほ》きく三歩《ほ》づゝ踏《ふ》み出《だ》し蹲踞《そんきよ》しつゝ劍《けん》を拔《ぬ》き合《あは》す。其構《そのかまへ》は稍々《やゝ》右足《うそく》を踏《ふ》み出《だ》し自然體《しぜんたい》なるを度《ど》となし立上《たちあが》り劍尖《けんさき》を下《さ》げ小《ちい》さく互《たがひ》に左足《さそく》より五歩《ほ》退《の》き其條項《そのでうこう》の

第九十二圖　第一本

構《かまへ》をなす。

一、最終《さいしう》の禮《れい》は最初《さいしよ》に同《おな》じ。

懸聲

一「ヤー」「トー」の二聲《せい》となす事《こと》。

第一本

打太刀《うちたち》左《ひだ》り諸手《もろて》上段《じやうだん》仕太刀《したち》右諸手上段《みぎもろてじやうだん》にて互《たがひ》に進《すゝ》み、打太刀《うちたち》左足《さそく》より仕太刀《したち》右足《そく》より間合《まあひ》に接《せつ》するや打太刀《うちたち》は機《き》を見て右足《うそく》より踏《ふ》み出《だし》仕太刀《しだち》の正面《しやうめん》を打つ仕太刀《ち》は左足《さそく》よう體《たい》を少《すこ》し後方《こうはう》に披《ひら》き打太刀《うちたち》の正面《しやうめん》を打《う》ち左足《さそく》を踏《う》み出《だ》し上段《じやうだん》に冠《かぶ》り残心《ざんしん》を示《しめ》す打太刀《うちたち》は剣尖《けんさき》を下段《げだん》のまゝ左足《そく》より二歩《ほ》退《の》き下段《げだん》より剣尖《けんさき》を起《おこ》し中段《ちうだん》に着《つ》くるを仕太刀《しだち》も同時《どうじ》に上段《じやうだん》を下《お》ろし相中段《あひちうだん》となり剣尖《けんさき》を下《さ》げ元《もと》に復《ふく》す。

第二本

打太刀《うちたち》仕太刀《しだち》相中段《あひちうだん》

にて互《たがひ》に進《すゝ》み間合《まあひ》に接《せつ》するや打太刀《うちたら》は機《き》を見《み》て仕太刀《しだち》の右籠手《みぎこて》を打《う》つ仕太刀《しだち》は左《ひだり》に左足《さそく》を披《ひら》き大《おほ》きく右足《うそく》を踏《ふ》み出《だ》し、右《みぎ》籠手《こて》を打《う》ち相中段《あひちうだん》となり剣尖《けんさき》を下《さ》げ元《もと》に復《ふく》す。

第九十三圖　第二本

第九十四圖　第　三　本

第三本

打太刀《うちたち》仕太刀《しだち》相下段《あひげだん》にて互《たがひ》に右足《うそく》より進《すゝ》み間合《まあひ》に接《せつ》するや打《うち》太刀《たち》機《き》を見《み》て剣刃《けんは》を少《すこ》し仕太刀《しだち》の左《ひだり》に向《む》け諸手《もろて》にて仕太刀《しだち》の胸部《きようぶ》を突《つ》く仕太刀《しだち》は之《これ》を撫《ぶ》し入《い》れ突《つ》きに流《なが》すと同時《どうじ》に打太刀《うちたち》の胸部《きようぶ》を突《つ》く、打太刀《うちたち》は此《こ》の時《とき》右足《うそく》を引《ひ》き仕太刀《しだち》の剣尖《けんさき》を右《みぎ》へ押《おさ》へ左足《さそく》を引《ひ》くと同時《どうじ》に又左《またひだり》に剣尖《けんさき》を押《お》さへるを仕太刀《しだち》は、左足《さそく》右足《うそく》より位詰《くらゐづめ》にて稍々《やゝ》二三歩《ほ》右足《うそく》より進《すゝ》み後《の》ち相中段《あひちうだん》となり中央《ちうわう》迄來《まできた》り剣尖《けんさき》を下《さ》げ元《もと》に復《ふく》す。

第四本

打太刀《うちたち》八相《はつさう》仕太刀《しだち》脇構《わきがまへ》

にて互《たがひ》に左足《さそく》より進《すゝ》み間合《まあひ》に接《せつ》するや打《うち》太刀《たち》は機《き》を見《み》て八相《さう》より仕太刀《しだち》の正面《しやうめん》を打《う》つ仕太刀《しだち》も同時《どうじ》に脇構《わきがまへ》より打太刀《うちだち》の正《しやう》面《めん》を打《う》つを以《もつ》て相打《あひう》ちとなり打太刀《うちたち》は剣《けん》刄《しん》を少《すこ》し仕太刀《しだち》の左《ひだり》に返《かへ》し右足《うそく》を進《すゝ》むると同時《どうじ》に諸手《もろて》にて仕太刀《しだち》の胸部《きようぶ》を突《つ》く仕《し》太刀《だち》は右足《うそく》を引《ひ》き左足《さそく》を左《ひだり》へ轉《てん》ずると同《どう》時《じ》に捲《ま》き返《かへ》し打太刀《うちたち》の面《めん》を打《う》ち相青眼《あひせいがん》と

第九十五圖　第四本

第九十六圖　第　五　本

なり剣尖《けんさき》を下《さ》げ元《もと》に復《ふく》す

第五本

打太刀《うちたち》左諸手上段《ひだりもろてじやうだん》仕太刀《しだち》青眼《せいがん》にて互《たがひ》に進《すゝ》み（打太刀《うちたち》は左足《さそく》より仕太刀《しだち》は右足《うそく》より）間合《まあひ》に接《せつ》するや打太刀《うちたち》は機《き》を見《み》て右足《うそく》を踏《ふ》み出《だ》すと同時《どうじ》に諸手上段《もろてじやうだん》より仕太刀《しだち》の正面《しやうめん》を打《う》つ仕太刀《しだち》は其剣《そのけん》を摺《す》り上《あ》げ打《う》ち太刀《たち》の正面《しやうめん》を打《う》ち、

右足《うそく》を引《ひ》き左上段《ひだりじやうだん》に冠《かぶ》り殘心《ざんしん》を示《しめ》す打太刀《うちたち》は剣尖《けんさき》を青眼《せいがん》に着《つ》くるを以《もつ》て仕太刀《したち》も左足《さそく》を引《ひ》き剣尖《けんさき》を青眼《せいがん》に下《お》ろし相青《あひせい》

眼《がん》となり剣尖《けんさき》を下《さ》げて元《もと》に復《ふく》す。

第六本

打太刀《うちたち》青眼《せいがん》仕太刀《しだち》下段《げだん》

にて互《たがひ》に右足《うそく》より進《すゝ》み間合《まあひ》に接《せつ》するや仕《し》太刀《だち》は機《き》を見《み》て下段《げだん》より剣尖《けんさき》を青眼《せいがん》に着《つけ》るを打太刀《うちたち》は右足《うそく》を引《ひ》くと同時《どうじ》に左上《ひだりぢやう》段《だん》に冠《かぶ》る仕太刀《しだち》は青眼《せいがん》のまゝ大《おほ》きく右足《うそく》より一歩《ほ》を攻《せ》め進《すゝ》む打太刀《うちたち》は直《たゞ》ちに青眼《せいがん》となり機《き》を見《み》て仕太刀《しだち》の右籠手《みぎこて》を打《う》つ仕《し》太刀《たち》は其剣《そのけん》を摺《す》り上《あげ》ると同時《どうじ》に左足《さそく》を左《ひだり》に披《ひら》き右足《うそく》を踏《ふ》み出《だ》して右籠手《みぎこて》を打《う》つ而《しか》

第九十七圖　第六本

第九十八圖　第　七　本

して左足《さそく》を踏《ふ》み出《だ》し上段《じやうだん》に冠《かぶ》り殘心《ざんしん》を示《しめ》す、打太刀《うちたち》は劍尖《けんさき》を下《さ》げ左足《さそく》より少《すこ》し引《ひ》き相青眼《あひせいがん》となり劍尖《けんさき》を下《さ》げ元《もと》に復《ふく》す。

第七本

打太刀《うちたち》仕太刀《しだち》相青眼《あひせいがん》

にて互《たがひ》に右足《うそく》より進《すゝ》み間合《まあひ》に接《せつ》するや打《うち》太刀《たち》は機《き》を見《み》て仕太刀《しだち》の胸部《きようぶ》を諸手《もろて》にて突《つ》く仕太刀《しだち》は諸手《もろて》を伸《の》ばして劍尖《けんさき》にて其《そ》の劍《けん》を押《おさ》へ互《たがひ》に相青眼《あひせいがん》となり打太刀《うちたち》は左《さ》足《そく》を踏《ふ》み出《だ》し右足《うそく》を踏《ふ》み出《だ》すと共《とも》に體《たい》を捨《すて》て諸手《もろて》にて仕太刀《しだち》の正面《しやうめん》に打《う》み込《こ》む仕《し》

太刀《だら》は右足《うそく》を右《みぎ》に拔《ひら》き左足《さそく》を踏出《ふみだ》して體《たい》を摺《す》り違《ちが》ひながら諸手《もろて》にて打太刀《うちたち》の右胴《みぎどう》を打《う》ち、右膝《みぎひざ》を蹲踞脇構《そんきよわきがまへ》となし、殘心《ざんしん》を示《しめ》し後相青眼《のちあひせいがん》となり劍尖《けんさき》を下《さ》げ元《もと》に復《ふく》す。

小太刀形三本

（打太刀長刀。仕太刀小刀）

第一本

打太刀《うちたち》上段《じやうだん》仕太刀《しだち》青眼半身《せいがんはんしん》の構《かま》へ

互《たがひ》に進《す》み（打太刀《うちたち》左足《さそく》より仕太刀《しだち》右足《うそく》より）仕太刀《しだち》入身《いりみ》となり進《す》むを打太刀《うちたち》は上段《じやうだん》より進《す》み機《き》を見《み》て仕太刀《しだち》の正面《しやうめん》を打《う》ち

第九十九圖　小刀形第一本

第百圖　小刀形第二本

下《お》ろす仕太刀《しだち》は體《たい》を右斜《みぎなゝめ》に拔《ひら》くと同時《どうじ》に受《う》け流《なが》し打太刀《うちたち》の正面《しやうめん》を打《う》ち左足《さそく》より一歩引き上段《じやうだん》に取《と》り殘心《ざんしん》を示《しめ》し後相青眼《のちあひせいがん》となり劍尖《けんさき》を下《さ》げ元《もと》に復《ふく》す。

第二本

打太刀《うちたち》下《げ》段《だん》仕太刀《しだち》青眼《せいがん》半身《はんしん》の構《かまへ》

互《たがひ》に右足《うそく》より進《すゝ》み打太刀《うちたち》は青眼《せいがん》に構《かまへ》を直《なを》さんとし仕太刀《しだち》は之《これ》を押《おさ》へて入身《いりみ》とならんとするを打太刀《うちたち》は脇構《わきがまへ》に拔《ひら》き仕太刀《しだち》の再《ふた》び入身《いりみ》となるを脇構《わきがまへ》より正面《しやうめん》に打《う》ち込《こ》む仕太刀《しだち》は左足《さそく》を左《ひだり》に前進《ぜんしん》し體《たい》を左《ひだり》に轉《てん》

じ其劒《そのけん》を受《う》け流《なが》し面《めん》を打《う》ち、打太刀《うちたち》の二の腕《うで》を押《おさ》へ劒尖《けんさき》を咽喉部《いんかうぶ》に着《つ》け殘心《ざんしん》を示《しめ》し後相青眼《のちあひせいがん》となり劒尖《けんさき》を下《さ》げ元《もと》に復《ふく》す。

第三本

打太刀《うちたち》青眼《せいがん》仕太刀《しだち》下段《げだん》半身《はんしん》の構《かまへ》

互《たがひ》に右足《うたく》より進《すゝ》み仕太刀《しだち》は入身《いりみ》とならんとするを打太刀《うちたち》は青眼《せいがん》より仕太刀《しだち》の正面《しやうめん》を打《う》ち下《お》ろす仕太刀《しだち》は其劒《そのけん》を左《ひだり》へ摺《す》り落《おと》すを打太刀《うちたち》は直《たゞ》ちに仕太刀《しだち》の右胴《みぎどう》を打《う》つ仕太刀《たち》左足《さそく》を左斜《ひだりなゝめ》に踏《ふ》み込《こ》むと同時《どうじ》に小太刀《こだち》の鍔元《つばもと》にて打太刀《うちたち》の鍔元《つばもと》を押《おさ》へ入《いり》

第百一圖　小刀形第三本

身《み》となり打太刀《うちたち》の二の腕《うで》を押《お》さへて三歩進《すゝ》み剣尖《けんさき》を咽喉部《いんかうぶ》に着《つ》け後青眼《のちせいがん》となり剣尖《けんさき》を下《さ》げ元《もと》に復《ふく》す。

第十六章　劍道の分類法と教授法

劍道《けんだう》の教授法《けうじゆはふ》は種々《しゆ〴〵》なる方法《はうはふ》があるが茲《こゝ》に其《そ》の一方法《はうはふ》としての分類法《ぶんるゐはふ》を示《しめ》し教育者《けういくしや》の參考《さんかう》に供《きよう》する事《こと》とした。

一、準備動作《じゆんびどうさ》
二、終末動作《しうまつどうさ》
三、徒手基本動作《としうきほんどうさ》
四、執刀基本動作《しつたうきほんどうさ》
五、對敵動作《たいてきどうさ》

六、道具着用動作《だうぐちやくようどうさ》
七、稽《けい》古《こ》
八、試《し》合《あひ》
九、形《かた》
一〇、特別稽古《とくべつけいこ》

（一）準備動作

準備動作《じゆんびどうさ》は劍道《けんだう》を行《おこな》ふ前《まへ》に爲《な》すべき動作《どうさ》で心身《しん〱》をして劍道《けんだう》に馴《な》れしむる爲《ため》に必要《ひつえう》なるものである。

卽《すなは》ち劍道《けんだう》は全身的運動《ぜんしんてきうんどう》で殊《こと》に強度《きやうど》なものであるから何等《なんら》準備的動作《じゆんびてきどうさ》をなさず、急《きう》に之《こ》れを實施《じつし》する時《とき》は、內臟《ないざう》、神經系《しんけいけい》を強震《きやうしん》して過勞《くわらう》に陷《おちい》らしむる恐《おそ》れがある、故《ゆゑ》に先《ま》づ塵垢《ほこり》の立《た》たない先《さ》きに深呼吸《しんこきふ》を行《おこな》ひ、次《つぎ》に四肢軀幹《しくかん》の輕易《けいい》なる運動《うんどう》を行《おこな》つて漸次《ぜんじ》其《そ》の度《ど》を強《つよ》くして、激烈《げきれつ》なる劍道動作《けんだうどうさ》に移《うつ》るのである。

（二）終末動作

終末動作《しうまつどうさ》は劍道《けんだう》を行《おこな》つた後《あと》で行《おこな》ふべき動作《どうさ》である。劍道《けんだう》を行《おこな》つた直後《ちよくご》は心身共《しんしんとも》に疲《ひ》勞《らう》してゐるから、之《こ》れを囘復《くわいふく》し劍道《けんだう》に依《よ》つて得《え》た効果《かうくわ》を減少《げんせう》せず心身《しんしん》を平常《へいぜい》に復《ふく》せしむる方法《はうはふ》である。

劍道《けんだう》を行《おこな》つた直後《ちよくご》は、身體《しんたい》の一部《ぶ》は尙活動《なほくわつどう》してゐるのに他《た》の一部《ぶ》は休止《きうし》し全身《ぜんしん》の平《へい》均《きん》を缺《か》いでゐて、疲勞《ひらう》が却々《なか〳〵》囘復《くわいふく》しない、故《ゆゑ》に身體各部《しんたいかくぶ》の平均運動《へいきんうんどう》を行《おこな》つて、同時《どうじ》に除々《ぢよ〳〵》として休息《きうそく》につかしむる爲《ため》に、筋肉運動《きんにくうんどう》の動作《どうさ》を緩除《くわんぢよ》に行《おこな》ふのである。

（三）徒手基本動作

徒手《としゆ》基本動作《きほんどうさ》とは、別章《べつしやう》に於《おい》て述《の》べたる、基本動作《きほんどうさ》を行《おこな》ふに先《さき》だち、劍道具《けんだうぐ》を用《もち》ひずして、基本動作《きほんどうさ》の練習《れんしふ》をなすを云《い》ふのである。

剣道《けんだう》は剣《けん》を以《も》つて行《おこな》ふものであるは勿論《もちろん》であるが、最初《さいしよ》から剣道具《けんだうぐ》を用《もち》ふると、剣《けん》や道具《だうぐ》に囚《とら》はれ、眞正《しんせい》なる動作《どうさ》が出來《でき》なくて進歩《しんぽ》が遲《おく》れるのである。

徒手基本動作《としゆきほんどうさ》に於《おい》ては、技癖《ぎへき》を豫《あらかじ》め矯正《きやうせい》することが必要《ひつえう》で、主《しゆ》として撃突《げきとつ》、及其《およびそ》の前後《ぜんご》の姿勢等《しせいとう》に注意《ちうい》すべきである。

（四）執刀基本動作

執刀基本動作《しつたうきほんどうさ》は、徒手基本動作《としゆきほんどうさ》が正確《せいくわく》に出來《でき》るやうになつてから、刀《かたな》を持《も》つて練習《れんしふ》するのである。

執刀上《しつとうじやう》に於《お》ける諸注意《しよちうい》は別章《べつしやう》の通《とほ》りであるから茲《こゝ》に説明《せつめい》を省《はぶ》く。只刀《たゞかたな》が如何《いか》なる動《ど》作《さ》をなしても正《たゞ》しく保持《ほぢ》される事《こと》に注意《ちうい》すべきである。

(五) 對敵動作

(六) 道具着用動作

(七) 稽古

(八) 試合

(九) 形

(一〇) 特別稽古……暑中、寒稽古等

之等《これら》は別章《べつしやう》に掲《かゝ》げたる所《ところ》を參照《さんせう》して適宜《てきぎ》敎授《けうじゆ》すべきであるが、個人敎授《こじんけうじゆ》は各個人《かくこじん》に就《つい》て充分癖《じうぶんへき》、長所《ちやうしよ》、短所等《たんしよとう》に注意《ちうい》し徹底的《てつていてき》に修練《しうれん》をなさしむべきである、又《また》多數《たすう》の生《せい》徒《と》を一齊《いつせい》に敎授《けうじゆ》する場合《ばあひ》は、常《つね》に號令《がうれい》を用《もち》ひて敎授《けうじゆ》するのである、けれども一齊的《せいてき》の敎授《けうじゆ》も個人敎授《こじんけうじゆ》と同樣各個人《どうやうかくこじん》に注意《ちうい》し個人敎授《こじんけうじゆ》を兼《か》ねたるものであらねばならぬ事《こと》を忘《わす》れてはならない。

第十七章　參考事項と初學者の心得

一、昔《むかし》は流派《りうは》が非常《ひじやう》にやかましく、修行者《しうぎやうしや》は流派《りうは》を死守《ししゆ》し、其《そ》の奧義《おうぎ》は之《こ》れを祕密《ひみつ》にしてゐたものである。

二、現今《げんこん》は餘《あま》り流派《りうは》に拘泥《こうでい》せず、各派《かくは》の長《ちやう》を取《と》り短《たん》を補《おぎな》ふものでよい、故《ゆゑ》に己《おの》れの信《しん》ずる師《し》に就《つい》て修行《しうぎやう》するがよろしい。

三、昔《むかし》は劍道具《けんだうぐ》を着《つ》け竹刀《しない》を以《も》つて修行《しうぎやう》したのではない、素面素籠手《すめんすこて》で木刀《ぼくたう》を以《も》つて修行したもので、專《もつぱ》ら形《かた》を修行《しうぎやう》したのである。形《かた》は眞劍《しんけん》で實際《じつさい》の戰《たゝかひ》に必要《ひつえう》な動作《どうさ》を組《く》み立《た》てたもので、形《かた》の修行《しうぎやう》をした上《うへ》で試合《しあひ》をなしたものである。

四、今日《こんにち》でも形《かた》の修行《しうぎやう》は最《もつと》も必要《ひつえう》である、故《ゆゑ》に多《おほ》くの人々《ひとゞ》が形《かた》を修行《しうぎやう》せず最初《さいしよ》から稽《けい》古《こ》をなすのは正當《せいたう》の順序《じゆんじよ》ではない。

五、昔《むかし》は劍道《けんだう》の技倆《ぎりやう》を現《あらは》すに、一定《てい》の階級《かいきふ》といふものはなかつたが、技倆《ぎりやう》が進《すゝ》んだ場《ば》合《あひ》には、其《そ》の師《し》から切紙《きりがみ》を授《さづ》けられ、次《つぎ》に目錄《もくろく》、更《さら》に其《そ》の流派《りうは》の奥義《おうぎ》を究《きは》むると、免許皆傳《めんきよかいでん》を授《さづ》けたものである。

六、今日《こんにち》では武道《ぶだう》の總本部《そうほんぶ》とも言《い》ふべき大日本武德會《だいにほんぶとくくわい》（明治《めいぢ》二十八年《ねん》の創設《さうせつ》に係《かゝ》り京《きやう》都《と》に在《あ》る）に於《おい》て段級《だんきふ》を授《さづ》く。

七、劍道《けんだう》の眼目《がんもく》は姿態《したい》を整《とゝの》へる事《こと》にある。其《そ》の姿態《したい》は平常歩行《へいじやうほかう》の姿勢《しせい》が天賦《てんぷ》のものであるが、目立《めだ》つて不正《ふせい》でない限《かぎ》り太刀《たち》を取《と》る時《とき》も、天賦《てんぷ》の姿勢《しせい》を保《たも》てば技術《ぎじゆつ》も自由《じゆう》に出來《でき》上達《じやうたつ》も迅速《じんそく》である。

初學者《しよがくしや》は氣許《きばか》りあせつて姿勢《しせい》の均衡《きんかう》を失《うしな》ふものであるから注意《ちうい》しなければならぬ。

八、技《わざ》についての工夫《くふう》は最《もつと》も肝要《かんえう》な事《こと》であるが、初學《しよがく》の中《うち》は技《わざ》を専《もつぱ》らにして、工夫《くふう》を後《あと》にするがよろしい。

初學《しよがく》の時《とき》より工夫《くふう》を先《さき》にすれば、心《こゝろ》と技《わざ》と相伴《あひともな》はず、畢竟《ひつきやう》疊《たゝみ》の上《うへ》の水練《すゐれん》に終《おは》るものである。

工夫《くふう》は心《こゝろ》のまゝに手足《てあし》の動《うご》くやうになつてから後《のち》にするもので、心《こゝろ》に工夫《くふう》あるも手足《てあし》之《これ》に從《したが》はざれば何《なん》の約《やく》にも立《た》たないからである。

九、初學者《しよがくしや》は時《とき》に獨習《どくしふ》をすることが必要《ひつえう》である。獨習《どくしふ》は防具《ばうぐ》を要《もち》ひず、襦袢袴《じゆはんはかま》で庭《には》に出《い》で、竹刀《しなひ》又《また》は木刀《ぼくとう》を以《も》つて自由《じゆう》に稽古《けいこ》をするのである。目標《もくへう》を空眼《くうがん》と稱《しよう》して、人《ひと》の丈《たけ》より少《すこ》し高《たか》い所《ところ》を敵《てき》の面《めん》と假想《かさう》するのである。獨習《どうしふ》は自由《じゆう》に一般《はん》の練習《れんしふ》を爲すことが出來《でき》るが、特《とく》に己《おの》れの研究《けんきう》せんとする術《じゆつ》、或《あるひ》は己《おの》れの特《とく》に拙劣《せつれつ》なる技等《わざなど》を繰《く》り返《かへ》し練習《れんしふ》する特徴《とくちよう》があるのである。

又《また》一般的《はんてき》に最《もつと》も必要《ひつえう》なる姿勢《しせい》、足《あし》の開《ひら》き方《かた》、腕《うで》の伸《のば》し方《かた》、刀《かたな》の締《し》め方等《かたとう》に注意《ちうい》するが肝要《かんえう》である。

一〇、運剣《うんけん》に熟達《じゆくたつ》するには一氣《き》に續《つゞ》け打《う》ちにするやうに練習《れんしふ》するのである。右《みぎ》より打《う》ちかゝる切先《きつさき》をそのまゝめぐらして左《ひだり》より打《う》ち、打《う》ちたるを休《やす》めることなく突《つ》きかゝると云《い》ふやうにするのである、初學者《しよがくしや》のうちは敵《てき》に打《う》たれるを關《かま》はず運劍《うんけん》の練習《れんしふ》をなすことが必要《ひつえう》である。

一一、頭《あたま》は眞直《まつすぐ》に持《ぢ》して、俯仰《ふぎやう》したり、左右《さいう》にかたげてはならない、若《も》し天性然《てんせいさ》うした習慣《しふくわん》があれば劍道《けんだう》に依《よ》つて矯正《きやうせい》するやう心掛《こゝろが》けねばならぬ。

一二、目《め》は敵《てき》の全體《ぜんたい》を一眸《ぼう》に集《あつ》めるものであるがその中心《ちうしん》は常《つね》に敵《てき》の面《めん》にあるべきである。面《かほ》は心《こゝろ》が最《もつと》も早《はや》く現《あら》はれる所《ところ》であるからその變化《へんくわ》を見《み》てその心《こゝろ》の動《うご》きを先知《せんち》する事《こと》が肝要《かんえう》である。

一三、大敵《たいてき》と見《み》て怖《おそ》れたり、小敵《せうてき》と見《み》て侮《あなど》つたりしてはならない、無我《むが》、無敵《むてき》の心境《しんきやう》にて、己《おのれ》が力《ちから》を充分發揮《じうぶんはつき》して虛心平氣《きよしんへいき》で戰《たゝか》ふ事《こと》が肝要《かんえう》である。

兎角初學者《とかくしよがくしや》のうちは敵《てき》に依《よ》つて怖《おそ》れをなしたり侮《あなど》つたりし易《やす》いもので、其《そ》れが爲《ため》に上達《じやうたつ》が遲《おく》れる事《こと》は夥《おびたゞ》しい事實《じじつ》である。故《ゆゑ》に樵夫《きこり》が木《き》に對《たい》するやうな心持《こゝろもち》にて立會《たちあ》ふやう心掛《こゝろが》けねばならぬ。

一四、敵《てき》を誘《さそ》ふために、故意《こい》に隙《すき》を見《み》せる事《こと》がある、其《そ》の時《とき》の隙《すき》は、眞實《しんじつ》の隙《すき》を作《つく》つてはならない、敵《てき》の眼《め》を眩《くら》まし、隙《すき》のやうに見《み》せるだけである。隙《すき》のやうに見《み》せて其《そ》の眞意《しんい》は攻撃《こうげき》する意志《いし》である。

故《ゆゑ》に敵《てき》に隙《すき》が見《み》えたら、其《そ》れが眞實《しんじつ》の隙《すき》か故意《こい》の隙《すき》かをよく見分《みわ》ける事《こと》が肝要《かんえう》であり、又敵《またてき》を誘《さそ》ふ爲《ため》に故意《こい》に作《つく》つた隙《すき》が本統《ほんとう》の隙《すき》であつてはならないのである。

一五、昔《むかし》から攻防《こうはう》は一つなりといふ事《こと》を言《い》ふが、攻《せ》め込《こ》む時既《ときすで》に防《ふせ》ぐ用意《ようい》あり、防《ふせ》ぐ時既《ときすで》に攻《せ》める用意《ようい》がなくてはならない。

又伸《またの》びんが爲《ため》に屈《くつ》し、屈《くつ》せん爲《ため》に伸《の》びる等《とう》一刻《こと》たりとも隙《すき》はないやう心《こゝろ》を配《くば》る事《こと》が肝要《かんえう》である、之等《これら》の心境《しんきやう》は熟達《じゆくたつ》するに從《したが》つて養《やしな》はるゝものであるが、初學者《しよがくしや》の中《うち》より豫《あらかじ》め覺悟《かくご》し其《そ》の心掛《こゝろが》けで修行《しうぎやう》することを忘《わす》れてはならない。

一六、敵《てき》の虚《きよ》に乘《じよう》ずる刹那《せつな》は、目《め》で見《み》、心《こゝろ》が動《うご》いて業《わざ》となるのが、殆《ほと》んど同《どう》一瞬間《しゆんかく》であらねばならぬ、此《こ》の三つが離《はな》れ〳〵になつては既《すで》に遲《おそ》いのである、即《すなは》ち電光閃《でんくわうひらめ》く如《ごと》き早業《はやわざ》でなければならぬ。

敵《てき》が隙《すき》を作《つく》るは極《きは》めて罕《まれ》であるから、其《そ》れに乘《じよう》ずるのが最《もつと》も大切《たいせつ》なる修行《しうぎやう》である。

一七、柄《つか》を握《にぎ》る時《とき》は茶巾《ちやきん》しぼり又打込《またうちこ》む時《とき》は濡手拭《ぬれてぬぐひ》を内《うち》に絞《しぼ》るやうな心持《こゝろもち》で十分手《ぶんて》を伸《の》ばして打込《うちこ》む。

指《ゆび》の中央《ちうわう》より外側《そとがは》に力《ちから》が入《い》り、臂《ひぢ》も伸《の》び肩《かた》も下《お》りて自由《じゆう》に而《し》かも有効《いうかう》に働《はたら》きが出《で》來《き》るのである。

又構《またかま》へてゐる時《とき》、休《やす》みなく手《て》に力《ちから》を入《い》れて絞《し》めてゐてはならない、打《う》ち又《また》は突《つ》く瞬間丈《しゆんかんだ》け力《ちから》を籠《こ》め、其《そ》の前後《ぜんご》は力《ちから》を拔《ぬ》く事《こと》が肝要《かんえう》である。

一八、肩《かた》は平素《へいそ》手《て》を差《さ》し伸《の》した時《とき》と同樣《どうやう》に、構《かま》へた時《とき》も平靜《へいせい》になつてゐるもので、殊更《ことさら》肩《かた》が怒《いか》つてゐたり、右肩《みぎかた》と左肩《ひだりかた》と平衡《へいかう》を缺《か》いてゐてはならない、肩《かた》が張《は》れば胸《むね》が迫《せま》り息苦《いきぐる》しく自由《じゆう》に活動《くわつどう》が出來《でき》ないものである。

一九、手首《てくび》は、切手《きつて》と受手《うけて》と二樣《やう》の形《かたち》がある、即《すなは》ち切手《きつて》は打《う》ち込《こ》む時《とき》、用《もち》ふる手首《てくび》の形《かた》で手首《てくび》が蛇《へび》の首《くび》の如《ごと》く立《た》つた形《かたち》である。之《こ》れは強《つよ》く打《う》つ爲《ため》に有効《いうかう》で、又《また》受《う》け手《て》は敵《てき》の打《う》ち込《こ》んで來《き》た太刀《たち》を受《う》ける時《とき》に用《もち》ふる手首《てくび》の形《かた》で、手首《てくび》を縮《ちゞ》めて力《ちから》を殺《ころ》して受《う》けるに有効《いうかう》な形《かた》である。

それ等《ら》は初學《しよがく》の中《うち》より心得《こゝろえ》ておくべき事《こと》である。

二〇、腹力《はらぢから》は劍道《けんだう》ばかりでなく、總《す》べてに必要《ひつえう》であるが、殊《こと》に劍道《けんだう》の如《ごと》き勝負《しようぶ》にあつては、業《わざ》と相俟《あひまつ》て極《きは》めて必要《ひつえう》である。即《すなは》ち丹田《たんでん》に力《ちから》を入《い》れ心《こゝろ》を落《おち》つけ、敵《てき》を呑《の》んでかゝる事《こと》は、勝負《しようぶ》の上《うへ》に最《もつと》も重大關係《ちうだいくわんけい》を爲《な》すものである。

昔《むかし》の眞劍勝負《しんけんしようぶ》なぞは丹田《たんでん》に力《ちから》を入《い》れて技《わざ》の弱《よは》いものでも勝《かち》を制《せい》した例《れい》は幾《いく》らもあ

るのである。

二一、體形《たいけい》は如何《いか》なる時《とき》でも、決《けつ》して崩《くづ》してはならない。打《う》ち込《こ》む時《とき》は手《て》のみ伸《のば》して打《う》つのでなく體諸共《たいもろとも》足《あし》と共《とも》に進《すゝ》んで打《う》つのである、さもないと體形《たいけい》が崩《くづ》れ構《かま》へが亂《みだ》れるのである。

退《しりぞ》く時《とき》でも足《あし》のみで退《しりぞ》くのではなくて、體諸共體形《たいもろともたいけい》を崩《くづ》さないやうに退《しりぞ》くのである。其《そ》の他《た》如何《いか》なる場合《ばあひ》でも此《こ》の覺悟《かくご》がなくてはならない。

二二、初學《しよがく》の間《あひだ》は勝負《しようぶ》に勝《か》たんとのみ考《かんが》へてゐてはいけない、形《かた》を第《だい》一として手《て》の動《どう》作《さ》、足《あし》の運《はこ》び、眼《め》のつけ方等《かたなど》に注意《ちうい》し、眞《しん》の理《り》を會得《ゑとく》するやう心掛《こゝろが》けねばならぬ。

偶々《たま〳〵》一二本勝《ほんか》つた所《ところ》で、それが眞《しん》の理《り》から出《いで》、根本《こんぽん》の基礎《きそ》から生《うま》れたものでなければ何《なん》にもならない、偶然《ぐうぜん》に等《ひと》しいものである。故《ゆゑ》に飽《あ》く迄根本《までこんぽん》の眞理《しんり》を會得《ゑとく》するやうに練習《れんしふ》すべきである。

二三、足《あし》は、開《ひら》き過《す》ぎないやう、又狹《またせま》く開《ひら》かないやう、日常步行《にちじやうほかう》の際《さい》に於《お》ける心持《こゝろもち》で運《はこ》べばよい。

踏《ふ》み込《こ》む時《とき》は、先《ま》づ體《たい》を少《すこ》し後《あと》に引《ひ》き氣味《ぎみ》にし、左足《さそく》に體重《たいぢう》を持《も》たせ、右足《うそく》を浮《うか》せて少《すこ》し後《あと》に引《ひ》き氣味《ざみ》にし、彈《はづ》みをつけて其《そ》の儘《まゝ》右足《うそく》を前《まへ》に跳《おど》り込《こ》むのである。此《こ》の際《さい》左《さ》足《そく》は右足《うそく》に從《したが》つて引《ひ》かれて行《ゆ》くのである。

退《の》く時《とき》は左足《さそく》を浮《う》かせ、後《あと》に引《ひ》き右足《うそく》は之《こ》れに從《したが》ふ形《かた》となるのである。

二四、敵《てき》がまだ打《う》ち込《こ》まない先《さき》に、場面《ばめん》を引《ひ》き絞《し》め、敵《てき》を責《せ》め立《た》て、又《また》は構《かまへ》に依《よ》つて敵《てき》をして構《かま》へることが不可能《ふかのう》ならしむる等《など》は必要《ひつえう》な事《こと》である。先《せん》の勝《かち》とは之等《これら》を言《い》ふのであるが敵《てき》が突又《つきまた》は打《う》ち込《こ》んで來《き》たのを、巧《たく》みにかはして空《くう》を打《う》たせるのは、後《あと》の勝《かち》でなく矢張《やは》り用意《ようい》しておいた上《うへ》であるから先《せん》の勝《かち》である。

敵《てき》に一本《ぽん》打《う》たれ乍《なが》ら、其《そ》の虚《きよ》に乘《じよう》じて敵《てき》を打《う》つのは後《あと》の勝《かち》である。敵《てき》の打《う》ち込《こ》んだ太刀《たち》が強《つよ》くて打《う》ち返《かへ》す事《こと》が出來《でき》ないのは全然《ぜん〳〵》負《ま》けであるが、其《そ》れを打《う》ち返《かへ》すは後《あと》の勝《かち》である。打《う》ち返《かへ》す事《こと》の出來《でき》るのは初《はじめ》の太刀《たち》に不充分《ふじうぶん》な點《てん》があるからで、初《はじめ》の太《た》刀《ち》は兎角《とかく》不充分《ふじゆうぶん》な事《こと》があり勝《がち》であるから、敵《てき》に先《さき》んぜられたら、直《たゞ》ちに後《のち》の勝《かち》を得《う》るやう常《つね》に細心《さいしん》の覺悟《かくご》が必要《ひつえう》である。

二五、初太刀《しよだち》は必《かなら》ず打《う》ち勝《か》つやう心掛《こゝろが》けねばならぬ、初太刀《しよだち》にて敵《てき》を制《せい》し度膽《どぎも》を抜《ぬ》くことが出來《でき》る。眞劍勝負《しんけんしようぶ》ならば初太刀《しよだち》にて敵《てき》は打《う》ち倒《たほ》れたも同樣《どうやう》である。初太刀《しよだち》を仕損《しそん》ぜないやう充分注意《じうぶんちうい》し且《かつ》、初太刀《しよだち》を受《う》けて直《たゞ》ちに敵《てき》が仕返《しかへ》し來《く》る事《こと》が出來《でき》ないやう、初太刀《しよだち》の完全《くわんぜん》を期《き》せねばならぬ。

二六、體《たい》が小《ちい》さく背《せ》が低《ひく》くとも悲觀《ひくわん》することはない、己《おの》れが天性《てんせい》に從《したが》ひ無理《むり》をしないやう、練習《れんしふ》に練習《れんしふ》を積《つ》めば、却《かへ》つて有利《いうり》に上達《じやうたつ》が出來《でき》るものである。又力《またちから》の弱《よは》いものは膂力《りよりよく》の練習《れんしふ》に勵《はげ》み動作《どうさ》の遲《おそ》いものは手足《てあし》の敏活《びんくわつ》に注意《ちうい》し、體《からだ》の大《だい》なるもの背《せ》の高《たか》い者《もの》、皆《みな》それ〱己《おの》れが天賦《てんぷ》に注意《ちうい》し己《おの》れが長所《ちやうしよ》を發揮《はつき》し、己《おの》れが弱點《じやくてん》を矯正《きやうせい》するやう心掛《こゝろが》くることか必要《ひつえう》である。

二七、演武場《えんぶぢやう》に出《で》た時《とき》は、姿勢《しせい》を正《たゞ》し左手《さしゆ》にて竹刀《しなひ》の鍔下《つばした》を持《も》ちて進《すゝ》み、神殿又《しんでんまた》は玉《ぎよく》座《ざ》に向《む》ひ立禮《りつれい》をなし、道場《だうぢやう》の中央《ちうわう》に向《むか》つて進《すゝ》み試合《しあひ》の禮《れい》をなすこと。

二八、明治時代《めいぢじだい》となり廢刀後《はいたうご》劍道《けんだう》の奬勵《しやうれい》に効《かう》のあつたのは警視廳《けいしちやう》で之《こ》れに續《つゞ》いては大《だい》日本武德會《にほんぶとくくわい》であるが今後《こんご》は國民悉《こくみんこと〴〵》く武道奬勵《ぶだうしやうれい》に力《ちから》を至《いた》し國威《こくゐ》を輝《かゞや》かすべき心掛《こゝろが》けが大切《たいせつ》である。

——了——

附錄

近世劍士小傳及逸話

千葉周作（北辰一刀流）

仙臺《せんだい》氣仙郡《きせんぐん》氣仙村《きせんむら》に生《うま》れ、幼名《えうめい》を寅松《とらまつ》といつた。父《ちゝ》は忠左衞門《たゞざゑもん》といひ周作《しうさく》を愛《あい》し篤《あつ》く敎導《けうだう》し共《とも》に江戸《えど》に出《で》た、周作《しうさく》は更《さら》に一刀流《たうりう》の淺利《あさり》又《また》七郎《ろう》義信《よしのぶ》に就《つい》て研究《けんきう》したが、師《し》の又《また》七郎《ろう》に見込《みこ》まれ養子《やうし》となつた、又《また》七郎《ろう》は家元《いへもと》たる中西忠太《なかにしちうた》の直門《ぢきもん》に入《い》れ、猶《なほ》蘊蓄《うんちく》を究《きは》めさせたが、周作《しうさく》大《おほひ》に得《う》る所《ところ》あり、養家《やうか》に歸《かへ》り新研究《しんけんきう》の劍道《けんだう》を鼓吹《こすゐ》せんとするや偶々《たま〱》養父《やうふ》又《また》七郎《ろう》と意見《いけん》のあはざる所《ところ》あり、遂《つひ》に養家《やうか》を去《さ》つて獨立《どくりつ》し、北辰《ほくしん》一刀流《たうりう》を起《おこ》した。北辰《ほくしん》一刀流《たうりう》は、時代《じだい》に迎合《げいがふ》したもので、千變萬化《べんはんくわ》を要《えう》とする劍道《けんだう》に於《おい》て、從來《じうらい》の一刀流《たうりう》はいつも、下段正眼《げだんせいがん》ばかり構《かま》へてゐたのを、對手《あひて》の機《き》を見《み》て構《かまへ》なぞは自由《じゆう》に扱《あつか》ふのであつた。

初《はじ》め日本橋品川町《にほんばししながはまち》に道場《だうぢやう》を開《ひら》き、後《のち》、神田於玉ケ池《かんだおたまいけ》に道場《だうぢやう》を設《まう》けたが、當時《たうじ》青年《せいねん》の門《もん》に入《はい》るもの堵《と》をなし盛大《せいだい》を極《きは》めた。於玉ケ池《おたまいけ》と云《い》へば千葉《は》を意味《いみ》する程有名《ほどいうめい》であつた。

幕末《ばくまつ》の志士《し》、坂本龍馬《さかもとりうま》、淸川八郎《きよかははちろう》、櫻田《さくらだ》の志士《しし》有村次郎左衞門《ありむらぢざゑもん》等はこの門《もん》から出《で》た、後年水戸藩《こうねんみとはん》の擊劍指南番《げきけんしなんばん》をしてゐたが、安政《あんせい》三年《ねん》十一月《ぐわつ》六十二歲《さい》を以《もつ》て病歿《びやうぼつ》した。

周作《しうさく》に四男一女《だんぢよ》あり、長男《ちやうなん》を奇蘇太郎《きそたろう》、次男《じなん》を榮次郎《えいじろう》、三男《なん》を道三郎《みちろう》、四男《なん》を多門《たもん》四郎《ろう》といつたが何《いづ》れも短命《たんめい》に終《おは》つたが優《すぐ》れた腕前《うでまへ》を持《も》つてゐた。

弟定吉《おとうとさだきち》は文武《ぶんぶ》の道《みち》に丈《た》けよく周作《しうさく》を輔翼《ほよく》したのであつた。

千葉榮次郎

周作《しうさく》の次男《じなん》で、兄奇蘇太郎《あにきそたろう》にも優《まさ》り早《はや》くより名人《めいじん》の名《な》があつた。父周作《ちゝしうさく》は其《そ》の將來《しやうらい》を囑望《しよくばう》し念《ねん》を入《い》れて敎導《けいだう》し、常《つね》に代稽古《だいげいこ》を勤《つと》めさせてゐた。

立派《りつぱ》に父《ちゝ》の後《あと》が繼《つ》げるのであつたが、文久《ぶんきう》二年正月《ねんしやうぐわつ》年僅《としわづ》か三十歳《さい》で早《はや》くも世《よ》を去《さ》つてしまつた。

桃井春藏（鏡新明智流）

桃井《もゝゐ》八郎左衛門《ろうざゑもん》直由《なをよし》の子《こ》で、千葉《は》、齋藤《さいとう》と轡《くつわ》を並《なら》べて有名《いうめい》なる劍客《けんかく》であつた、直由《なほよし》は柳澤藩《やなぎさははん》の士《し》で、無邊流《むへんりう》の槍術《さうじゆつ》を能《よ》く遣《つか》ひ、戸田《とだ》、一刀《たう》、柳生《やぎふ》、堀内《ほりのうち》等《とう》の諸流《しよりう》を究《きは》め一流《りう》をなしてゐた春藏《しゆんぞう》は幕府講武所《ばくふかうぶしよ》の教授方《けうじゆかた》に擧《あ》げられ高名《かうめい》を馳《は》せたが文政《ぶんせい》三年《ねん》七十一歳《さい》で歿《ぼつ》した。

山岡鐵舟（無刀流）

本姓《ほんせい》は小野氏《をのし》、通稱鐵太郎《つうしようてつたろう》、名《な》は高歩《かうぶ》、字《あざな》は猛虎《もうこ》、天保《てんぽう》七年《ねん》六月本所《ぐわつほんじよ》に生《うま》れた。父《ちゝ》小野朝右衛門高福《をのあさゑもんたかよし》に從《したが》つて飛驒《ひだ》に成長《せいちやう》し、廿二歳《さい》の時江戸《ときえど》に出《で》て山岡家《やまをかけ》を繼《つ》いた、山《やま》岡家《なかけ》は幕府《はくふ》の貧乏旗本《びんはうはたもと》で、槍術《さうじゆつ》の師匠《ししやう》山岡靜山《やまをかせいざん》の跡《あと》を繼《つ》いだのだつた。

祖父《そふ》は高寛《かうくわん》といつて禪學《ぜんがく》を研《きは》め父《ちゝ》高福《たかよし》も禪《ぜん》を修《おさ》めた。

鐵舟《てつしう》は初《はじ》め久須美閑適齋《くすみかんてきさい》、井上淸虎《ゐのうへせいこ》等《ら》に就《つい》て學《まな》んだが中年《ちうねん》千葉《ば》の門《もん》に入《い》り鬼鐵《きてつ》と異《ゐ》名《みやう》されて評判《へうはん》が高《たか》かつた。然《しか》るに一日《にち》中西忠兵衛《なかにしちうべゑ》の息《そく》、淺利又七郎義明《あさりまたろうよしあき》と仕合《しあ》ひ、一《ちよつ》寸《と》の手足《てあし》も出《で》なかつたので大《おほひ》に己《おのれ》が未熟《みじゆく》を悟《さと》り、日夜工夫《にちやくふう》を重《かさ》ね禪道《ぜんだう》に依《よ》つて劍道《けんだう》の極意《こくゐ》を得《え》んとした。

芝《しば》、長德寺《ちやうとくじ》の願翁和尙《ぐわんおうをせう》、伊豆北條《いづほうでう》、瀧澤寺《りうたくじ》の星定和尙《せいぜうをせう》、天龍寺《てんりうじ》の滴水和尙《てきすゐをせう》、圓覺寺《ゑんかくじ》の洪川和尙《かうせんをせう》、相國寺《さうこくじ》の獨園和尙《どくえんをせう》に就《つい》て禪道《ぜんだう》を究《きは》め禪劍《ぜんけん》一致《ち》の眞生命《しんせいめい》を得《え》た。

淺利又七郎《あさりまたろう》に破《やぶ》れて十七ケ年《ねん》の後遂《のちつひ》に又七郎《またろう》をして畏敬《ゐけい》の聲《こゑ》を發《はつ》せしめた。

無刀流《むたうりう》を創始《さうし》したが無刀流《むたうりう》は形《かた》や技《わざ》に拘泥《かうでい》せず心裏極致《しんりきよくち》に悟入《ごにふ》せよとの意《ゐ》にて禪機《ぜんき》に依《よ》り、劍機《けんき》を悟《さと》る禪劍《ぜんけん》一致《ち》の心境《しんきやう》を根本《こんぽん》としたものである。

幕府守護《はくふしゆご》の任《にん》に當《あた》り、明治政府《めいぢせいふ》に事《つか》へては常《つね》に膝下《しつか》にあつて忠誠《ちうせい》を究《きは》め、御親任殊《ごしんにんこと》の外《ほか》厚《あつ》かつた。又書《またしよ》をよくしたが明治《めいぢ》廿一年《ねん》七月《ぐわつ》十九日《にち》五十三歳《さい》で死去《しきよ》した。

齋藤彌九郎（無念流）

越中國射水郡佛生寺村《えつちうのくにゐみづぐんぶつしやうじむら》の人《ひと》で、農家《のうか》の忰《せがれ》であつたが、祖先《そせん》は武家《ぶけ》であつたから將來《しやうらい》大《おほひ》に名《な》を成《な》さんと十五歳《さい》の時《とき》奮然《ふんぜん》江戸《えど》に出《で》て能勢祐之助《のせいうのすけ》と言《い》ふ旗本《はたもと》の家《いへ》に奉公《ほうこう》した。後《のち》岡田《をかだ》十松《まつ》の門《もん》に入《い》り、高名《かうめい》を馳《は》せ忽《たちま》ち代稽古《だいげいこ》をやる程《ほど》となつた。文政《ぶんせい》三年《ねん》師《し》の歿《ぼつ》した後《のち》、道場《だうぢやう》を引《ひ》き受《う》けたが、二十九歳《さい》の時《とき》初《はじ》めて飯田町《いひだまち》に獨立《どくりつ》の道場《だうぢやう》を開《ひら》いた。

彌《や》九郎《ろう》は江戸《えど》の藥籠《やくろう》となり種々《しゆ〳〵》なる時代的功績《じだいてきこうせき》を擧《あ》げたが、其《そ》の背後《はいご》には伊豆《いづ》韮山《にらやま》の代官《だいくわん》江川《えがは》太郎左衞門《たろうざゑもん》があり水戸公《みとこう》があつた。練兵館《れんぺいくわん》を起《おこ》し新兵法《しんへいはふ》を以《も》つて益〳〵《ますく》名《な》を擧《あ》げた。

彌《や》九郎《ろう》は幕末《ばくまつ》に於《お》ける民間劍士《みんかんけんし》の代表的人材《だいへうてきじんざい》であつたのだ。而《し》かも論客《ろんかく》であり又學《またがく》者《しや》であつた、高杉東行《たかすぎとうかう》、桂小五郎《かつらこごろう》、太田市之進《おほたいちのしん》、品川彌二郎《しながはやじろう》、山尾《やまを》庸《よう》三等《ら》は彌《や》九郎《ろう》の門下《もんか》である。

晩年《ばんねん》、篤信齋《とくしんさい》と名《な》のり、代々木《よゝぎ》に邸宅《ていたく》を構《かま》へたが、明治政府《めいぢせいふ》に仕《つか》へ任務中失火《にんむちうしつくわ》あり重要《ぢうえう》なる外國條約書《ぐわいこくでうやくしよ》を取《と》り出《だ》す爲猛火《ためもうくわ》に燒《や》かれた。明治《めいぢ》四年十月《ねんぐわつ》世《よ》を去《さ》つた。

二世彌九郎

齋藤彌九郎《さいとうやくろう》の長男《ちやうなん》で新太郎《しんたろう》と云《い》つた人《ひと》である。容貌魁偉天資溫厚《ようぼうくわいゐてんしをんかう》にして幼《えう》より親《おや》によく事《つか》へ、門下《もんか》に對《たい》し嚴格《げんかく》で親切《しんせつ》であつた。

十九歲《さい》の時諸國《ときしよこく》を修業《しうげふ》し、二十二歲《さい》の時長州《ときちやうしう》の明倫館《めいりんくわん》で、筑後柳川《ちくごやながは》の劍士田中幸助《けんしたなかかうすけ》と仕合《しあ》ひ非凡《ひぼん》の腕前《うでまへ》を示《しめ》し藩主《はんしゆ》に賞讃《しようさん》せられ師範《しはん》を命《めい》ぜられた。

彌《や》九郎文武《ろうぶんぶ》を兼修《けんしう》し業《わざ》を授《さづ》けて倦《う》まず、木戸孝允《きどかういん》、山尾庸《やまをよう》三、渡邊昇《わたなべのぼる》、井上勝《ゐのうへかつ》、楠《くす》本正隆《もとまさたか》、關口隆吉等《せきぐちりうきちら》共《そ》の門《もん》から出《で》てゐる。

明治維新後《めいぢゐしんご》、父彌《ちゝや》九郎《ろう》の殘《のこ》した製茶《せいちや》を業《げふ》として明治《めいぢ》二十一年《ねん》八月《ぐわつ》六十歲《さい》で歿《ぼつ》した。

文事《ぶんじ》にも堪能《たんのう》で、學《がく》を赤井源藏《あかゐげんざう》、書《しよ》を巻菱湖《まきりやうこ》に畫《ぐわ》を華山《くわざん》、椿山《ちんざん》に學《まな》んで風雅《ふうが》を樂《たの》しんだのは有名《いうめい》である。

齋藤歡之助

齋藤彌《さいとうや》九郎《ろう》の三男《なん》で二世彌《せいや》九郎《ろう》の一人《ひとり》挿《はさ》んだ弟《おとうと》である。兄《あに》に優《まさ》りて腕《うで》が強《つよ》く鬼歡《おにくわん》といふ綽名《あだな》を取《と》つた程《ほど》で、十七歳《さい》の時《とき》、長州《ちやうしう》の壯士《さうし》が江戸《えど》に來《きた》り、父《ち》の練兵館《れんぺいくわん》を荒《あら》さうと、他流試合《たりうしあひ》を申込《まをしこ》んだ其《そ》の時留守居《ときるすゐ》をしてゐた歡之助《くわんのすけ》は小僧《こども》の癖《くせ》に片《かた》つ端《はし》から引《ひ》き受《う》け、一人《ひとり》殘《のこ》らず突《つ》き倒《たほ》し慘々《さんざん》なる目《め》に遭《あ》はして追《お》ひ返《かへ》してしまつた。後大村藩《のちおほむらはん》に事《つか》へて師範《しはん》となつた。兄彌《あにや》九郎《ろう》に劣《おと》らざる驍名《ぎようめい》を馳《は》せた人《ひと》である。

近藤勇（理心流）

近藤勇《こんどういさむ》は武州多摩郡石田村《ぶしうたまぐんいしだむら》の生《うま》れで、名《な》を昌宜《まさのぶ》、字《あざな》を勝太《かつた》と云《い》つた、幼《えう》より勇悍強《ゆうかんごう》毅《き》にして膽略《たんりやく》に富《と》んだ、幕府《ばくふ》の募《つのり》に應《おう》じ同士《どうし》土方歳三《ひぢかたさい》と共《とも》に武勇《ぶゆう》を振《ふる》ひ、新撰組《しんせんぐみ》の隊《たい》長《ちやう》となつた。

佐《さ》幕黨《ばくたう》として大《おほひ》に勤王《きんわう》の志士《し》、と戰《たゝか》ひ心膽《しんたん》を冷《ひや》やかならしめたが、幕府《ばくふ》の運命傾《うんめいかたむ》くと共《とも》に、甲州流山《かうしうながれやま》に屯《たむろ》して動靜《どうせい》を伺《うかが》ふ中《うち》、官軍《くわんぐん》の一將《しやう》に謀《はか》られ明治元年《めいぢぐわんねん》四月《ぐわつ》二十五日《にち》、捕《とら》へられて刑《けい》に處《しよ》せられた。年《とし》三十五歳《さい》であつた。

勇《いさむ》は名《な》ある師《し》に事《つか》へず理心流《りしんりう》を以《も》つて江戸《えど》に指南《しなん》をしてゐた、技《わざ》は甚《はなは》だ振《ふる》はないが氣《き》を以《も》つて人《ひと》を制《せい》した。これが理心流《りしんりう》の奥義《おうぎ》であつた。

榊原健吉（直心影流）

天保元年《てんぽうぐわんねん》十一月《ぐわつ》麻布廣尾《あざぶひろを》で生《うま》れた。家《いへ》は代々《だい〳〵》幕臣《ばくしん》で父《ちゝ》益太郎友直《ますたろうともなほ》は軍學《ぐんがく》に長《ちやう》じてゐた。十三歳《さい》の時《とき》から男谷精一郎《をだにせいいちろう》の門《もん》に入《い》り劍術《けんじゆつ》を學《まな》んだが、大《おほひ》に非凡《ひぼん》の技倆《ぎりやう》を認《みと》められ、安政《あんせい》二年講武所設置《ねんかうぶしよせつち》せらるゝや、その教授方《けうじゆかた》に撰《えら》ばれた。

戊辰《ぼしん》の役《えき》に遭《あ》ひ一旦《たん》靜岡《しづをか》に退《しりぞ》いたが明治《めいぢ》三年出京《ねんしゆつきやう》下谷《したや》車坂《くるまざか》に住《ぢう》し道場《だうぢやう》を開《ひら》いて劍《けん》道教授《だうけうじゆ》の任《にん》に當《あた》つた、時代推移《じだいすゐい》して劍道《けんだう》の衰《おとろ》ふるを嘆《たん》じ明治《めいぢ》六年撃劍會《ねんげきけんくわい》を創設《さうせつ》して大《おほひ》に斯道《しだう》の鼓吹《こすゐ》に務《つと》めたのであつた。家茂在世中《いへもちざいせいちう》は常《つね》に將軍家《しやうぐんけ》に事《つか》へて親任厚《しんにんあつ》く大《だい》のお氣《き》に入《い》りであつたが家茂薨去後《いへもちがうきよご》は將軍家《しやうぐんけ》に仕《つか》へなかつた。上野《うへの》彰義隊《しやうぎたい》の戰亂中《せんらんちう》、上野《うへの》の宮家《みやけ》をお救《すく》ひしたのは健吉《けんきち》であつた。

維新後《ゐしんご》は明治大帝《めいぢたいてい》に仕《つか》へ明治《めいぢ》二十年《ねん》十一月《ぐわつ》十一日伏見宮殿下《にちふしみのみやでんか》のお邸《やしき》で、陛下《へいか》の行幸《ぎやうかう》があり天覽《てんらん》の兜割《かぶとわり》の餘興《よきやう》があつた時《とき》、美事《みごと》なる腕前《うでまへ》を御覽《ごらん》に供《きよう》したのは有名《いうめい》なる話《はなし》であつた。

外人《ぐわいじん》の劍道家《けんだうか》を初《はじ》め多《おほ》くの入門者《にふもんしや》を指導《しだう》しつゝ明治《めいぢ》二十七年《ねん》九月《ぐわつ》十一日《にち》六十五歳《さい》を以《も》つて長逝《ちやうせい》した。

樋口十郎右衞門（馬庭念流）

樋口家《ひぐちけ》は、慶長《けいちやう》の頃《ころ》から上野國多胡郡《かうづけのくにたこぐん》馬庭村《まにはむら》に在《あ》つて劍道師範《けんだうしはん》に名聲《めいせい》があつた家柄《いへがら》である。居村《きよそん》の名《な》を取《と》つて俗《ぞく》に之《こ》れを馬庭念流《まにはねんりう》と呼《よ》んでゐる。

樋口又《ひぐちまた》七郎定次《ろうさだつぐ》の時代《じだい》から十三世《せい》樋口《ひぐち》十郎右衞門定廣《ろうざゑもんさだひろ》に至《いた》る迄《まで》の間《あひだ》にて最《もつと》も聞《きこ》えの高《たか》かつた人《ひと》は、樋口《ひぐち》十郎右衞門定勝《ろうゑもんさだかつ》である、此《こ》の人《ひと》は寛永《くわんえい》十一年《ねん》九月《ぐわつ》吹上《ふきあげ》に於《おい》て將軍《しやうぐん》台覽《だいらん》の御前試合《ごぜんしあひ》で、甲州中條《かうしうちうでう》の鄕士《がうし》中條《ちうでう》五兵衞《へゑ》と仕合《しあ》ひ美事《みごと》なる勝利《しようり》を博《はく》した、其《そ》の孫《まご》十郎右衞門將定《ろうゑもんまささだ》は、赤穗義士《あかほぎし》堀部安兵衞《ほりべあすべゑ》の師《し》である。始祖《しそ》相馬《さうま》四郎《ろう》より十八世《せい》十郎《ろう》右衞門定伊《ゑもんさだすけ》といふ者《もの》、矢留《やどめ》の技《わざ》を發明《はつめい》し嘉永《かえい》二年《ねん》四月水戸烈公《ぐわつみとれつこう》の江戸邸《えどてい》に於《おい》て其《そ》の技《わざ》を御覽《ごらん》に入《い》れ賞讃《しやうさん》を賜《たま》つた。

爾來今日《じらいこんにち》に至《いた》るも子孫猶馬庭《しそんなほまには》にあつて祖先《そせん》の志《こゝろざし》を繼《つ》いでゐるといふ事《こと》である。

伊庭軍兵衛（心形刀流）

名《な》は秀業《ひでなり》、常同子《じやうどうし》と號《がう》した、家《いへ》は代々《だいだい》幕府《ばくふ》に事《つか》へてゐた。幼時《しよじ》は八郎次《ろうに》と云《い》つて非《ひ》凡《ぼん》の手腕《しゆわん》あり長《ちやう》ずるに及《およ》んで其《そ》の門《もん》に集《あつま》るもの千餘《よ》を數《かぞ》へた。文政天保《ぶんせいてんぽう》の頃《ころ》武士《ぶし》の風《ふう》が柔弱《じうじやく》に流《なが》れたのを憤慨《ふんがい》し門弟《もんてい》は粗《そ》豪《がう》の風《ふう》をして大道《だいどう》を濶歩《くわつぽ》せしめた。閣老水野《かくろうみづの》忠邦《たゞくに》大《おほひ》に幕政《ばくせい》を革《あらた》むるに及《およ》び軍兵衛《ぐんべゑ》を重用《ぢうよう》したが、忠邦《たゞくに》失脚《しつきやく》すると共《とも》に家《か》居《きよ》して、子弟《してい》を指導《しだう》してゐた。

安政年間《あんせいねんかん》流行《りうかう》したコロリで世《よ》を去《さ》つたが、其《そ》の實子《じつし》伊庭《いは》八郎《ろう》は、慶喜《けいき》公《こう》に御《ご》親任《しんにん》厚《あつ》く其《そ》の守護《しゆご》となり西上《せいじやう》して、伏見《ふしみ》の戰《たゝかひ》に臨《のぞ》んだ、将軍《しやうぐん》 恭順《きようじゆん》の意《ゐ》を表《へう》するを悲憤《ひふん》し講《かう》武所《ぶしよ》の壯士《さうし》と共《とも》に上野《うへの》彰義隊《しやうぎたい》に加《くは》はり三枚橋《まいはし》で敵《てき》に左手《さしゆ》を斷《た》たれた、右手《めて》を以《も》つて敵《てき》を斬《き》り拔《ぬ》け、榎本武揚《えのもとぶやう》の率《ひき》ゐる蟠龍丸《はんりうまる》に匿《かく》れ、函館《はこだて》で討死《うちじに》したのである。

上田馬之允

桃井春蔵《もゝゐしゆんぞう》の門下《もんか》で夙《つと》に高名《かうめい》を馳《は》せてゐた。維新後《ゐしんご》警視廳《けいしちやう》の師《し》範役《はんやく》を勤《つと》めてゐたが、明治天皇御《めいぢてんのうご》臨幸《りんかう》あらせられ、武術上覧《ぶじゆつじやうらん》の節《せつ》、銀座《ぎんざ》の松田樓上《まつだろうじやう》で三人《にん》の劍客《けんかく》と爭《あらそ》ひ、遂《つひ》に之《こ》れを斬《き》つて勇名《ゆうめい》を馳《は》せたるは、世間周知《せけんしうち》の有名《いうめい》なる話《はなし》である。

淺利又七郎（小野一刀流）

武州松戸《ぶしうまつど》の生《うま》れで若州小濱酒井《じやくしうこはまさかゐ》若狹守《わかさのかみ》に事《つか》へた、三代中西子《だいなかにしし》啓《けい》に就《つい》て學《まな》び、小野派《をのは》一刀流《たうりう》の劍士《けんし》として有名《いうめい》であり、當時《たうじ》淺利《あさり》の突《つ》きは天下《ていか》一品《ぴん》であつた、千葉《ちは》周作《しうさく》に望《のぞ》みを囑《ぞく》し己《おの》れの姪《めい》を配《はい》して養子《やうし》としたが、術《じゆつ》の上《うへ》で意見《ゐけん》を異《こと》にし不縁《ふえん》となつた。其《そ》の後《こ》四代目《だいめ》中西忠兵衛《なかにしちうべゑ》子正《しせい》の二男《なん》を養子《やうし》に貰《もら》ひ、淺利《あさう》の家名《かめい》を嗣《つ》がしめ己《おの》れは隱居《いんきよ》して嘉永《かえい》六年《ねん》二月《ぐわつ》二十日《か》七十六歳《さい》を以《も》つて逝去《せいきよ》した。

諱《いみな》を義信《よしのぶ》といひ二代目《だいめ》淺利《あさり》又《また》七郎《ろう》は、諱《いみな》を義明《よしあき》といつた。

二代目淺利又七郎

初代《しよだい》淺利《あさり》又《また》七郎《ろう》の薫陶《くんとう》を受《う》け神技《しんぎ》に達《たつ》した。山岡鐵舟《やまをかてつしう》の師《し》である。文久《ぶんきう》三年《ねん》鐵舟《てつしう》が初《はじ》めて又《また》七郎《ろう》に出遭《であ》ひ、仕合《しあ》つた所《ところ》其《そ》の非凡《ひぼん》の腕前《うでまへ》に恐縮《きやうしゆく》し忽《たちま》ち贄《ぜい》を執《と》つた、鐵舟《てつしう》は其《そ》れから十七ヶ年《ねん》又《また》七郎《ろう》の貌《かほ》が日夜《にちや》頭《あたま》から離《はな》れなかつたといふ。明治《めいぢ》十三年《ねん》鐵舟《てつしう》は禪《ぜん》劍《けん》一致《ち》の妙技《めうぎ》を會得《ゑとく》し、再《ふた》び又《また》七郎《ろう》を訪《と》ひ仕合《しあ》つた所《ところ》又七郎《またろう》は鐵舟《てつしう》の極致《きよくち》を知《し》り忽《たちま》ち刀《たう》を抛《なげう》ち一刀流夢想劍《たうりうむさうけん》の皆傳《かいでん》を許可《きよか》したのであつた。

山岡《やまをか》の無刀流《むたうりう》は淺利《あさり》又《また》七郎《ろう》を以《も》つて開《ひら》かれ淺利《あさり》の名聲《めいせい》は山岡《やまをか》に據《よ》つて永久《えいきう》に傳《つた》へらるゝのである。

松崎浪四郎（神陰流）

神陰流《しんかげりう》の達人《たつじん》で、久留米藩《くろめはん》の師範役《しはんやく》をしてゐた、或《あ》る時《とき》齋藤《さいとう》彌《や》九郎《ろう》の三男《なん》で鬼歡《おにくわん》と呼《よ》ばれた、齋藤歡之助《さいとうくわんのすけ》と立合《たちあ》つた、歡之助《くわんのすけ》は上段《じやうだん》に浪四郎《なみろう》は青眼《せいがん》に構《かま》えた、歡之助《くわんのすけ》は隙《すき》をねらつて骨《ほね》も碎《くだ》けよと打下《うちおろ》す竹刀《しなひ》を、體《たい》を反《そ》らして危《あやう》く受《う》け止《と》めるを、隙《すか》さず附《つけ》入《い》つて體當《たいあた》りをかけた、浪四郎《なみろう》思《おも》はずよろめいて倒《たほ》れかゝる刹那《せつな》、歡之助《くわんのすけ》が打込《うちこ》む竹刀《しなひ》より先《さ》きに、胴《どう》を美事《みごと》に打《う》ち込《こ》んで立派《りつぱ》な手練《しゆれん》を謳《うた》はれた話《はなし》は有名《いうめい》である。

今井常固（直心影流）

越後新發田藩士今井有恒氏《えちごしばたはんしいまゐありつねし》の第《だい》三子《し》で夙《つと》に武道《ぶだう》を學《まな》び刀槍弓銃皆能《たうさうきうじうみなよ》く一家《か》を爲《な》した最《もつと》も劍道《けんだう》に長《ちやう》じ戊辰《ほしん》の役小隊長《えきせうたいちやう》として各地《かくち》に轉戰《てんせん》し功有《こうあ》り尋《つい》で東京《とうきやう》に遊學《ゆうがく》し有名《いうめい》なる榊原鍵吉先生《さかきはらけんきちせんせい》に就《つ》き、其蘊奧《そのうんおう》を窮《きは》め名聲《めいせい》を高《たか》めた。明治《めいぢ》八年《ねん》歸鄕《ききやう》するや當時《たうじ》は恰《あだか》も所謂《いはゆる》明治維新《めいぢゐしん》の一大變革《だいへんかく》に際會《さいくわい》し我《わ》が國固有《くにこいう》の劍道《けんだう》の如《こと》きも衰頽其極《すゐたいそのきよく》に達《たつ》し敢《あへ》て顧《かへりみ》るものなき時《とき》に於《おい》て先生其師《せんせいそのし》發誠館長《はつせいくわんちやう》窪田鐐《くぼたれう》三郎氏《らうし》の師範代《しはんだい》として之《これ》を輔佐《ほさ》し苦心慘憺獨《くしんさんたんひと》り斯道《しだう》の維持《ゐぢ》に努《つと》め明治《めいぢ》二十六年《ねん》一月《ぐわつ》窪田氏《くぼたし》の歿《ぼつ》するや其後《そのあと》を承《う》けて發誠館長《はつせいくわんちやう》となり益々斯道《ますくしだう》の隆興《りうこう》に貢獻《こうけん》し將校團《しやうかうだん》、憲兵隊《けんぺいたい》、警察署《けいさつしよ》、刑務所及中學校等《けいむしよおよびちうがくかうとう》に教授《けうじゆ》し又諸《またしよ》國《こく》に遍歷《へんれき》し其道《そのみち》を傳《つた》へた。門人數《もんじんすう》千其子《そのこ》工學士《こうがくし》常平《つねひら》、柳川政吉郎《やながはまさきちろう》、教士《けうし》伊《い》藤精司等《とうせいしとう》有《あ》り大正《たいしやう》八年《ねん》十二月《ぐわつ》五日《か》歿《ぼつ》す。壽《じゆ》七十有一《いう》新發田町眞稱寺《しはたまちしんしようじ》に葬《ほふむ》る門人等《もんじんら》其德《そのとく》を慕《し》ひ相謀《あひはか》りて當時《たうじ》の學習院長一戸大將《がくしふゐんちやういちのへたいしやう》に篆額《てんがく》を乞《こ》ひ同寺《どうじ》に一大墓碑《だいはひ》を建立《こんりう》し以《もつ》て後世《こうせい》に傳《つた》ふる事《こと》とした。

渡邊　昇

九州大村《しうおほむち》の藩士《はんし》にして神道無念流齋藤氏《しんだうむねんりうさいとうし》の門《もん》に入《い》り其塾頭《そのじゆくとう》となり大《おほひ》に雷名《らいめい》を轟《とゞろ》かした。明治維新《めいぢゐしん》の際勤王《さいきんわう》の志士《しし》と交《まじは》り大《おほひ》に國事《こくじ》に奔走《ほんさう》し會計檢査院長《くわいけいけんさゐんちやう》となり勳功《くんこう》により子爵《ししやく》を賜《たまは》つた。大日本《だいにほん》武徳會《ぶとくくわい》成立《せいりつ》の際《さい》大《おほひ》に力《ちから》を盡《つく》し其會長《そのくわいちやう》となつたが氏《し》は文武《ぶんぶ》を兼《けん》備《び》し道場《だうぢやう》を東京《とうきやう》麻布《あざぶ》の自邸《じてい》に設《まう》け子弟《してい》を教導《けうだう》し徹神堂《てつしんだう》と稱《しよう》した。其《そ》の門《もん》に入《い》るもの數《すう》千人《にん》知《ち》名《めい》の士《し》多《おほ》く其門《そのもん》より出《で》た。氏《し》軀幹《くかん》長大豪強《ちやうだいがうきやう》敵《てき》するものなく試合《しあひ》の際《さい》は長刀《ちやうたう》を以《も》つて對手《あひて》を表裏《へうり》より突《つ》きで攻《せ》め立《た》て對手《あひて》をして應接《おうせつ》に暇《いとま》なからしめたは有名《いうめい》である。今日《こんにち》の盛名《せいめい》を馳《は》せたる中山博道《なかやまひろみち》、堀田捨次郎《ほつたすてじろう》氏《し》の如《ごと》きも大《おほひ》に氏《し》の恩顧《をんこ》を受《う》けたるは皆人《みなひと》の知《し》る所《ところ》である。

奥村左近太の兩刀

岡山縣《をかやまけん》の人《ひと》。二刀《たう》を以《もつ》て天下《てんか》に鳴《な》つた、二刀《たう》を把《と》つては當時《たうじ》天下《てんか》に敵《てき》するものなく日《に》本《ほん》第《だい》一人者《にんしや》と稱《しよう》せられた。曾《かつ》て東京《とうきやう》に出《で》て警視廳《けいしちやう》の諸先生《しよせんせい》と試合《しあひ》したが悠々《ゆう〳〵》逸見宗《へんみそう》助下江秀太郎《すけしものえひでたろう》の兩先生《りやうせんせい》を對手《あひて》に一人《ひとり》で互角《ごかく》の試合《しあひ》したと先輩目撃者《せんぱいもくげきしや》の談《だん》である。

榊原健吉の豪勇

先生《せんせい》は力量《りきりやう》衆《しう》に勝《すぐ》れ壯年《さうねん》の時《とき》より重《おも》き三八の竹刀《しなひ》を以《もつ》て同門《どうもん》の人《ひと》と試合《しあひ》し常《つね》に追込《おひこみ》〳〵對手《あひて》を屈伏《くつぷく》せしめた。又毎朝《またまいあさ》重量《ぢうりやう》の振棒《ふりぼう》を三百ふり五百ふりして身體《しんたい》を鍛錬《たんれん》した。或時《あるとき》警視廳《けいしちやう》に於《おい》て逸見《へんみ》宗助《そうすけ》先生《せんせい》と三本《ほん》勝負《しようぶ》を試《こゝろ》み最初《さいしよ》榊原《さかきはら》先生《せんせい》逸見《へんみ》先生《せんせい》の籠手《こて》を打《う》ちあとの二本《ほん》は逸見《へんみ》先生《せんせい》上段《じやうだん》より榊原《さかきはら》先生《せんせい》の面《めん》を打《うつ》て逸見《へんみ》先生《せんせい》の勝《かち》となつたが試合《しあひ》後《ご》兩先生《りやうせんせい》の態度《たいど》を見《み》るに榊原《さかきはら》先生《せんせい》は悠々《ゆう〳〵》逼《せま》らず逸見《へんみ》先生《せんせい》と挨拶《あいさつ》したが逸見《へんみ》先生《せんせい》は勝者《しようしや》でありながら態度《たいど》そこ〳〵にして誠《まこと》に見劣《みおと》りせりと當時《たうじ》實見《じつけん》せし人《ひと》の談《だん》であるが是等《これら》は武道家《ぶだうか》の一考《かう》すべき事《こと》である。

逸見宗助の水練

先生《せんせい》の劍道《けんだう》に於《お》ける已《すで》に定評《ていへう》があるが水練《すゐれん》の妙《めう》に至《いた》りては更《さら》に一言《ごん》なかるべからず

或時《あるとき》明治《めいぢ》天皇《てんわう》の天覧《てんらん》に供《きよう》する爲《ため》甲冑《かつちう》を被《かぶ》りて兩手《りやうて》を後方《こうばう》に縛《ばく》し水中《すいちう》に沒入《ぼつにふ》した。人々《ひと〴〵》顔色《がんしよく》を失《うしな》ひ萬《まん》一をあやぶみたるに須臾《しはらく》にして身體《しんたい》をゆすりながら浮《う》き上《あが》りたる時《とき》は人《ひと》皆《みな》其《その》絶技《ぜつぎ》に感服《かんぷく》せりと高野《たかの》佐《さ》三郎《ろう》先生《せんせい》の談《だん》である。

桃井春藏の上段

先生《せんせい》は上段《じやうだん》が得意《とくい》にして輕妙《けいめう》人《ひと》皆《みな》感嘆《かんたん》しないものはなかつた。其《その》竹刀《しなひ》の使用《しよう》宛《あだか》も苧《を》殼《がら》の如《ごと》く或時《あるとき》先生《せんせい》の竹刀《しなひ》を竊《ひそか》に手《て》にして持上《もちあ》げたるに重《おも》くして到底《たうてい》尋常《じんじやう》人《じん》の使用《しよう》に堪《た》へず。甫《はじ》めて技術《ぎじゆつ》の絶妙《ぜつめう》に至《いた》らざれば運用《うんよう》する能《あた》はざる事《こと》を知《し》つたと柴田《しばた》衞《ゑ》守《もり》先生《せんせい》の直話《ちきわ》である。

天野將曹の泣籠手

豪劍《がうけん》にして籠手《こて》を打《うつ》に妙《めう》を得《え》た人《ひと》で世《せ》人《じん》呼《よ》んで天野《あまの》の泣籠手《なきこて》と云《い》つた、天野《あまの》に籠手《こて》を打《う》たれると涙《なみだ》が出《で》る程《ほど》であるといふ。師《し》の男谷氏《をたにし》も天野《あまの》と試合《しあひ》の時《とき》は別製《べつせい》の厚籠手《あつこて》を以《もつ》て稽古《けいこ》を爲《な》したと菊地老人《きくちろうじん》より聞《き》いた話《はなし》である。

島田寅之助

文武兼備《ぶんぶけんび》の人出《ひとい》で丶江戸《えど》に遊《あそ》び一日《にち》男《を》谷精《たにせい》一郎氏《ろうし》の道場《だうぢやう》に於《おい》て二人龍虎《にんりうこ》の爭《あらそひ》を爲《な》したが半日《はんにち》か丶つて試合《しあひ》に勝負《しようぶ》なく島田氏《しまだし》呼吸《こきふ》に於《おい》て男谷氏《をたにし》に一籌《ちう》を輸《ゆ》した。依《よ》つて即《そく》日《じつ》男谷氏《をたにし》に隨身《すゐしん》せしと云《い》ふ。勝海州先生《かつかいしうせんせい》は男谷氏《をたにし》の甥《をひ》に當《あた》り島田氏《しまだし》の門《もん》に入《い》り劍《けん》を學《まな》んだといふ事《こと》である。

高山峯三郎の表突

舊伊豫國大洲藩士《きういよのくにおほすはんし》にして、家《いへ》は世々《よゝ》儒學《じゆがく》を以《も》つて加藤侯《かとうこう》に仕《つか》へた、七歳《さい》の頃《ころ》父《ちゝ》に従《したが》つて江戸《えど》に住《じう》し藤川彌次郎左衛門《ふぢかはやじろうざゑもん》の門《もん》に入《い》り直心影流《ぢきしんかげりう》を學《まな》んだ、後《のち》、近藤彌之助《こんどうやのすけ》、桃《もゝ》井《わ》春藏《しゆんざう》等《ら》に學《まな》んだが拔群《はつぐん》の腕《うで》あり、逸見《へんみ》宗助《そうすけ》、上田《うへだ》馬之《うまの》允《すけ》、秋山《あきやま》多《た》吉郎《きちろう》、夏見《なつめ》又之《またの》進《しん》、阪部《さかべ》大作《だいさく》等《ら》と同門人《どうもんじん》で一頭地《とうち》を拔《ぬ》いてゐた。後《のち》、京都《きやうと》に住《じう》し戸田《とだ》一心齋《しんさい》の門《もん》に入《い》り塾《じゆく》頭《とう》となつた。

明治元年《めいぢぐわんねん》出雲《いづも》松江《まつえ》藩主《はんしゆ》松平侯《まつだひらこう》の招聘《せうへい》に應《おう》じ武術師《ぶじゆつし》範《はん》となり後《のち》大阪《おほさか》に道場《だうぢやう》を開《ひら》き子弟《してい》を教授《けうじゆ》した容貌《ようばう》魁偉《くわいゐ》豪勇《がうゆう》無《む》比《ひ》東京《とうきやう》に劍遊《けんゆう》當時《たうじ》警視廳《けいしちやう》の諸先生《しよせんせい》と試《し》合《あひ》したが逸見《へんみ》宗助《そうすけ》、山岡鐵舟《やまをかてつしう》の外《ほか》敵《てき》するものはなかつた、先生《せんせい》は對手《あひて》の竹刀《しなひ》を押《おさ》へ表突《おもてつき》に妙《めう》を得《え》たるは人《ひと》の知《し》る所《ところ》である。

下江秀太郎の片手突

氏《し》は宇《う》都宮《つのみや》藩《はん》の人《ひと》八歲《さい》の時《ときい》出で丶北辰《ほくしん》一刀流《たうりう》千《ち》葉《は》周作《しうさく》の門《もん》に入《い》り十三歲《さい》にして塾頭《じゆくとう》となつた。以《もつ》て其《その》非《ひ》凡《ぼん》の技《ぎ》あるを知《し》る事《こと》が出來《でき》る片手《かたて》突《つき》に妙《めう》を得《え》た人《ひと》で其技《そのぎ》を受止《うけと》むるものがなかつた。人呼《ひとよ》んで千《ち》葉《は》の鬼秀《おにひで》と云《いつ》た。軀《く》幹《かん》長大《ちやうだい》にして文武《ぶんぶ》を兼備《けんび》し警視廳《けいしちやう》剣道師範《けんだうしはん》となり日本橋《にほんはし》に道場《だうぢやう》を開《ひら》き子弟《してい》を教導《けうだう》せしことあり名聲全國《めいせいぜんこく》にひびいた。

齋藤歡之助片手横面の龍鳴

同氏《どうし》は千葉《は》榮次郎《えいじろう》と共《とも》に若先生《わかせんせい》の名聲高《めいせいたか》く後日雷名《ごじつらいめい》を馳《は》せたる渡邊昇《わたなべのぼる》の如《ごと》きは同氏《どうし》の教導《けうどう》に因《よ》り大成《たいせい》したのである。對手《あひて》と試合《しあひ》の時《とき》は堂々《どう〳〵》と見事《みごと》に戰《たゝか》ひ片手横面《かたてよこめん》を得意《とくい》とした、氣合《きあひ》の充實《じうじつ》せるときは竹刀《しなひ》が空氣《くうき》を斬《き》りてピユー〳〵と龍鳴《たつなり》をしたと云《い》ふ事《こと》である。或時《あるとき》千葉《は》榮次郎《えいじろう》と初試合《はつしあひ》をしたが榮次郎歡之助《えいじろうくわんのすけ》に向《むか》つて我流《わがりう》は胴《どう》を打《う》つから貴殿《きでん》も胴《どう》を着《つ》けて御試合《おしあひ》なされては如何《いかん》と申《もな》したるに歡之助答《くわんのすけこた》へて曰我流《いはくわがりう》は胴《どう》は着《つ》けず御遠慮《ごゑんりよ》なく御打下《おうちくだ》されと互《たがひ》に挨拶《あひさつ》して左右《さいう》に分《わか》れ試合《しあひ》したるに榮次郎上段《えいじろうじやうだん》より歡之助《くわんのすけ》の胴《どう》を打《う》つた。試合後歡之助稽古着《しあひごくわんのすけけいこぎ》の腹巻《はらまき》に皮肉《ひにく》が附着《ふちやく》せるを見《み》て驚《おどろ》いたといふが若手名人同士《わかてめいじんどうし》の試合嘸々壯烈偉觀《しあひさぞさうれつゐくわん》なりし事《こと》と想像《さう〳〵》さるゝ。それより齋藤《さいとう》の道場《だうぢやう》にても胴《どう》を着《つけ》て稽古《けいこ》せしと云《い》ふ事《こと》である。

千葉榮次郎水戸の講道館道場に諸先生を翻弄す

同氏《どうし》は其當時《そのたうじ》劍道界《けんだうかい》の傑物《けつぶつ》で父周作《ちゝしうさく》水戸侯《みとこう》の聘《へい》に因《よ》り水戸藩《みとはん》の師範《しはん》となり榮次郎《えいじろう》を以《もつ》て代理《だいり》として出張《しゆつちやう》せしめた。年少氣鋭《ねんせうきえい》の若先生《わかせんせい》道場《だうぢやう》に出《い》づるや對手《あひて》を小兒《せうに》の如《ごと》く翻弄《ほんろう》し剰《あまつさ》へ面上《めんじやう》にて竹刀《しなひ》を回轉《くわいてん》し又《また》は股間《こかん》をくゞらせもんどりを切《き》らせ又竹刀《またしなひ》を三四間《けん》の上空《じやうくう》に投上《なげあ》げ其落下《そのらつか》するを取《と》つて對手《あひて》の面甲手《めんこて》を自由自在《じゆうじざい》に打《うつ》て遊戯的態度《ゆうぎてきたいど》を示《しめ》した。豪骨鐵腸《がうこつてつちやう》の水戸武士《みとぶし》何條默《なんでうもく》して止《や》むべき忽《たちま》ち其無禮《そのぶれい》を憤《いきどほ》り千葉氏《はし》の師範排斥《しはんはいせき》を怒號《どがう》した。榮次郎《えいじろう》百方陳謝事漸《はうちんしやことやゝ》く諒解《れうかい》したと云《い》ふが如何《いか》に大先生《だいせんせい》にても對手《あひて》を翻弄《ほんろう》する如《ごと》き態度《たいど》は最《もつと》も愼《つゝし》むべき事《こと》である。

男谷精一郎

幕臣《ばくしん》にして小身《せうしん》より累進《るゐしん》して下總守《しもふさのかみ》に任官祿《にんくわんろく》三千石《ごく》を賜《たまは》つた。文武兩道《ぶんぶりやうだう》に達《たつ》し又書《またしよ》畫《ぐわ》を能《よ》くした、子弟《してい》教授《けうじゆ》の餘暇《よか》獨《ひと》り書齋《しよさい》に入《い》り古今《ここん》の書《しよ》を涉獵《せうれう》し又《また》書畫《しよぐわ》に親《した》しんで浩然《かうぜん》の氣《き》を養《やしな》ひ端然《たんぜん》武將《ぶしやう》の風《ふう》を備《そな》へた。初《はじ》め直心影流《ぢきしんかげりう》藤川《ふぢかは》氏《し》に就《つ》き劍《けん》を學《まな》び其技《そのぎ》浸々《しんしん》として同輩《どうはい》を抜《ぬ》いたが後《のち》本所《ほんじよう》に道場《だうぢやう》を開《ひら》き子弟《してい》を教導《けうだう》し幕府《ばくふ》の講武場《かうぶぢやう》筆頭《ひつとう》師範《しはん》となつた。竹刀《しなひ》の長《なが》さ三尺《じやく》八寸《すん》を以《もつ》て定法《ぢやうはふ》となしたるは同氏《どうし》の發意《はつい》なりと言《い》ふ千葉《ちば》周作《しうさく》との初試合《はつしあひ》に周作《しうさく》の竹刀《しなひ》を打落《うちおと》し打合《うちあは》ずして寸刻《すんこく》に勝《かち》を占《し》めた、名人《めいじん》の試合《しあひ》左もあらん。

得能關四郎

長沼《ながぬま》の門下《もんか》で同道場《どうだうぢやう》の塾頭《じゆくたう》であつた明治《めいぢ》維新《ゐしん》警視廳《けいしちやう》劍道《けんだう》師範《しはん》として斯道《しだう》に盡瘁《じんすゐ》せる事《こと》數《すう》十年《ねん》資性《しせい》温厚《おんこう》梶川義正《かぢかはよしまさ》と共《とも》に警視廳《けいしちやう》の師範《しはん》重鎭《ぢうちん》であつた。身《み》を持《ぢ》する事《こと》謹嚴《きんげん》人皆《ひとみな》畏敬《ゐけい》せざるはなかつた大日本武德會總裁宮殿下《だいにほんぶとくくわいそうさいのみやでんか》より劍道範士《けんだうはんし》の稱號《しようがう》を賜《たま》はつた。

柴田衛守

幕府《ばくふ》直參《ぢきさん》の家《いへ》に生《うま》れ八歳《さい》より鞍馬《くらま》流劍道師《りうけんだうし》範《はん》金子《かねこ》熊《くま》一郎《ろう》の門《もん》に入《い》り劍道《けんたう》を學《まな》び十八歳《さい》にして免許皆傳《めんきよかいでん》を得《え》た。又鎗術《またさうじゆつ》を研究《けんきう》し其蘊奥《そのうんおう》を究《きは》めた。氏《し》は漢籍《かんせき》の素養《そやう》あり松花《せうくわ》堂風《どうふう》の書《しよ》を能《よ》くした。明治《めいぢ》政府《せいふ》に至《いた》り警視廳劍道師《けいしちやうけんだうし》範《はん》たる事《こと》五十年《ねん》資性《しせい》正直《せいちよく》名利《みやうり》に走《はし》らず超然《てうぜん》として古武士《こぶし》の風《ふう》あり軀幹短少幾《くかんたんせうほと》んど一見衣《けんい》に耐《た》へざるものゝ如《ごと》きも一度竹《ひとたびしな》刀《ひ》を取《とつ》て道場《だうぢやう》に出《い》づるや進退懸引對手《しんたいかけひきあひて》をして應接《おうせつ》に暇《いとま》あらざらしむるの妙技《めうぎ》があつた。當時《たうじ》九州《しう》に梅崎彌《うめざきや》一郎《ろう》と云《い》ふ名人《めいじん》あり是亦短軀《これまたたんく》柴田氏《しはたし》と一對名人《つひめいじん》の稱《しよう》があつた。明治《めいぢ》十二年《ねん》四ッ谷《や》簞笥町《たんすまら》に道場《だうぢやう》を開《ひら》き尋《つい》で四ッ谷《や》左門町《さもんちやう》四ッ谷《や》鹽町等《しほちやうとう》に道場《だうぢやう》を移《うつ》した。門《もん》に入《い》るもの數《すう》千人知名《にんちめい》の士《し》其門《そのもん》より出《で》た。習成館《しふせいくわん》は勝安房《かつあは》の命名《めい〱》で息敎士勸其《そくけうしいさをその》家《いへ》を襲《つ》いでゐる。

長沼可笑人

長沼笑兵衛《ながぬませうべゑ》の長子《ちやうし》、身長《みのたけ》六尺《しやく》に近《ちか》く二十二歳《さい》にて父《ちゝ》の業《げふ》を繼《つ》ぎ道場《だうぢやう》を擔當《たんたう》した風采《ふうさい》堂々《どう〳〵》として技鬼神《ぎきしん》を避《さ》けしめた。當時《たうじ》千葉《ば》、桃井《もゝゐ》、齋藤《さいとう》の三傑《けつ》と並《なら》んで其名聲嘖々《そのめいせいしやく〳〵》たるものであつた。後尾張侯《のちをはりこう》に招聘《せうへい》せられ眞貝忠篤《まがひたゞあつ》、天野將曹《あまのしやうそう》等《ら》と共《とも》に劍道師範《けんだうしはん》たること數年警視廳師範得能關《すうねんけいしちやうしはんとくのうせき》四郎《ろう》は同道場《どうだうぢやう》から出《で》たのである。

眞貝忠篤

東京《とうきやう》の人島村勇雄《ひとしまむらいさを》の門《もん》に入《い》り其塾頭《そのじゆくとう》となつた。氏《し》は青年《せいねん》の時眉目清秀自《ときびもくせいしうみづか》ら奴髻《やつこまげ》に結《むす》び都下《とか》の各道場《かくだうぢやう》に試合《しあひ》を申込《まをしこ》み神出鬼沒早技《しんしゆつきぼつはやわざ》を以《もつ》て名聲《めいせい》を揚《あ》げた。人呼《ひとよ》んで島村奴《しまむらやつこ》と稱《しよう》した。後警視廳師範《のちけいしちやうしはん》、宮内省《くないせう》、慶應義塾其他《けいおうぎじゆくそのた》の學校《がくかう》に聘《へい》せられ劍道教授《けんだうけうじゆ》たること數《すう》十年《ねん》其名《そのな》海内《かいない》に高《たか》く長子海軍主計眞貝寅太郎《ちやうしかいぐんしゆけいまがひとらたろう》其家《そのいへ》を繼《つ》いでゐる。

根岸信五郎

越後《えちご》の人《ひと》出《い》でゝ東都《とうと》に遊《あそ》び齋藤彌《さいとうや》九郎《ろう》の門《もん》に入《い》り研鑽《けんさん》等輩《とうはい》を抜《ぬ》いた。擢《ぬき》んでられて塾頭《じゆくとう》となり明治《めいぢ》政府《せいふ》となつて警視廳《けいしちやう》、宮内省《くないせう》等《とう》の劍道師範《けんだうしはん》たること數《すう》十年《ねん》東京《とうきやう》神田《かんだ》西《にし》小川町《をがはまち》に道場《だうぢやう》を開《ひら》き有信館《いうしんくわん》と稱《しよう》した。各學校《かくがくかう》より聘《へい》せられて劍道師範《けんだうしはん》となり其名聲《そのめいせい》を聞《き》き門《もん》に入《い》るもの陸續《りくぞく》として其踵《そのきびす》を絶《た》たず知名《ちめい》の士《し》多《おほ》く其門《そのもん》より出《で》た。中山博道《なかやまひろみち》、鈴木《すゞき》鐵藏《てつぞう》、今泉來藏《いまいづみらいぞう》、絲山貞規《いとやまていき》、細田《そほだ》劍堂等《けんどうとう》の諸士《しよし》門下《もんか》の錚々《さうさう》たるもので中山博道《なかやうひろみち》有信館《いうしんくわん》を襲《つ》いだ。

大石進

九州《しう》柳川藩士《やながははんし》にして劍道《けんだう》の達人《たつじん》である。長刀《ちやうたう》を以《もつ》て全國《ぜんこく》を修行《しうぎやう》し、到《いた》る處《ところ》突《つき》を以《もつ》て對手《あひて》を破《やぶ》り無敵《むてき》の勢《いきほひ》に乘《じよう》じ江戸《えど》に遊《あそ》び諸所《しよしよ》の道場《だうぢやう》に試合《しあひ》を申込《まをしこ》んだ。一日《にち》千葉《は》の道場《だうぢやう》に至《いた》り試合《しあひ》を申込《まをしこみ》たるに周作《しうさく》は自重《じちよう》して他流《たりう》試合《あひ》を避《さ》けんとしたが二男榮次郎《なんえいじろう》歳《とし》十五の年少《ねんせう》なれども將來劍道家《しやうらいけんだうか》の麒麟兒《きりんじ》たる豪膽者《がうたんもの》なれば早速道場《さつそくだうぢやう》に出《い》でゝ大石《おほいし》と試合《しあひ》せんと挨拶《あいさつ》し兩人《りやうにん》とも仕度《したく》して出《で》たが、榮次郎《えいじろう》突然《とつぜん》大石《おほいし》に向《むか》ひ失禮《しつれい》ながら貴下《きか》の御竹刀《おしなひ》を拜見《はいけん》したしと申出《まをしいで》た。大石《おほいし》の竹刀《しなひ》の先《さき》には鐵棒《てつぼう》を入《い》れ置《お》き打合《うちあひ》の際《さい》は對手《あひて》の受留《うけとめ》たる上《うへ》よりそのしなへこみにて面《めん》なり胴《どう》なりへ當《あた》る樣《やう》の仕掛《しかけ》あるを榮次郎氏《えいじろうし》に看破《かんぱ》せられたのである。大石《おほいし》は大《おほひ》に赤面《せきめん》して早速後日《さつそくごじつ》御稽古《けいこ》を願《ねが》ふとそこ〳〵に千葉《は》道場《だうぢやう》を去《さ》り後日人《こにちひと》に語《かた》つて曰《いは》く千葉《は》の道場《だうぢやう》には神童《しんどう》あり將來恐《しやうらいおそ》るべしと申《まを》されたる由是《よしこ》の時《とき》より江戸《えど》の各道場《かくだうぢやう》に於《おい》ても道具《だうぐ》の付方試合振等《つけかたしあひぶりとう》を改良《かいりやう》せりと言《い》ふ。

大日本武德會最初からの範士及び教士

範士

明治三十六年五月八日授與

神道無念流　東京　範士　渡邊昇　大正二年薨去

武藏流　岡崎　同　三橋鑑一郎　明治四十二年三月十五日死亡

神道無念流　長崎　同　柴江運八郎　大正元年十月廿九日死亡

一刀流劍道　高知　同　石山孫六　明治卅七年七月死亡

直心影流　東京　同　得能關四郎　明治四十一年七月死亡

鏡心明智流　豐橋　同　坂部大作　明治四十一年九月死亡

鐵叟流　長崎　同　高尾鐵叟　明治三十八年二月死亡

明治三十九年三月授與

直心影流　岡山　範士　阿部守衞　明治四十年八月死亡

神道無念流　東京　範士　根岸信五郎　大正二年九月死亡

明治四十一年五月授與

神道無念流　長野　同　小野田伊織　大正五年八月死亡

田宮流　東京　同　眞貝忠篤　大正九年死亡

明治四十二年六月授與

直心影流
心形刀流　佐賀　同　辻眞平　大正三年七月死亡

新陰流　熊本　同　和田傳　大正五年四月死亡

神陰流　福岡　同　梅崎彌一郎　大正二年十二月廿八日

神道無念流　名古屋　同　桂直溫　大正二年四月死亡

直心影流　滋賀　同　左山捨吉　大正三年八月死亡

大正二年四月授與

北辰一刀流　京都　範士　內藤高治

同　京都　同　門奈正

一刀流小野派　東京　同　高野佐三郎

大正三年八月授與

直心影流　京都　範士　太田彌龍　大正九年五月死亡

直心影流　伊丹　範士　富山圓　大正四年二月死亡
貫心流　新潟　同　上村信夫　大正十四年三月死亡
新蔭流　山口　同　二宮久
大正四年八月授與
鞍馬流　東京　同　柴田衛守　大正十四年九月死亡
大正五年五月授與
無念流　京都　範士　小關教道　大正九年五月死亡
鏡神明智流　大阪　同　秋山多吉郎
大正七年九月授與
淺山一傳流　福岡　範士　淺野一摩
水府流　水戸　同　佐々木正宣　大正十一年八月死亡
化辰一刀流　東京　同　小林定之　大正十一年十二月死亡
直心影流　東京　同　木村敷秀　大正十三年八月十三日死亡
大正九年五月授與
無刀流　香川　範士　香川善次郎　大正十年三月死亡
神道無念流　群馬　同　奥平鐵吉

直心影流　東京　範士　永井利胤
神道無念流　東京　同　中山博道
直心影流　京都　同　矢野勝治
大正八年四月授與
直心影流　大分　同　上田光重
大正八年六月授與
無外流　兵庫　範士　高橋赳太郎
大正十年九月授與
新陰流　熊本　範士　宮脇彌次　大正十五年九月三十日死亡
無刀流　岡山　同　中島春海　大正十二年六月死亡
津田一傳流　福岡　同　宗重遠
貫心流　德島　同　山根正雄　大正十四年三月九日死亡
戶田流　佐賀　同　納富敎雄
新蔭流　熊本　同　野田長三郎
直心影流　東京　同　長坂忠哉　大正十四年三月死亡
念流　群馬　同　本間三郎

大正十一年五月授與
直心影流　長野　範士　柴田克巳　昭和二年四月死亡
一刀流小野派　滿洲　同　高野茂義
大正十一年七月授與
神道無念流　栃木　範士　八幡十郞　大正十三年一月死亡
大正十二年六月一日授與
無外流　高知　範士　川崎善三郞
大正十三年一月授與
神道無念流　栃木　範士　谷田貝彌三郞　大正十三年一月死亡
大正十三年五月授與
北辰一刀流　名古屋　範士　加藤貫一
無刀流　滿洲　同　小關教政
新刀流　愛媛　同　伊奈盛高
二刀流　大阪　同　小野岡隆俊
大正十四年六月授與
直心影流　範士　長沼和鄕　昭和二年十月死亡

新陰（柳生流）　名古屋　範士　柳生周嚴
四天流　熊本　同　井上藤十郎
一刀流小野派　福岡　同　幾岡太郎一
神道無念流　茨城　同　梅川巳之四郎
大正十五年五月授與
一刀流　埼玉　範士　青木七郎
小野派一刀流　同　小澤愛次郎
北辰一刀流　奈良　同　島谷八十八
新天流　秋田　同　上遠野秀忠
追授
一刀流小野派　名古屋　同　杉山保次郎　大正十五年七月二十日授與同日死亡
昭和二年五月授與
續川一刀流　千葉　範士　猿田東之助
一刀流（北辰一刀流及鐵叟流）福岡　同　中野宗助
一刀流小野派　朝鮮　同　持田盛二
一刀流北辰流　京都　同　小川金之助

一刀流 東京 同 檜山義質

一刀流小野派 栃木 同 大澤吾三郎

教士

明治三十八年四月一日授與

北辰一刀流 渡邊樂之助 明治三十九年七月死亡

無刀流 小南易知 大正七年一月死亡

北辰一刀流田宮流 小澤一郎 大正七年十二月三日死亡

一傳流 武藤源八 死亡(年月不詳)

北辰一刀流 田中厚 大正九年九月死亡

神道神念流 松島秀實 三十九年一月死亡

心形刀流兼無刀流 手島美質 四十五年一月十七日稱號褫奪

明治三十八年十二月授與

北辰一刀流 小澤二郎 死亡(年月不詳)

淺山一傳流 井澤守正 大正三年十月廿八日死亡

鏡新明智流　八島忠一　大正三年十一月死亡

明治四十一年五月授與

眞影流　鈴木重信　大正五年四月死亡

兌山流　河島角摩　大正十一年六月死亡

眞影流　奥田幸三郎　明治四十一年六月死亡

一刀流　蛭川一　明治四十三年四月死亡

荒木流　都丸磯七　大正九年四月死亡

神道無念流　日比野賢吉　大正十三年七月死亡

融和流　濱島重軌　大正十三年八日十一日死亡

淺山一傳流　佐瀨政春　大治四十三年十一月死亡

北辰一刀流　野本恒一　死亡(年月不詳)

神傳流　伊東景敦　明治四十三年八月死亡

無敵流兼北辰一刀流　大内太郎　明治四十四年十一月死亡

直心影流　中島唯一

明治四十一年九月授與

山口流　湊邊邦治　大正八年四月死亡

明治四十二年六月授與

直心影流	伊藤亮彌	
小野派一刀流	大久保忠德	死亡（年月不詳）
神道無念流	堀田捨次郎	
北辰一刀流	櫻田櫻麿	明治四十五年一月死亡
直心影流	澁江生光	大正六年一月死亡
北辰一刀流	小澤宣	大正十二年三月死亡
念流	近藤義九郎	大正八年三月死亡
天自流	原不二夫	明治四十四年一月死亡
小栗流	都賀田茂穗	大正十一年四月死亡
水野一傳流	柿田信行	大正十一年五月死亡
神道無念流	正木勝	大正五年十月死亡
小野派當流	關龜太郎	大正七年一月死亡
鏡新明智流	高木義征	昭和二年六月死亡

明治四十四年一月授與

山口流	小泉貞尙	大正三年二月死亡

直心影流	市川左馬之助	大正七年十一月死亡
眞刀無念流	星野仙藏	大正六年八月死亡
神道無念流	坂部小郎	大正十四年七月死亡
神道無念流	岡見仲	大正十一年六月死亡
淺山一傳流	石河光英	大正九年十一月死亡
神道無念流	梅村孝直	大正六年二月死亡
心形刀流	小柳昌俊	死亡（年月不詳）
加川念流	赤坂孫六	明治四十四年一月死亡
大石神影流	古味房興	大正八年五月死亡
心形刀流	伊藤米次郎	大正十三年十一月死亡
神道無念流	浦上義治	
水野一傳流 神道無念流	吉見彌五郎	大正九年九月死亡
阿部立流	吉留桂	大正七年一月死亡

中條流　八木三郎　大正十年一月死亡
神影流　大江正路　死亡(大正十五年月不詳)
明治四十五年三月二十六日授與
新以心流　絹川清三郎　明治四十五年四月死亡
大正元年十二月授與
神道無彊流　岡本七太郎　大正四年六月死亡
直心影流　細川範輝　大正四年四月死亡
同　北村義直　昭和二年二月廿四日死亡
天自流　小堀休忠　死亡(年月不詳)
直清流　原吉雄　大正十四年三月死亡
貫心流　上野恂作　大正八年六月死亡
同　倉田重　大正八年十一月死亡
津田一傳流　城崎方亮　大正三年十一月死亡
柳剛流　永井定楠　大正七年七月死亡
心影流　中尾直勝
神道無念流　永井美津喜　死亡(年月不詳)

直心影流	久保不如歸	大正三年八月死亡
神道無念流	森末虎太郎	大正八年二月死亡
丹石流 津田一傳流	森寺勉	大正四年九月死亡
北辰一刀流	小池友忠	大正十二年八月七日死亡
直心影流	池田逸太	大正十一年十月死亡
北辰一刀流	前田右平	大正四年一月二十二日死亡
關口玉心流	朝倉廣太	大正十二年五月死亡
神道無念流、新影流	桑野武彦	死亡(年月不詳)
直指流	武田長平	大正六年十月死亡
神道無念流	上田守善	大正七年六月一日死亡
直心影流	西尾可行	大正十二年八月死亡
神州神影流	綾部敦磨	死亡(年月不詳)
鹿島神傳直心影流	多久和長次郎	
一刀流	後藤一	死亡(年月不詳)

大正四年三月授與

鏡新明智流	河田諒介	大正十四年十二月死亡
神道無念流	勢多庄五郎	大正八年六月死亡
小野派一刀流	岩下新次郎	昭和二年一月死亡
直心影流	山名求太郎	
直心影流	清水雅廣	大正五年四月死亡
北心一刀流	松本元治	
直心影流	佐藤文助	大正十一年死亡
田宮流	松浦仙太郎	大正十五年九月死亡
新陰流	河野高廣	
無刀流	後藤宇平	
甲源一刀流	逸見武一	大正十年八月死亡
鐵仲流 直心影流	高尾盈益	大正五年四月死亡
直心影流	鈴木安遷	大正四年十一月死亡
心形刀流	近藤久太郎	
直心影流	淼脩	大正十三年二月死亡
唯心一刀流	加藤紀堅	大正十一年八月死亡

神道無念流　宮村利負
大正五年五月授與
直猶心流　園部正利　大正十二年一月死亡
小野派一刀流　大澤專二
柳剛流並神免正傳流　福留矢太郎
神道無念流水府流　重岡榮之丞　大正五年十月死亡
大正七年九月二十一日
神道無念流　會田定次郎　死亡（年月不詳）
無刀流　大河内友藏
井蛙流　松田秀彥
神道無念流　大久保良近　大正十四年二月死亡
直心影流　武部脩　死亡（年月不詳）
小野派一刀流　宮川義令　大正十五年一月死亡
直心影流　櫻井正利　昭和二年十月死亡
一刀流　高橋五郎

心形刀流　土山文九郎　大正八年一月死亡

淺山一傳流　梅田悌吉

大正八年六月授與

戸田流　納富五雄

武德會　齋村五郎

同　越智侶一郎

財津種造

植田平太郎

大澤藤四郎

大島治喜太

淺野彰太

堀田德次郎

酒井彦太郎

渡邊榮

佐藤義造

大正九年五月授與

永田幸太郎
北島辰一郎
上原宗九郎
田原民生
柳多元次郎
古賀太吉
富田長太郎
飯塚儀内
藤山喜次郎
石山熊六
梅川熊太郎

大正十年九月授與
北心一刀流　唯萬喜藏
同　藤田光庸
貫心流　近江佐久郎
鏡心流　荒尾鐸也

大正十二年二月死亡

直心影流	清水忠	大正十一年十月死亡
甲源一刀流	神田義喬	大正十一年五月死亡
	富樫鐵次郎	
戸田流	古賀恒吉	
神道無念流	玉水嘉一	
	森末弘雅	
小野派一刀流	繁田武平	
心形刀流	鈴木高規	
柳剛流 小野派一刀流	武内萬兵衛	
田宮流	村田長一	
心影流	中山親交	大正十四年三月死亡
	近藤知善	
直心影流	伊藤精司	
一刀流小野派	間宮勇太郎	大正十二年三月死亡
關口玉心流	井上淺太	
神明流	小杉貫二	

北心一刀流

久保田　廣太郎
今　泉　來　藏
金　子　才　十　郎　昭和二年九月死亡
鈴　木　鐵　造
井　上　平　太
岩　間　熊　雄　大正十二年四月死亡
上　野　友　太　郎
篠　崎　仁　平

大正十一年五月授與

奥　村　寅　吉
久　保　利　雄
大　麻　勇　次
阪　口　鎮　雄
大　山　瀧　水　大正十一年七月死亡
堀　　正　平
中　島　壽　一　郎

近藤盛一
澤　友彦
吉浦宴正
大長九郎

（大正十二年以降は次に掲ぐる現在の範士教士の部に掲載しあるを以つてこれを省略することゝした。）

現在の範士及教士

範士

本部　内藤高治
愛知　門奈正
東京　高野佐三郎
兵庫　富山圓
大阪　秋山多吉郎
福岡　浅野一摩
兵庫　高橋赳太郎
群馬　奥平鐵吉
東京　永井利胤
東京　中山博道
本部　矢野勝治郎

東京　宗重遠
佐賀　納富教雄
熊本　野田長三郎
群馬　本間三郎
満洲　高野茂義
高知　川崎善三郎
愛知　加藤貫一
満洲　小關教政
愛媛　伊奈盛高
大阪　小野岡隆俊
東京　長沼和郷

愛知 柳生周嚴
熊本 井上藤十郎
福岡 幾岡太郎一
東京 梅川巳之四郎
埼玉 青木七郎
埼玉 小澤愛次郎
奈良 島谷八十八
佐賀 中島唯一
宮崎 伊藤亮彌
東京 堀田捨次郎
德島 高木義征
岡山 浦上義治
高知 大江正路

教士

秋田 上遠野秀忠
千葉 猿田遠之助
福岡 中野宗助
千葉 持田盛二
本部 小川金之助
東京 檜山義質
群馬 大澤吾三郎
愛知 小堀休忠
大分 中尾直勝
島根 多久和長次郎
長野 山名求太郎
滋賀 松本元次
廣島 後藤宇平

三重　近藤久太郎
山形　宮村利貞
兵庫　園部正利
鹿兒島　福留矢太郎
福島　大河内友藏
鳥取　松田秀彥
栃木　櫻井正利
香川　高橋五郎
三重　梅田定吉
長崎　納富五雄
東京　齋村五郎
愛媛　越智侶一郎
長崎　財津種造
香川　植田平太郎
北海道　大澤藤四郎
東京　大島治喜太

大阪　淺野彰太
愛知　堀田德次郎
滋賀　酒井彥太郎
兵庫　渡邊榮
東京　佐藤義遵
大分　永田幸太郎
東京　北島辰一郎
宮城　柳多元次郎
本部　古賀太吉
群馬　富田長太郎
群馬　飯塚儀內
兵庫　藤山喜次郎
高知　石山熊彥
東京　梅川熊太郎
鳥取　唯萬喜藏
奈良　藤田光庸

德島　近江佐久郎
茨城　富樫鐵次郎
石川　古賀恒吉
茨城　玉水嘉一
福岡　森末弘雅
埼玉　繁田武平
靜岡　鈴木高規
宮城　武内萬兵衞
山口　村田長一
京都　近藤知善
東京　伊藤精司
愛知　小杉貫二
茨城　久保田廣太郎
東京　今泉來藏
群馬　金子才十郎
東京　鈴木鐵造

熊本　井上平太
三重　上野友太郎
朝鮮　篠崎仁平
京都　奥村寅吉
宮崎　久保利雄
佐賀　大麻勇次
東京　阪口鎮雄
京都　堀正平
京都　中島壽一郎
臺灣　近藤盛一
熊本　澤友彥
新潟　吉浦宴正
靜岡　大長九郎
廣島　井上大四郎
神奈川　沼田保三郎
福岡　松石渉

熊本　大楠哲夔
東京　橋本統陽
東京　鶴田三雄
朝鮮　松井松次郎
大阪　志賀矩
千葉　藤崎五三郎
愛媛　藤田新治
三重　宮崎茂三郎
岡山　朝倉清雄
岐阜　大塚松次郎
京都　小柳貫之
三重　近藤信勝
富山　藤井鶴太郎
滿洲　神正廣
廣島　小川義雄
北海道　吉井改恒

栃木　濱野惟孝
大阪　森本忠勝
京都　奥田善太郎
臺灣　富山可誠
神奈川　大和田金明
兵庫　二川猛
東京　柴田勸
熊本　淺子次郎
東京　白土留彦
兵庫　早坂廣道
岡山　千頭直之
三重　池上徹哉
三重　渡邊萬次郎
朝鮮　小泉周太郎
山梨　島田喜之助
靜岡　杉山和民

山口　早川要
和歌山　中村宗平
大阪　原田賢藏
朝鮮　陳内廉雄
三重　氏家誠太郎
福島　小川文章
京都　四戸泰助
千葉　三上喜三郎
青森　市川宇門
北海道　櫻井金八
東京　江口卯吉
東京　林久重
群馬　武井常次郎
福岡　柴田萬策
北海道　富田喜三郎
樺太　瀬戸山伍助

大阪　堀口朝次郎
朝鮮　下川邊行敬
愛知　尾崎七郎
三重　西森彌三郎
神奈川　大久保金次
東京　山本忠次郎
神奈川　田口巳之吉
大阪　竹村兼吉
北海道　八代利英
廣島　田尻不二雄
廣島　小寺廉次郎
朝鮮　田巻欣二
神奈川　横松勝三郎
石川　岩地外松
京都　久保敏樹
朝鮮　秋野憲治

山口　林　郷一　　和歌山　東山健之助
石川　岩越正　　東京　大木健次郎
福島　島田兵記　　大阪　石田秀之介
京都　吉澤一喜

精錬證受領者（現在）

第十三回（四十一年五月）

柳生勝當

第十四回（四十二年六月）

清水鎮太郎　伊藤景晴　佐藤駒吉　牟田義高　佐竹仙太郎
松田十五郎　岡本徹　高仲則順

第十五回（四十三年八月十五日）

秋山男鹿　大石周備　石原敏修　平田彰　井上佐次郎
城崎観二　山瀬信實　阿部實晟

第十六回（四十四年十月十二日）

吉田包太郎　陣内巖　中川政五郎　富岡吉十郎　松岡清三郎

栃植長太郎　井上正廣　澤野龍太郎　桑島武得　外山皎
山本潔　小淵重兵衛

第十七回（大正元年十月十八日）

齋藤喜一郎　井筒德附　今泉庄太郎　市川阿久里　大木佐内
菅井壽高　清水高秀

第十八回（大正二年七月一日）

亀井善八　片山源次郎　森田氏貞　植草恒三郎　盛善太郎
久保與八郎　青島正勝　田中光四郎　原芝助　杉山正時
原四郎三郎　栗山鶴太郎　十時克己　新宮敬之助　三谷復太郎
淺野馨　佐藤勝德　臼井彌一郎　兒玉利節　坂棋吉

第十九回（大正四年六月三十日）

米元要　神門鹿三　谷口新三　盛戸清治　山上有季
渡邊清　長野春吉　和田賢次　小林濱三郎　木崎永正
奧田芳太郎　藤田錦太郎　阿久津辰吉　松本春厚　杉山保正
舟橋金悳　熊澤定之進　大橋熊吉　朝岡利義　岡崎次之
小川篤治　中川喜方　國下太作　阪田喜太夫　岸野助次郎

原　金　脇川豊吉　島村駒吉　坂井眞澄　小野耕造
武田八會八　横溝薫一　眞鍋政彌　緒方武

第二十回（大正五年七月十二日）

齋藤定知　宮澤常吉　金田彌三郎　箕浦春三郎　横田鐵治
高橋高太郎　土田實雄　稲石景次　岡本則一　室直與
渡邊久太郎　村田三藏　鈴木良辰　二川辰二　吉田仙水
早田吉太郎　鈴木清吉　田所重忠　高谷榮藏　末永柳一
高岡増彌　長坂民部　白澤長三郎　森末甫寔　古賀末次郎
高山常次　上村秀　加藤正齋　岡田峰一　鹿又雄三郎
長野金十郎　吉弘鎮治　石山石次郎　大内長信　植村文太郎
篠塚胤重　吉田宅信　熊谷磯馬

第二十一回（大正六年八月二十七日）

丸茂藤平　安立紀　榊原鼎　平林俊吉　富永堅吾
落合圓次郎　高野良夫　恒石剡爽　鈴木祐之丞　本間武十郎
中山熊五郎　山形幸四郎　齋藤庄太郎　内山廣吉　岡田良平
戸川久米八　柳田勝三郎　山内熊一　櫛木森太郎　芦田長一
寺島留五郎　守口禰太郎　青野義文　吉和道正　永淵善之助

重松秀一　大川元太郎　高橋善三郎　樺澤赳雄　辻藤次郎
小野瀬彦五郎　石塚佳四郎　田坂晋　上加世田成吉　櫛田小太郎
稲川盛義　北村丑之助　大關滋水　赤井助吉　内田仙太郎
松田清次　淺子正一　鈴木虎彦　橋本才輔　北村多三郎
齋藤政次郎　清水定吉　石井銀三郎　岡文雄　森永作年
重村俊介

第二十二回（大正八年六月十日）

池田俊雄　池知清茂　飯島吉太郎　石井儀一　石井高治
茨木正信　原勢鐵之助　原田寅之助　長谷川彌四郎　千葉敏雄
沼倉清八　小倉延猛　大澤辰三郎　樺澤信　内山千太郎
鵜澤茂　山口平太郎　山本智道　松島力之助　藤崎善次郎
佐藤信雄　佐野正久　佐々木季邦　財津勝一　櫻田富士麿
宮内純　志満正一　平野泰雄　弘田貫之進

第二十三回（大正九年五月十三日）

松本又七　若林豊吉　高田直人　熊田高吉　久米正直
間中鹿太郎　小林佐兵衛　辻庄之助　土田友介　町田茂
江藤小郎　荒木丑太郎　菊池龜松　濱田芳男　土井豊吉

大森小四郎　吉本彦吉　角田孝一郎　淺田大作　今井安太郎
川上五郎　古川寅次郎　酒井亥三郎　廣川耕太郎　渡邊豐助
高井米吉　高塚正憲　福原作十郎　後藤貞雄　櫻井文三郎
清水庸三郎　下河邊富太郎　森田文十郎　小倉孝一　永峰晃
向井精磨　工藤次男　坂戸嘉惣治　木村萩太郎　三角卯三郎
下薗鷹藏　富田常二郎　大木一德　横井純一　矢木參三郎
林譲治　伊藤源之助

第二十四回（大正十年六月二十一日）

岩村畯熊　飯田四男之助　井波孝章　石原鶴太郎　市橋正太郎
市毛正平　絲山貞規　林今次郎　丹羽木太郎　西村信勝
堀切源一　豐田眞造　豐田才　岡田正美　大日方篤
大平勝平　小野十生　大野熊雄　大久直道　岡野亦一
神田清作　香渡直認　角野正起　吉田霞　谷口秀治
龍野龜吉　高島永吉　高橋周作　高田文哉　樽井八郎
武津直彦　高橋儀三郎　堤熊男　津崎衆敬　並河正義
中村定芳　永井覺右衞門　奈倉正　中根實　中馬吉之進
中林清丸　村中吉之　牛島清四郎　上原清　氏原靜美
野間又男　久保伊之助　桑原常衞　黒住五郎　安田哲彌

矢野利式　安田勝次郎　山崎金次郎　八塚利三郎　松村要藏
牧昌治　松永正胤　政岡壹實　増田喜義　松田榮馬
福田利作　國分文雄　手島政次　手賀順造　淺井季信
崎山格　坂本生郎　三枝策司　木村良平　美田村邦彦
三島誠也　宮澤久治　滿尾貞行　三田村正之助　重松緑也
下島犨一　新宮德次郎　柴崎成忠　鹿野種吉　清水林之助
森九一　鈴木美夫　小域滿陸　伊藤德三郎　伊藤巳之助
本多勘次郎　國井彌太郎　江頭佳造

第二十五回（七月二十日追加の分）

石井基善　黒川喜太郎　坂本重雄　石上藤吉　山本孝喜
鹽崎市次郎　落合恒雄　河原三善　吉瀬善五郎　藏重榮

第二十六回（大正十一年七月十一日）

江口康熈　藤本丈太郎　高岡久吉　相原爲吉　中田盛夫
小川惣一郎　土田末治　大峰幸　田川重二郎　紀伊末雄
森山繁雄　杉山義親　辻丸和吉　川島平次郎　島本仙太郎
金子豐次郎　三木五郎　田中知一　伊藤鎌佳　大澤亮一
森本勘重　近藤治三郎　金子藤三郎　古市保　河野毅

足立純三　關　勝之助　守屋剛二　中島秀弘　大野佐左衛門
杉原　寛　古澤繁雄　丸田兼弘　山内成一　栗林初太郎
安達伊治　松田孝一　富川盛武　藤枝　宏　中村藤吉
北平清次　杉山兼市　大久保彦之助　澁谷　一　肘付岩熊
安田義虎　武藤　勇　黒須金次郎　富樫弘三　南川清一
佐藤俊已　有馬尚之　若松鶴彦　池上　欧　柏木　質
宮原周藏　佐藤三藏　佐藤豐之助　玉井龜雄　吉井忠次郎
前田久郎　齋藤龐涓　惣津信藏　山田慶藏　小島儀十郎
村上長右衛門　寺井知高　櫻井槌藏　中野幸吉　山田武士
白石元一　永見荒次郎　池田熊袈裟　龜山文之助　谷田文雄
鈴木房吉　本間侃雄　樫岡安藏　辻　晃　小宮厚藏
杉目常吉　志藤與七　齋藤庄一郎　平田政治　林　平

第二十七回（大正十二年七月二日）

陶山源四郎　橋元文治　柏原行雄　小倉潔之　近江　勇
武内重六郎　田島二郎　園部猶之進　笹森順藏　繁田誠一
末次留藏　河野通諒　紫垣正純　伊藤長三　砂金石之助
糸山述吉　林田敏貞　泊　喜造　岡村惣一　大賀美隆利
八幡十二郎　淺野新太郎　岸川辰次　樋渡一章　黒住龍四郎

今野馬之亟
木原繁市
和田義治
弘瀬定吉
鈴木惣治
松谷安藏
白井時次郎
岩田常吉
山田英男
西川信三郎
高田茂吉
清水鐵治
川島堯
藤井勇
伊藤常七
鈴木吉輔
中山辰三郎
近藤草治
時任丈夫

稻田次作
三輪清
倉持豐太郎
岡部常一
太田吉之助
松本重平
笠間良人
渡邊榮助
松本米藏
沖善太
若林信治
松野鄰之
加藤兼吉
北村榮
大貫由松
根岸直次郎
秋山勇之助
菅澤靜
清水晉一郎

中村鎮雄
樋口芳包
小泉巳丑治
寄川光
脇仁太郎
藤原律藏
小西清正
片岡小三郎
莊司源吉
中本茂長
武政子之藏
須田藤吉
木村彌藏
井上幸三郎
永井乾
吉岡繁藏
箱田秀績
相浦英六
藤原定治

栗原伊勢吉
吉野勝太郎
安孫子勝衞
高橋明
安庭熊太郎
木村高盛
井上泰介
高橋吉太郎
城島元雄
峰田與志一
九里清
服部卯三吉
川島次郎
山内靜雄
福島小一
濱野安次郎
林田保秀
白井貫藏
丹羽左吉

眞木俊
和佐田鐵三
篠原義雄
今田庄吉
丸山市藏
宮下友雄
佐藤忠造
津田辰參
森永紬
飯原藤一
山崎春吉
若千藏
鶴岡清明
三池龍太郎
阿宮儀一
高橋吉三郎
鈴木清五郎
野村勝次郎
今村惟俊

第二十八回（大正十三年七月一日）

草島順太郎
松川彌太郎
桐原禮三
谷田貝義春
楠井德三郎
毛利響
岩崎正義
阿部新藏
松野義慶
小館俊雄
大塚政雄
峰房一
長瀨富衞
小澤丘
後藤高治
石井與七
大塚卯之助

西村利應
勝田正光
久保太輔
內田武雄
河合領助
行木定一
恩田益藏
田中斌
小泉重太郎
清和三郎
小澤將詮
清藤繁
高畑秀松
伴昇
古市六之助
石土谷佐一郎
大野友規

三野國太郎
末吉末男
櫻井久四郎
君塚義衞
阿部榮太郎
香川熊太郎
石橋淺次郎
直村卓爾
川上有武
河崎武右衞門
矢部常次郎
小川哲一
坂井賢一
岡見力太郎
石川清明
佐藤勇雄
吉川仲衞門

藤澤芳助
石原元亮
山田增次郎
高島末男
吉田守衞
小山弘房
三浦忠藏
小林芳松
濱谷晋
林萬之助
後藤積之
山下正實
高柳禮重
中村勇吉
禿勇專
西山盛一
小西良助

青井忠一
遠理安太郎
岩瀨鋒太郎
阿部三郎
山口顯次
木村卯五郎
加藤知一郎
三本松喜代見
伊月米吉
大石一
沖小平
小貫豐之進
土屋巳之吉
上沼平太郎
辻丸靜雄
片岡金雄
菅原新郎

羽田又吉
大山二之助
大橋品八
菅村作平
木村定右衛門
河木時太郎
陶山隆之助
伊藤幸之助
伊藤琢司
高橋定壽
關正男
廣谷源次郎
松本龜行
田中又四郎
森原一二
横須賀留之允
高須忠雄
多田穗積

第二十九回（大正十四年七月十日）

勝本種一
松尾誠一
細田忠雄
奈良俊夫
西末吉
山戸新吉
尾形勝躬
東島政一
森六治
川村幸之助
井上豐次郎
堀口兼太郎
野本俊二郎
上野作太郎
武田榮治郎
加納軍次
岡田粂三郎
南川雄八
佐々部優
小石昌範
伊墻三藏
園部武
李家孝
上野秀一
折原佐助
米元唯之助
須美善富
春日秀英
池田孝
町田市三郎
宮崎虎次郎
岡田重春
上田稔
阿蘇甚太郎
齋藤左治馬
黑川謙
森田徹
今井愼五郎
今井新造
石井隆介
石野猛雄
信國鐵藏
千葉龜之助
緒方德雄
堀澤貞雄
桑原義信
伊東享
林照治
高井省吾
北條藤吉
東山榮三郎
大久保文平
大畑兼三郎
吉川來
龜井虎太郎
松下清秀
小山八平
谷金太郎
渡邊注連之助
吉田新助
齋藤清七
高橋忠雄
後藤健藏
川島猛男
山本名置

磯村震　逸見重藏　安井吉良　白勢亥喜智　山本茂
貞方榮　笹川初五郎　田中慶次　高野甲子雄　高野慶壽
大村隆　中川豐吉　細水六郎　矢吹益一　山之内留太郎
荒木敬二　遠藤千代亮　水谷宜三　大場千富　飯野佐十郎
山葛重吉　津島恭助　鹿島清孝　中川喜一　小杉彦左衞門
山田梅作　唯要一　磯貝恒久　大畑鄉一　增田道義
關熊太郎　高橋半三郎　太田龍峯　小川安一　加藤次郎
小此木數馬　山田捨一　上田潔　佐藤常藏　伊山守三
服部治右衞門　中山善道　田口彌次郎　小松五郎　森山袈裟助
江入弘　上原綱雄　松岡貢　板井和一郎　阿部新三郎
磯崎荒太　幸喜平　石橋賢共　波多江知路　藤田貞四郎
川崎德松　熊田朔四郎

第三十回（大正十五年七月一日）

美和勝次郎　宮脇徹　樋渡作馬　橋口泰治　松田孫治郎
飯沼粂吉　掛札幸太郎　大野正一　織田守馬　澤本形清
永田作二　吉田薰　龜田常次　福岡五郎左衞門　泊廣道
吉塚庄吉　戸張國三郎　平井伊一　久島五郎　後藤七郎右衞門
松本武重　岡芹雄飛　村五郎　佐藤金藏　奥山慶治

板野逸治
古川國三
妹尾彦三郎
谷田左一
臼井久雄
川島滿雄
小林虎松
石本廣一
園部榮
村上知祥
高橋盛惠
鷲津久五郎
松山善助
山中林三
月山貞勝
岡佐古芳助
渡邊孝次郎
關口眞助
武藤秀三

青木定次郎
清水厚
糸井市之亟
成田精一
高木太文治
助川壽
須藤正壽
黛三喜男
宇野忠太郎
齋藤龍三郎
佐々木秀信
淺井幸三郎
梅井禮逸郎
小林藤四郎
田中松太郎
平松登喜壽
宮田正男
高山信吉
根本要三

加藤文一
野口久三
榊田榮治
高山政吉
山岡祐吉
濱淵直藏
住谷島三郎
大石七郎
關本利一
北原廣知
前田鶴夫
小柴俊男
大平博三
酒井政
杉浦重之助
岩崎英一
郡司佐十郎
今村實治
高野孫二郎

池田榮之助
森永才一
長谷川泰藏
齋藤實次郎
高島未登
齋藤角太郎
今井嘉橋
四本純知
中川稔
黑田政義
小川多仲
杉山文藏
高見澤忍
湯本定治
崎田安正
尾家劍
春日義樹
鴻巣眞平
福岡明

高場損藏
河田佐太郎
關菊次郎
中原喜一
西村市太郎
吉永貫一
長江徹雄
野田秀造
岩城清三郎
神宮正吉
佐藤善記
木下清輝
前田徳三
大塚彌平
大坂竹治
増田眞夫
室井秋治
前田武郷
大麻博章

酒井義之
堀內將義
水野尾清
紫垣正弘
坂上巳之助
君塚榮吉
松浦榮衞
增本初治郎
榎下萬太郎
久芳次六
荒川半
北島辰二
增田孝太郎
横山集一郎
高祖與八
末永重吉
桑畑猛夫
寺田甚藏
上垣春太郎
增田眞助
篠澤源藏
安西廣太
齋藤源次郎
小吉慶助
吉野隆吉
須藤薫
小川忠太郎
寺岡次男
梶川巖
劍持錄平
日吉茂巳
和住篤太郎
岡村賛二
木村茂夫
金谷爲吉
清水晋吉

第三十一回（昭和二年六月二十五日）

片石朝士
森康
末津時松
宗仁三郎
中川重三郎
瀧澤吉藏
金子藤四郎
結城令聞
調所廣胖
西多義明
坪田登志雄
初谷平八
小宅誠一郎
南潔
村田昇清
柏原好郎
橋口正敏
田川八郎
阿久根政義
赤木豐
森田浦之丈
關禎
小林浦次郎
柴傳吉
遠藤幸治
山本文吾
福地榮次郎
小野政藏
高田佐十郎
加來信司
塚本一心
神尾勝吉
加藤良太郎
江夏金太郎
清水富藏
橋口達雄
大田原宇一
赤星進
大賀重雄
荒井千代藏
古川生駒
室井正中
合屋藤三郎
渡邊治吉
江口倭男

鈴木徳三郎
白岩俊雄
富澤唯治郎
加藤久
長村利光
竹村靜夫
大塚忠平
渡邊與三七
鈴木忠正
吉田濟
石丸角一
吉田清三郎
角田穰
金子近次
兒玉高慶
高橋虎彦
菊地賴眞
稻垣辰吉
伊藤祐藏

石井丑三
廣川龍一
山田康雄
沖仁太郎
吉岡道德
西川信水
松永悅二
湯口正中
中川廣次
泉佐吉郎
杉町巖
萩原精三郎
幸田喜市
小林忠太
柏谷保五郎
栗田吾作
貫松繁雄
横山貞治
土田武司

福田秀夫
宮下善一郎
菊地辰彥
大木操
淸水茂一郎
中西俊爾
渡邊定雄
黑川豐次郎
佐々木榮三郎
合瀨淸臣
今岡宗四郎
奥野繁三郎
乳井義廣
香月勇雄
櫻井英
鶴卷鄉郎
藤下淸吉
佐々木福藏
中山孝輔

後藤丈治郎
岡本竹次郎
伊柳鐵之助
宇田川兼吉
中村金次郎
佐々木英治
栗林虎彥
若島松次郎
藤村米次
深川進
星野順二
江原則俊
黑崎稔
大野直利
星子新藏
西光雄
大重藤之亟
武田楯四郎
作田善一郎

濱之上俊秋
岡田又八
土屋末廣
衣笠隆
佐田豐馬
仁井孝雄
加藤卯吉
山本隆章
山田利七
江藤冬雄
中西榮八
東鄉數馬
塚瀨正平
下栫善右衞門
加藤長吉郎
城島庸雄
藤本傳四郎
堀熊次郎
桑田福太郎

石橋 冽　阿藤金次郎　高橋秀晴　庄司常三郎　丸山 匠
椎名八重藏　高橋清次郎　渡邊數馬　高木敬二郎　宮野清孝
安部義一　大橋 寛　岩佐徹道　大場 修　土田方喜
林田吉次部　菅 三郎　齋藤香一　古賀榮信　井藤喜久市
本多 靜

劍道試合審判規程

昭和二年五月改定
大日本武德會

第一條 劍道ノ試合ニハ通例一名ノ審判員ヲ置ク
審判員ハ椅子ニ凭ルヲ例トシ必要ニ應シ椅子ヲ離レテ審査ノ遺漏ナキヲ期ス

第二條 試合ハ特ニ指定スル場合ノ外三本勝負トス但審判員ハ試合中臨機一本勝負若クハ引分トナスコトアルヘシ

第三條 審判員ハ試合者禮畢リ互ニ氣充ツルヲ機トシテ「勝負三本（又ハ一本）」ト聲ヲ掛ケ勝負アル毎ニ擊突ノ部位ヲ宣言シ同時ニ手ヲ以テ何レカ勝者ナルヲ表示ス

第四條 擊突ハ左ノ部位ニ限ル

斬擊ノ部位　面（顳顬部以上ニ限ル）胴（左右）　右小手（場小手、上段ノ場合等ハ左小手ノ斬擊モ有効トス）　刺突ノ部位喉（面垂レ）

第五條　擊突ハ充實セル氣勢ト及筋ノ正シキ業及ビ適法ナル姿勢トヲ以テ爲シタルヲ有効トス

第六條　引揚ケハ之ヲ禁ス違背スルトキハ審判員ニ於テ注意ヲ與ヘ尙違背スルトキハ試合ヲ停止ス

（參考）　本條ニ於テ引揚ケト稱スルハ有効ナル擊突ノ有無ニ拘ハラス備ヘヲ崩シ氣勢ヲ弛メ試合ヲ中斷スル動作ヲ謂フ殘心ヲ以テ直ニ後ノ備ヲ爲スモノハ包含セス

第七條　擊突後氣勢ヲ弛メ殘心ナキ動作ヲ爲シ反ツテ擊突セラレタルトキハ後ノ擊突者ヲ勝トス

第八條　片手ヲ以テスル擊突ハ正確ニシテ最モ有效ナルモノニアラサレハ勝ト認メス

第九條　刀ヲ落シ又ハ落サンタルトキハ透サス對敵動作ヲ爲スヘシ但シ審判員ハ組打

ヲ差シ止メテ仕合ヲ爲サシム

第十條 試合中非禮又ハ陋劣ノ言動アルトキハ審判員ニ於テ注意ヲ與ヘ其ノ甚シキハ試合ヲ停止ス、擊突有効ナルモ非禮又ハ陋劣ノ言動アルトキハ勝ト認メス

第十一條 第六條第十條ニ依リ試合ヲ停止シタル時ハ其ノ相手ヲ勝トス

以上

昭和三年昇格

範士

東京 齊村五郎

教士

大阪 清水庸三郎
三重 山ノ内熊一
靜岡 岡文雄
大阪 土田友助
京都 津崎兼敬
東京 三田村正之助
兵庫 長野充孝
大阪 今井安太郎
大阪 原四郎三郎
京都 市毛正平
秋田 高谷榮藏
埼玉 奥田芳太郎

滋賀 松本元治
宮崎 坂本生郎
德島 吉本彥吉
福岡 江藤小郎
朝鮮 小野十生
茨城 小澤豊吉
和歌山 武津眞彥
千葉 西久保弘道
佐賀 重松彥一
岡山 森末甫寔
群馬 木村萩太郎
香川 松本清三郎

精練證（昭和三年七月）

小野乙三郎　猪股政喜　石川佐一　野村將三
桐ヶ谷準藏　齊藤水三郎　戸泉幸吉　安藤五郎
宇都宮直治　平井勇吉　片瀬康一　田中正人
宮永利七郎　別役直馬　湯淺元十郎　額田長
森田久二郎　小原茂樹　齊藤正　辻權作
芳賀權助　鈴木彌直　緒方眞一　關山久行
河毛勘　湯川泰助　楠見義治　池田義勝
田崎雄祐　阿久津隍三郎　鶴見國太郎　岩見義雄
後藤貞雄　石川孫四郎　生田慶五郎　本間治助
黒澤滋　阿部禮次　大村市太郎　桑原進
村松久一郎　塚本勝吉　清善作　切山敬二郎
田岡傳　山岡甚左衛門　原口太一　三上三寅
橋本實　堀越千代三　石川丙子　定久壽元
小野萬龜治　田中隆太　沼野諭一郎　原卓衛
淺野金次郎　大塚忠士　得丸武彦　美濃市太郎
川口梶太郎　津島彦三郎　小田脇二　畠山虎象
明石孝　大古道太郎　森泉朝一　齊藤好助

淺岡末造
西　惣二
佐伯新六
村田徹之
畑生武雄
中本國人
鶴　清八
河合堯晴
岩谷　稔
渡部行治
檜山　昇
安藤德太郎
石井眞次
長澤源五郎
白井陸治
關川光之助
佐川近義
岡田松次郎
難波菊平

古川增一
野中勝次
舘山武義
甲斐儀士男
廣木　雄
山崎善三郎
吉留左也
齊藤今朝治
折笠氏安
新田宗雄
高山時之助
鈴木喜代司
堤　雄平
西村千代作
佐藤靜一郎
藤井淸治
堀口　淸
石中廣次
大久保鈁藏

田島梅一
奥井万造
長沼五郎
柴田一勝
伊藤兵治
八木槇衛
人見三雄
柳原辰治
岡村貞雄
高中　晃
渡邊虎之助
小島喜博信
長谷川軍次
中村雅英
竹村衆十
中井秀雄
渡邊朝知
西鄉隆義
山崎卯一郎

澁谷才造
石村淸太郎
增田六郎
星野五郎
松實哲彌
山口謹一
神社國治
畠山丑松
中村千代吉
引地德次郎
大澤　龍
杉内正作
沼田敏男
鈴木正弘
外城　純
齊藤榮三郎
泉　通四郎
上脇武雄
渡邊信一郎

加藤熊治郎
高松庄三郎
甲斐熊治郎
相良辰次
藤井幸吉
高橋吉郎
川口實
若林勝本

佐藤貞雄
長谷川平記
齋藤實榮
大野重男
石橋長七
野口伊三郎
石崎定敬
大石寅吉

中本軍治郎
成松勝
遠山守詔
木村健吉
藪谷忠八
福元敬治
若山土彦
飼雍也

笠原安吉
細井壽作
樋口改藏
森敬之助
増田寛
伊東房一
大曲太郎
星八十治

昭和四年昇格

剣道範士

千葉　西久保弘道
三重　上野友太郎

剣道教士

東京　高野甲子雄
東京　河野毅
熊本　猪方武
福岡　小城満睦
静岡　宮澤常吉
千葉　八塚利三郎
岐阜　大關滋水
満洲　大平勝平
山口　長谷川彌四郎
大分　古賀末次郎
静岡　岡田良平
佐賀　永淵善之助
東京　安田勝次郎
廣島　岡田俊彥
福岡　三角卯三郎
東京　金子藤三郎
東京　中山善道
熊本　加納軍次
島根　岸野助次郎
満洲　工藤次男
兵庫　千葉敏雄

精練證（昭和四年）

木戸六郎
有延友十郎
須崎義人
浦上則正
津田富夫
松田太郎
飯干强
田中松二
近成弘
長野松平
細野寅次郎
天野武則
榊原孫太郎
足立三郎
杉山豐次
毛利幸吉
大矢正夫

佐藤一郎
西垣文清
松本操
高野勳
上野秀太郎
林辰之助
望月喜久男
丸山浩
平川龍夫
南條正夫
阪下敏男
小野田正一
山口惣太郎
柳瀨正巳
村田豐一
古川汎仁
高島末一

松橋庄藏
高橋永治
中倉研三
北見庸藏
井上一貫
高橋幸三郎
峰松寧夫
星柳二
田中範藏
高橋米市郎
高橋平藏
小島榮一
齋藤益太郎
長野瀧四郎
茂木豐次郎
梅澤好三
野田和三郎

久光源右衞門
爲寶熊平
居内勘五郎
福井武茂
山下治郎
淺井眞一
池田惠一郎
石丸米藏
藤川五郎
中村忠雄
矢島政重郎
須田瀧次郎
佐島守
岡本北平
後藤登
菅野清市
津乘萬一郎

佐伯憲太郎
岡本平治
山中義資
高田直臣
川上末太郎
桃崎正香
川島重雄
山田千歳
落合慶四郎
松尾彦治
川崎隆一
多米田秀
木村泰導
間々田祐一郎
内山　榮
澁谷文男
橋本浩三
馬場眞二
森　極馬

平井　一
只熊善五郎
道野　清
井　徹
吉田竹次
大坪多久美
眞木比古丸
大島辰次
下村勘三
山下松次
米良靜夫
内田嘉六
長島秀吉
半澤富三郎
津田勇二郎
小仲千代吉
吉村　茂
村山正孝
岡田意一

杉本敏夫
氏平東三郎
藤川一太郎
堀　寅次
永田良弘
坂本吉郎
藤井　襄
赤上新兵衛
岡本善藏
中島貞藏
小泉高一郎
横山信太郎
柴田末藏
安部秀一
德臣豐次郎
山本勇治
肱岡武夫
佐藤重藏
會田惣藏

近藤與次郎
牧田眞正
福田初太郎
四元熊一
三橋秀三
河野俊一
本田重遠
池田竹彦
池田信吉
森岡玉龜
市原眞治
八木靜二郎
相澤謹一
白石幸榮
濱田八重熊
中村繁人
佐藤仁太郎
戸田正吉
長谷川研吉

布田秀松
西阪良吉
今田新太郎
田中常人
松藤金吉
赤木秀來
山田繁樹
根岸和一郎
田部田縫太郎
蓬田喜一
鈴木民次郎
志田三郎
鶴見岩夫
浅野幾馬
今泉金藏
水澤喜三
松原正夫

川越了介
乾正直
內田仁左衞門
永芳繁太郎
小笠原一郎
鷲尾竹次郎
富山良雄
迎田唯之
佐藤倉之助
深澤文夫
二浦直孝
土井辰五郎
高橋次郎
樽見與藏
奧峪恂太郎
藤田大之進

石田平
野間恒
佐々木淸雄
齋藤誠四郎
引地俊二
大場承五郎
大串巳之吉
安齋多一
大塚惟精
松崎隆一
高橋有藏
黑崎林藏
岡田鹿太郎
寺谷祐吉
甲田康介
箕輪平八

三浦良一
瀧谷作平
永山榮
市毛高信
山本菊次郎
袖山悅雄
服部直次
遊佐榮
坂本泰助
玉利三之助
齋藤孝之助
阿部規矩治
菰田成則
武藤義春
大多和一郎
風見德次

昭和三年十二月五日印刷
昭和三年十二月十日發行
昭和三年一月廿日再版
昭和三年二月廿五日三版
昭和三年四月十日四版
昭和三年六月十日五版
昭和三年十月五日六版
昭和四年二月二十日七版
昭和四年四月五日八版
昭和四年六月一日九版
昭和四年九月廿五日增補十版

【正價金壹圓七拾錢】

著者　小澤愛次郎

東京市麴町區飯田町六丁目廿一番地
發行者　田原嗃

東京市神田區錦町三丁目十二番地
印刷者　正木靖

發行所
東京市麴町區飯田町六丁目廿一番地
電話九段二七三三番
振替東京四六三九三番
文武書院

◇文武書院印刷部印行◇

大日本武德會柔道範士　磯貝　一先生著

柔道手引

◇普及版出來◇
◇正價金壹圓五拾錢◇
◇送料拾錢◇

國家に取りても、個人に取りても、剛强なる肉體、毅然たる精神の所有者たる事は最も必要であり且急であある。卽ち一身に取りては護身の用をなし、向上の働きをなす、社會國家に及ぼしては、世界の列强に對抗にて優勝の位置を占むる事となるのである。

柔道の要諦は、筋骨を鍛練し、剛强たる精神を涵養するにある、卽ち柔道に依つて武士道的士氣、日本魂的精神を鼓舞し、剛健なる日本人を作るのである。

本書は、我が柔道界の耆將、大日本武德會範士八段磯貝先生が、學理的立場と實際的技術とを本位とし、親しく定形を示されたる寫眞、百有餘個を挿入し、親ら手を取つて敎ふるが如く、親切、懇篤に說明されしものにして斯界の初學者は勿論、一般練習者に取りりて絕好の適書である。

東京市麴町區飯田町六丁目廿一番地
發行所　文武書院
振替東京四六三九三番　・　電話九段(33)二七三三番

〈復刻〉

剣道指南(オンデマンド版)

二〇〇二年七月十日発行

著者　小澤愛次郎

発行者　橋本雄一

発行所　㈱体育とスポーツ出版社
東京都千代田区神田錦町二―九
電話　(〇三)三二九一―〇九一一
FAX　(〇三)三二九三―七七五〇

印刷所　㈱デジタルパブリッシングサービス
東京都新宿区西五軒町一一―一三
電話　(〇三)五二二五―六〇六一

ISBN4-88458-003-6　Printed in Japan　AA884